JĘZYK
POLSKI
DLA OBCOKRAJOWCÓW

STANISŁAW MĘDAK

JĘZYK POLSKI
DLA OBCOKRAJOWCÓW

POLSKI OD POZIOMU
B1 WZWYŻ

GRAMATYKA I SKŁADNIA PROGRESYWNA
ZE 192 ĆWICZENIAMI KREATYWNYMI

PETRUS

KRAKÓW

Redakcja i skład:
Wydawnictwo PETRUS®

Projekt okładki:
Artur Falkowski

Mecenas Wydawnictwa:
Kancelarie adwokackie
Andrzej Stelmach
Leszek Wojtasik

Wydawnictwo PETRUS® wspiera
Dom Pomocy Społecznej Braci Albertynów w Ojcowie

ISBN 978-83-7720-348-4

WYDAWNICTWO | PETRUS

30-384 Kraków, ul. Raciborska 13/31
tel. 601 974 991
e-mail: wydawnictwo@wydawnictwopetrus.pl

Adres do korespondencji:
Urząd Pocztowy Wieliczka
skr. poczt. nr 12; 32-020 Wieliczka
handel@wydawnictwopetrus.pl

Zapraszamy do księgarni internetowej:
www.WydawnictwoPetrus.pl

SPIS TREŚCI

WSTĘP

Ten nowoczesny podręcznik do nauczania języka polskiego zatytułowany *Polski od poziomu B1 wzwyż* przygotowaliśmy dla wymagających studentów obcojęzycznych, którzy poszukują w tego rodzaju publikacjach konkretnych, usystematyzowanych informacji z zakresu wiedzy gramatycznej i składni języka polskiego. W kilkunastu segmentach tematycznych (zob. spis treści) o różnym stopniu trudności wskazujemy na zjawiska typowe dla polszczyzny: wyjaśniamy je, komentujemy, ilustrujemy starannie dobranymi ćwiczeniami (zadaniami systemowymi), wyrażeniami frazeologicznymi, grafiką itp. Dołączamy również stosowne teksty, pytania internautów i odpowiedzi językoznawców zaczerpnięte z internetowych uniwersyteckich poradni językowych, a dotyczące specyfiki języka polskiego.

We wszystkich piętnastu segmentach tematycznych da się zauważyć kompleksowość wykładu prowadzonego z myślą o użytkowniku obcojęzycznym, którego w odpowiednim momencie należy zaznajomić z określonym zagadnieniem leksykalnym, gramatycznym lub składniowym. Użytkownik podręcznika i jednocześnie swoistego kompendium wiedzy językowej otrzymuje jasne i rzeczowe informacje dotyczące między innymi:

- podwójnej negacji w zdaniach pojedynczych,
- konstrukcji składniowych z przypadkami,
- gniazd słowotwórczych czasowników,
- grup koniugacyjnych osobliwych czasowników,
- łączliwości i synonimii składniowej,
- wariantywności końcówek w różnych przypadkach.

Autor książki dołożył wszelkich starań, by nie pominąć niczego, co ma znaczenie w procesie ukierunkowanego uczenia się języka obcego. Planując kolejne segmenty tematyczne, wziął pod uwagę rolę motywacji uczących się języka, a zwłaszcza motywacji integrującej, która – jak wskazują współczesne badania – pobudza uczącego się do przyswajania wiedzy z nastawieniem pozytywnym. Krótkie komentarze normatywne, obrazowe odpowiedzi specjalistów internetowych poradni językowych, przejrzyste opracowanie graficzne całości publikacji, kompletność opracowania bloków tematycznych, kreatywne zadania testowe niewątpliwie przyczynią się do przejawiania przez użytkownika własnej aktywności, samodzielności myślenia, łatwiejszego zapamiętywania leksyki, zasad i reguł językowych. Jednym słowem – zbliżą go do języka polskiego jako języka skodyfikowanego, jasnego, mającego przejrzysty system. Setki przykładów wpisanych w niebanalne konstrukcje składniowe nastawią go tak, że sam będzie chciał się stać jednym z rodzimych użytkowników języka polskiego.

Redakcja i autor

BLOKI TEMATYCZNE

1. *Nikt z nikim nie chce mieć nic wspólnego*

Nikt znikąd
śpiew – Maciej Maleńczuk

Nikt znikąd nie ma nikogo
Nikt znikąd nie ma niczego
Nikt znikąd nie jest nawet sobą
Nikt z nikim nie chce mieć nic wspólnego

Nigdy nic i nigdzie nikomu się nie zdarzy
Nikogo znikąd nigdy nikt nie zauważy
Nikt go nie słucha nie gra żadnej roli
Nikogo dola nikogo nie boli

Ktoś skądś komuś coś zawdzięcza
Komuś z kimś po drodze iść
Ktoś kogoś może i zadręcza
Nikomu nigdy nie zdarza się nic

Nikt znikąd nie ma twarzy
Nikt znikąd nie znaczy nic
Nikt nie odejdzie nikt się nie pojawi
Jaki jest nikt znikąd tego nie wie nikt

Źródło – http://www/tekstowo.pl/piosenka, homo_twist,nikt_znikad.html

NEGACJA W ZDANIACH POJEDYNCZYCH

W przeciwieństwie do zdań oznajmujących twierdzących, które wyrażają zwykle istnienie jakiegoś faktu lub potwierdzenie takiego istnienia, zdania przeczące stwierdzają, że jakiś fakt nie istnieje lub jest zaprzeczeniem istnienia takiego faktu.

Przykłady: *Na ulicach miasta nie było nikogo. / Nie mam czasu. / On nigdy nikogo nie słucha. / Ona niczego się nie dorobiła w życiu.*

Jak można zauważyć w podanych przykładach, zdania przeczące tworzymy nie tylko za pomocą leksemu *nie*, ale również przy użyciu zaimków *nic* i *nikt*, *żaden* oraz przysłówka *nigdy*.

W logice prawo podwójnej negacji albo prawo podwójnego zaprzeczenia – reguła rachunku zdań, stwierdza, że zaprzeczenie negacji zdania jest tym samym zdaniem (jest równoważne ze zdaniem wyjściowym).

W języku polskim pojawia się pewna niezgodność. Przykładem niezgodności języka polskiego z tym prawem są zdania: *On nigdy nie słucha. / On nigdy nikogo nie słucha.* Analizując je matematycznie uzyskamy podwójne, a nawet potrójne zaprzeczenie, czyli zdanie pierwsze powinno znaczyć to samo, co zdanie *On słucha,* lecz według zasad językowych jest równoważne zdaniu *On nigdy nie słucha.* Wynika to z tego, że w języku polskim istnieje podwójne (lub potrójne) zaprzeczenie.

nic ♦ nikt ♦ żaden ♦ nigdy

DEFINICJE SŁÓW

nic 'żadna rzecz' – zaimek przeczący używany w zdaniach zaprzeczonych;

przykłady: *Nic mi się nie udaje. / Nic się tutaj nie dzieje. / Niczego tutaj nie ma. / Nic* a. *niczego nie powiedział. / Jej na niczym nie zależy. / Niczego* a. *nic nie zrozumieli. / Niczego nie zabranialiśmy naszemu dziecku.*

Komentarz normatywny

1. Przy czasownikach o znaczeniu negatywnym *niczego* jest jedyną poprawną formą;

przykłady: *Niczego nie brakowało w naszym domu. / Niczego nie potrzebujemy.*

2. Przy zaprzeczonych czasownikach o rządzie biernikowym formy *niczego* używamy rzadziej;

przykład: *Nic nie robię;* rzadziej: *Nie robię niczego.*

3. Po zaprzeczonych czasownikach o rządzie dopełniaczowym forma *niczego* jest oboczną z formą *nic*;

przykład: *Podczas wakacji niczego nie słucham. / Podczas wakacji nic nie słucham.*

nikt 'żaden człowiek' – zaimek przeczący używany w zdaniach przeczących;

przykłady: *Nikt nic nie powiedział. / Nikogo nie lubiła. / Nikt z nas nie odpowiedział na jego pytanie. / Nikt inny nie zastąpi matki. / Nikomu nie pożyczaj pieniędzy! / Z nikim nie mogę szczerze porozmawiać. / Nie mów źle o nikim!*

Komentarz normatywny
W porównaniach zawierających zaimek *nikt* opuszczamy czasownik zaprzeczony;
przykład: *Kochał jak nikt dotąd.* / [nie kochał]

żaden 'ani jeden' – jako określenie rzeczownika w zdaniach zaprzeczonych oznacza całkowite niewystępowanie tego, co nazywa rzeczownik; wyłączenie (brak) kogoś lub czegoś;
przykłady: *Żaden szanujący się naukowiec nie podpisałby tej petycji. / W domu nie poczuwał się do żadnego obowiązku. / Żaden z nas nie poparł tej decyzji. / Kochanie, jesteś przekonany, że nie masz żadnej potrzeby rozmowy ze mną? / Nie miał żadnego wsparcia w rodzinie.*

Komentarz normatywny
Zaimka *żaden* nie należy używać w zdaniach twierdzących w znaczeniu 'nie jest', np. *!To żaden wyczyn. / To żaden kłopot.*
Poprawne konstrukcje: *To nie jest wyczyn. / To nie jest kłopot.*

nigdy
1. 'w żadnym momencie, w żadnym czasie' – tego przysłówka używany zwykle w zdaniach zaprzeczonych;
przykłady: *Nigdy nie uczynię ci krzywdy. / Nigdy wcześniej nie uczyłem się języka polskiego.*
2. 'pod żadnym warunkiem, w żadnym wypadku';
przykłady: *Nigdy się na to nie zgodzę! / Nigdy nie będę kłamał.*

ODMIANA SŁÓW

M.	nic	nikt
D.	niczego *a.* nic*	nikogo
C.	niczemu	nikomu
B.	nic	nikogo
N.	niczym	nikim
Msc.	*(o, w)* niczym	*(o, w)* nikim

Zob. objaśnienia poniżej, [w]: *To warto zapamiętać*, str. 20.

ZADANIE 1
DRYL FLEKSYJNYY

WZÓR
Wpisz w miejsce kropek właściwe formy wyrazów *nic* i *nikt*.

0. Nie ma czegoś z niczego.
A.
1. Całą noc .... nie spała.
2. Łzy tu .... nie pomogą.
3. Musiał odejść z ....
4. Nie wiem, ... nie pamiętam.
5. .... ważnego się nie stało.
6. Nie potrafił mówić o .... innym.
7. Ona w .... nie przypomina mamy.
8. Teraz już .... się nie dziwię.
9. To sztuka z .... zrobić coś.
10. Ucz się, bo będziesz ....
11. W moim życiu ..... się nie zmieniło.
12. Z .... nie mogę sobie poradzić.

0. Nigdy nie pozbawiaj nikogo nadziei.
B.
1. .... znajomego tu nie było.
2. Jest ...., a jednak liczą się z nim.
3. .... nie kocham tak, jak swoją matkę.
4. Taki wyczyn .... się jeszcze nie udał.
5. .... nikogo nie może mieć na własność.
6. Myślał tylko o niej, o .... innym.
7. .... nie jest doskonały.
8. .... innego nie kocham tak, jak ją.
9. Od dawna z .... się nie spotykam.
10. .... nie jest wart twoich łez.
11. .... nie zwraca na mnie uwagi.
12. Potrafił jak .... rozweselić mnie.

Zadania opracowano na podstawie *Innego słownika języka polskiego*, op. cit., s. 973–974 i 1033.

	LICZBA POJEDYNCZA			LICZBA MNOGA	
	rodzaj męski	*rodzaj żeński*	*rodzaj nijaki*	*męskoosobowy*	*niemęskoosobowy*
M.	żaden	żadna	żadne	żadni	żadne
D.	żadnego	żadnej	żadnego	żadnych	żadnych
C.	żadnemu	żadnej	żadnemu	żadnym	żadnym
B.	–	–	–	–	–
N.	żadnym	żadną	żadnym	żadnymi	żadnymi
Msc.	*(o, na)* żadnym	*(o, na)* żadnej	*(o, na)* żadnym	*(o, na)* żadnych	*(o, na)* żadnych

ZADANIE 2
DRYL FLEKSYJNYY

WZÓR

Wpisz w miejsce kropek właściwe formy wyrazów *żaden, żadna, żadne / żadni, żadne.*

Prawdziwej przyjaźni żadna siła nie zniszczy.

1. .... dzień nie jest za długi dla ludzi pracowitych.
2. .... łza nie cofnie czasu.
3. .... zmęczenie nie zagłuszy moich myśli.
4. .... słowa nie oddadzą piękna miłości.
5. Ucieczka to .... rozwiązanie.
6. Prawdziwego piękna nie dostrzeże .... oko.
7. Nie żałuję .... chwili z przeżytego dnia.
8. Prawdziwą miłość wyznaje się, nie używając .... słów.
9. Mężczyzn jest tak wielu, a .... z nich nie jest doskonały.
10. Niedorzeczne jest to, że miłość nie zna .... granic.

MIEĆ COŚ W JEDNYM PALCU
CIEKAWOSTKI FRAZEOLOGICZNE I CYTATY

UWAGA

W każdej jednostce lekcyjnej podajemy:
1. kilka związków frazeologicznych związanych z tematyką lekcji wraz z ich definicjami słownikowymi, albo:
2. kilka ciekawych cytatów.
Przeczytaj polecenie (poniżej) i wykonaj zadanie.

ZADANIE 3

Przeczytaj poniżej podane związki frazeologiczne i użyj ich w zdaniach.

WZÓR

0. nic nie stoi na przeszkodzie «nie ma przeszkód, żeby coś zrobić»
PRZYKŁAD: Nic nie stoi na przeszkodzie, abym mógł poświęcić więcej czasu na naukę.

1. nic komuś do kogoś / do czegoś «zwrot, który podkreśla, że ktoś w danej sytuacji nie powinien się interesować, zajmować kimś / czymś»
PRZYKŁAD: ....

2. nic dziwnego «trudno się czemuś dziwić, coś jest naturalne dla mówiącego, oczywiste»
PRZYKŁAD: ....

3. ktoś nic nieznaczący «nieważny, drugorzędny, nieistotny»
PRZYKŁAD: ....

4. nic tu po kimś «lepiej byłoby, aby ktoś tu w ogóle nie przychodził»
PRZYKŁAD: ....

5. niczego sobie, *pot.* «ktoś całkiem niezły»
PRZYKŁAD: ....

6. być / (po)czuć się nikim «nie mieć żadnej pozycji zawodowej, społecznej, nie mieć wpływów, znajomości, stosunków, majątku itp.»
PRZYKŁAD: ....

7. pod żadnym warunkiem (pozorem) «nigdy, bez względu na okoliczności»

PRZYKŁAD: ....

8. w żadnym wypadku (razie) «nigdy, niezależnie od sytuacji»

PRZYKŁAD: ....

9. za żadne pieniądze (skarby) «nigdy, w żadnym wypadku, za żadną cenę»

PRZYKŁAD: ....

10. jak nigdy «w porównaniu z tym, jak bywa zazwyczaj, bardziej niż kiedykolwiek»

PRZYKŁAD: ....

AFORYZMY

1. *Nic nie dzieje się bez przyczyny.* John Locke
2. *Bo dwa tylko istnieją rodzaje ludzi czarujących: ci, co wiedzą wszystko, i ci, co nie wiedzą nic.* Oscar Wilde
3. *Dwa rodzaje ludzi, których nie znoszę: ci, którzy podziwiają wszystko, i ci, którzy nie podziwiają niczego. Jeśli jednak mam wybierać, wolę tych pierwszych.* Emil Cioran
4. *Co się tyczy Hitlera, nic nie przychodzi mi do głowy.* Karl Kraus
5. *Nikt by nie uwierzył, jakie mnóstwo łez mieści się w kobiecych oczach.* Simone de Beauvoir
6. *Nigdy nikomu nie ufaj, Danielu, a tym bardziej ludziom, których podziwiasz. Bo nie kto inny, a właśnie oni zadadzą ci najboleśniejsze rany.* Carlos Ruiz Zafón
7. *Pierwszą zasadą dobrego wychowania jest nieobrażanie nikogo.* Alfred Tennyson
8. *Nieobecni nigdy nie mają racji.* Philippe Nericault
9. *Nieszczęśliwy, kto nigdy nie był nieszczęśliwy.* Powiedzenie łacińskie
10. *Nigdy dzieci nie mogą zrobić rodzicom takiego wstydu, jak rodzice dzieciom.* Jan Kurczab

to warto zapamiętać

praktyczne rady ułatwiające zapamiętanie procesów zachodzących w języku polskim i osobliwości polszczyzny

Dopełniacz wyrazu ***nic*** zależny składniowo od czasownika może mieć oprócz formy *niczego* również formę *nic*, np. *Nic* nie zrobiłam dzisiaj. / *Niczego* nie zrobiłam dzisiaj.

1. W połączeniu z czasownikami o znaczeniu negatywnym np. *brakować, braknąć, domyślać się, odmawiać, zabraniać* formą poprawną jest wyłącznie forma *niczego*;

przykłady: *U mnie w domu niczego ci nie zabraknie. / Niczego nie zabraniam dzieciom. / Niczego jej nie zakazuję.*

2. W połączeniu z zaprzeczonymi czasownikami o rządzie biernikowym forma *niczego* jest formą rzadszą;

przykład: *Nic nie mam;* rzadziej: *Nie mam niczego.*

3. W połączeniu z zaprzeczonymi czasownikami o rządzie dopełniaczowym forma *niczego* jest oboczna (alternatywna) z / (do) formą (–y) *nic*;

przykład: *Mam wrażenie, że mąż niczego / nic się nie domyśla.*

4. Słowa ***nic*** używamy wtedy, gdy chcemy uwydatnić (podkreślić) znaczenie zaprzeczonego czasownika;

przykłady: *Ten człowiek całe życie nic nie robił. / Nic się nie lękaj, w tym miejscu jest już bezpiecznie. / W tej sytuacji żadne tłumaczenie nic już nie pomoże.*

5. Forma ***nic*** właściwa mianownikowi i biernikowi, w połączeniu z przymiotnikiem lub zaimkiem przymiotnym tworzy związek rządu w mianowniku i bierniku, a w pozostałych przypadkach – związek zgody;

przykłady: *Nie przejmuj się, nic strasznego się nie wydarzyło. / Jego działania, to nic innego, jak tylko próba zastraszenia przeciwników. / O niczym takim, proszę pana, nie słyszałem. / Pod niczym takim się nie podpisuję.*

Nie należy zapominać, że wyraz *nic* oprócz wyżej wskazanej funkcji zaimka przeczącego, pełni w polszczyźnie również inne funkcje, np.:

1. zaimka nieokreślonego;

przykład: *Ojciec krzyczał na niego, wymachiwał rękami – a on nic, stał w milczeniu, jak zaklęty*;

2. przysłówka, wzmacniającego zaprzeczony sens orzeczenia;

przykład: *Powiedziała, że odejdzie, i żadne argumenty nic tutaj nie pomogą*;

3. rzeczownika;

przykład: *Takie wielkie nic, a ma tyle do powiedzenia.*

ZADANIA SYSTEMOWE

ZADANIE 4

Wpisz w miejsce kropek właściwe formy zaimków przeczących *nikt* lub *nic* wraz z stosownymi przyimkami w punktach: 1, 2, 4, 6, 9.

WZÓR

Czy ktoś pojawił się tutaj?	**Nikt się nie pojawił.**
Dla kogo to robisz?	**Dla nikogo. Robię to dla siebie.**

1. Czy rozmawiałaś z kimś o mnie?	..... nie rozmawiałam o tobie.
2. O czym teraz myślisz?	Nie myślę .... teraz.
3. Panie woźny?! Czy wszyscy uczniowie weszli do szkoły?	Panie dyrektorze, na razie .... nie wszedł do szkoły.
4. W czym się specjalizuje ta pani?	Ona ..... się nie specjalizuje.
5. Obraziłeś wszystkich, Władysławie?!	.... chyba nie obraziłem.
6. Od kogo oczekujesz pomocy?	.... nie oczekuję pomocy.
7. Żałujesz czegoś w życiu?	.... w życiu nie żałuję.
8. Będzie ci czegoś żal, kiedy wyjedziesz?	.... nie będzie mi żal.
9. Będziesz za kimś tęskniła, mamo?	.... nie będę tęskniła.
10. Czy coś zdarza się dwa razy?	.... dwa razy się nie zdarza.

ZADANIE 5

Wpisz w miejsce kropek właściwe formy zaimków przeczących *nikt* lub *nic* wraz z stosownymi przyimkami.

WZÓR

Lodówka była prawie pusta.	**Mimo to babcia zrobiła obiad z niczego.**

1. Rób, co chcesz!	.... nie będę cię zmuszał.
2. O czym jest ta rozmowa?	Jak zwykle ....

3. Dyrektor jest bardzo zajęty.	Powiedział, że nie ma go ....
4. Świetny pomysł! Jak on się zrodził?!	Mój pomysł zrodził się ....
5. To okropna egoistka!	Tak. Nie myśli .... poza sobą.
6. Nie bądź takim pesymistą Adolfie!	Nie powinieneś uważać, że .... już w życiu nie warto liczyć.
7. O wszystkich źle mówisz, Władysławie!	To nieprawda! Nie mówię .... źle.
8. Czy on się z kimkolwiek liczy?	Nie. Ten człowiek .... się nie liczy.
9. Doszliście do jakichś wniosków?	Nie. Ta rozmowa skończyła się .... i nie doszliśmy do żadnych wniosków.

ZADANIE 6

Wpisz w miejsce kropek właściwe formy deklinacyjne zaimka *nic*.

WZÓR

Nie chciał słyszeć o niczym. **Niczego też nie słuchał.**

1. Nic nie załatwił. Wyjechał stąd z ....
2. Zachowywał kamienną twarz. .... się nie wzruszał.
3. Obraził nas, a więc .... nie dostał od nas.
4. Choć się bardzo starał, ... nie osiągnął w życiu.
5. Ten chłopiec .... nie umie. Nie zna nawet alfabetu.
6. Uratował tonącego. Jego wyczyn był .... w jej oczach.
7. W .... się nie zmienił. Jest taki sam!
8. Spotkali się po latach, ale okazało się, że tych ludzi już .... nie łączy.
9. .... panu nie jest. Jest pan zdrowy, panie Nowaczek!
10. .... więcej nie pragnęła w życiu, prócz szacunku.

Na podstawie zbioru testów – *Język polski à la carte*, op. cit., str. 172.

ZADANIE 7

Odpowiedz przecząco na podane pytania, korzystając z form fleksyjnych zaimków *nikt* i *nic*.

WZÓR

Olu, rozmawiałaś z kimś na ten temat?
Z nikim nie rozmawiałam na ten temat.

1. Janku, czy dałeś komuś mój podręcznik do angielskiego?
Nie. ....
2. Zofio, czy spotkałaś kogoś w tym tajemniczym miejscu?
Nie. ....
3. Mario, czy widziałaś kogokolwiek tak dziwnie ubranego?
Nie. ....
4. Tadeuszu, czy rozmawiałeś z kimkolwiek o jej kłopotach finansowych?
Nie. ....
5. Krzysztofie, czy zrozumiałeś cokolwiek z tego wykładu?
Nie. ....
6. Mateuszu, czy twoja siostra żyła z kimkolwiek w zgodzie?
Nie. ....
7. Piotrze, czy boisz się czegoś w życiu?
Nie. ....
8. Antoni, czy poznałeś już kogoś w tym wymarłym miasteczku?
Nie. ....
9. Beato, czy brakuje ci czegokolwiek w naszym związku?
Nie. ....
10. Karolu, czy pragniesz jeszcze czegokolwiek w tej sytuacji?
Nie. ....

ZADANIE 8

Przekształć zdania w taki sposób, by wskazać zupełne wyłączenie lub zupełny brak kogoś lub czegoś.

WZÓR

Nikt tu już nie pracuje.	→ **Żaden człowiek już tu nie pracuje.**

1. Nie ma nikogo, kto mógłby mnie przekonać do zmiany moich przekonań politycznych.
→ ...., nawet największy autorytet, nie przekona mnie do tego.
2. Bez pomocy innych nie ma co marzyć o jakimkolwiek porozumieniu.
→ W pojedynkę nie mamy .... szans.
3. Widzimy w tym oskarżeniu brak jakichkolwiek dowodów.
→ To oskarżenie nie jest poparte .... dowodami.
4. W jego dorobku nie ma ani jednej publikacji, która zdobyłaby popularność.
→......................... z jego publikacji nie stała się popularna.
5. Nie ma takiej siły, która mogłaby zniszczyć naszą przyjaźń.
→ Naszej przyjaźni .... siła nie zniszczy.
6. Napisałeś trzy wypracowania i ani jedno nie wydaje się dostatecznie dobre.
→ .... z wypracowań, które napisałeś, nie wydaje się dostatecznie dobre.
7. Przyjęliśmy i zaakceptowaliśmy wszystkie złożone oferty.
→ .... z ofert nie została odrzucona.
8. Czy istnieją jeszcze granice na terytorium Unii Europejskiej?
→ Na terytorium UE nie ma już .... granic.
9. Szerzeniu się korupcji w państwie polskim winni są politycy.
→ Temu zjawisku nie są winni .... politycy lecz system.
10. Czy spotkałeś się z jakimiś zarzutami ze strony dyrekcji?
→ Ze strony dyrekcji nie spotkałem się z .... zarzutami.

Na podstawie zbioru testów *Język polski à la carte*, op. cit., str. 18.
Zob. również ćwiczenia: *Język polski à la carte* – ćw. 76, str. 172, ćw.163, str. 218, test 1/10 i *Polski megatest* – ćw. 99, str. 128, ćw. 103, str. 131.

2. *Co trzeba, a czego nie wolno robić*

Jak dbać o laptopa? Co trzeba, a czego nie wolno robić?

Zdawać by się mogło, że komputer przenośny nie jest sprzętem wymagającym specjalnej troski i wystarczy po prostu go nie podpalać, nie zalewać czy nie rzucać nim, by działał bezawaryjnie. Niestety, realia są inne, a dane dotyczące napraw laptopów to potwierdzają. Jak dbać o laptop, by dobrze służył jak najdłużej?

***1.** Przenosząc laptop warto zamykać klapę, by w razie przypadkowego uderzenia w przeszkodę zmniejszyć ryzyko uszkodzenia matrycy. (...)*

***2.** W trakcie przenoszenia laptopa należy trzymać go dwoma rękami, a nie za klapę matrycy.*

***3.** Jeśli często zabieramy laptop ze sobą, warto zainwestować w plecak lub torbę z komorą amortyzującą wstrząsy i uderzenia (...).*

***4.** Należy w miarę możliwości unikać miejsc, gdzie poziomy zapylenia i/lub wilgoci przekraczają dopuszczalne wartości. (...) Zbyt duże zawilgocenie powietrza także niekorzystnie odbija się na żywotności podzespołów.*

***5.** Warto też unikać dużych wahań temperatur. Zimą, po przyniesieniu laptopa do domu należy odczekać chwilę, aż się zaaklimatyzuje, i dopiero po pewnym momencie włączyć go.*

***6.** Jeśli lubimy pracować w łóżku warto zainwestować w porządny stolik pod laptop, zamiast trzymać go na kolanach lub na kołdrze. (...).*

***7.** Podczas pracy z laptopem powinno się zrezygnować z jedzenia pokarmów i picia płynów. Nawet (...) niewielki okruszek pochodzący z batonika potrafi skutecznie zablokować klawisz.*

***8.** Na koniec, warto zadbać o czystość laptopa. (...) W przypadku matrycy trzeba zaopatrzyć się w ściereczki do monitorów LCD, które zapobiegają uszkodzeniu czy zarysowaniu.*

Opracowano na podstawie: http://laptopy.gadzetomania.pl/2012/01/13/jak-dbac-o-laptopa-co-trzeba-a-czego-nie-wolno-robic

ZADANIE 1

Na podstawie tekstu wstępnego wypełnij stosowne okna w tabeli. Wzór – punkt 1.

Jak dbać o laptopa, by dobrze służył jak najdłużej?

	1. wystarczy	2. warto	3. należy	4. powinno się	5. trzeba
WZÓR	*nie podpalać go, nie zalewać go, nie rzucać nim*				

CZASOWNIKI NIEFLEKSYJNE. SKŁADNIA I FORMY

Czasami w języku obcym chcielibyśmy się wyrazić inaczej: delikatniej, piękniej. Szukamy w myślach wyrazów, ich odpowiedników, synonimów, które w mowie mogłyby mieć znaczenie bardziej przekonywujące. Możliwości w języku jest wiele. Bez większego wysiłku intelektualnego możemy wykorzystać słownictwo podstawowe, posłużyć się czasownikami o największej frekwencji występowania w języku mówionym po to, by poinformować odbiorcę o czymś, by w sposób racjonalny przedstawić swoją argumentację. Zdarzają się jednak sytuacje, kiedy ważniejszą staje się funkcja estetyczna wypowiedzi. W akcie mowy chcemy urzec kogoś pięknem i precyzją, zastosowaniem w nim rzadszych, bardziej wyszukanych słów lub konstrukcji składniowych. Wtedy to – zamiast zdania *On na pewno nie zrozumiał* powiemy: ***Widać nie zrozumiał***; zdecydowaną wypowiedź o charakterze rozkazu: *Musisz to zrobić* zastąpimy łagodniejszymi konstrukcjami: ***Trzeba byłoby to zrobić***, ***Może zrobiłbyś to*** lub ***Warto byłoby to zrobić***; krytyczną konkluzję *Nie mogę go zrozumieć* zamienimy na ***Nie sposób go zrozumieć*** bądź ***Niepodobna go zrozumieć***, natomiast radę typu *Nie powinieneś tego robić* na ***Nie przystoi tobie tego robić*** albo ***Nie należy tego robić***.

Poniżej podajemy listę kilkunastu leksemów z przykładami zdań i z numerami paradygmatów form wyrażających kategorię czasu (trybu), które w gramatykach języka polskiego są nazywane czasownikami niefleksyjnymi, czyli nieodmiennymi. Ich niefleksyjność przejawia się brakiem form wyrażających kategorię osoby. W przypadku tych czasowników istnieją zaś możliwości tworzenia form wyrażających kategorię czasu i trybu, np.

czas teraźniejszy	*czas przeszły*	*czas przyszły*	*tryb przypuszczający*
(jest) warto *a.* warto (jest)	trzeba było	będzie wolno *a.* wolno będzie	byłoby widać *a.* widać by było

Czasowniki niefleksyjne to czasowniki niedokonane, od których formy czasów i wszystkie formy trybów tworzy się analitycznie, na ogół przy pomocy czasownika posiłkowego *być* w 3. osobie liczby pojedynczej rodzaju nijakiego. Warto pamiętać, że słowo *jest* będące wykładnikiem czasu teraźniejszego można pominąć, np.

W tym pomieszczeniu prawie nic nie (jest) widać.
Szkoda (jest) tego człowieka.
Nie sposób (jest) zrozumieć, co on mówi.
Warto (jest) mówić prawdę itd.

Nie można również zapomnieć o ich charakterystyce składniowej oraz wymaganiach składniowych, które przedstawiamy w poniższych rozdziałach.

CZASOWNIKI NIEFLEKSYJNE W TYPOWYCH WYPOWIEDZIACH, W CYTATACH, MYŚLACH I MAKSYMACH.

A.

1. CZUĆ

Ojciec wrócić z połowu ryb zmęczony, czuć go było potem i rybami.
Już przed wejściem do taniego baru czuć kapustą kiszoną.
Po latach pracy w tajnej policji czuć od niego szpiclem.

2. MOŻNA

Można zmienić wiarę, nie zmieniając Boga.
Szczęścia nie można kupić.
Wszystko można, lecz ostrożnie.

3. NIE SPOSÓB

Nie sposób być zbyt ostrożnym w wyborze własnych wrogów.
Nie sposób kosztować rozkoszy miłości, nie przyswoiwszy sobie jej cnót.
Świadomą głupotę strawić nie sposób a. *Świadomej głupoty strawić nie sposób.*

4. NIEPODOBNA

Mój drogi, niepodobna kochać ludzi takich, jakimi są, a jednak trzeba.
Niepodobna uwierzyć własnym oczom.
Niepodobna wejść dwa razy do tej samej rzeki.
Świadomą głupotę strawić niepodobna a. *Świadomej głupoty strawić niepodobna.*

5. SŁYCHAĆ

Nie w każdej muszli słychać morze.
Nieme marzenia najgłośniej słychać.
W mowie pewnych ludzi słychać błędy ortograficzne.

6. SZKODA

Szkoda, że do raju jedzie się karawanem.
Szkoda, że koleje losu nie mają biletów powrotnych.
Wstawaj, szkoda dnia!

7. TRZEBA

Pytają czy trzeba kochać. O to nie należy pytać, to trzeba czuć.
Nie trzeba rozumieć świata, trzeba tylko znaleźć w nim swoje miejsce.

[...] czasami trzeba postawić świat na głowie, by móc postawić go na nogi.
Doświadczenie – ten dar nieba masz wtedy, gdy go ci już nie trzeba.
Czasem trzeba zamilknąć, żeby zostać wysłuchanym.

8. WARTO

Jeżeli prawda jest dla nas taką wartością, dla której warto cierpieć, warto ponosić ryzyko.
W życiu bowiem istnieją rzeczy, o które warto walczyć do samego końca.
Warto żyć, warto śnić, warto być.

9. WIADOMO

Jeżeli ktoś jest niewierzący, nigdy nie wiadomo, w co uwierzy... .
Kiedy nie wiadomo, o co chodzi, to chodzi o pieniądze.
Nigdy nie wiadomo, że się wypiło o jeden kieliszek za dużo, zanim się go nie wypije ... .

10. WIDAĆ

Cudze wady zawsze widać lepiej.
Czasem, gdy runie piedestał, widać, że nikt na nim nie stał.
Najlepiej to widać na plaży, że kobieta nie ma twarzy.

11. WOLNO

Chwalebne jest czynić to co należy, a nie to co wolno.
Co wolno Jowiszowi, tego nie wolno wołowi.
W demokracji wolno głupcom głosować, w dyktaturze wolno głupcom rządzić.

12. ZNAĆ

Lepiej znać prawdę, która wywołuje łzy niż znać kłamstwo, które wywołuje uśmiech.
Nie tylko chwalebnie jest znać łacinę, co haniebnie jest jej nie znać.
Właśnie w szczegółach znać rękę mistrza.

B.

13. NALEŻY

Chwalebne jest czynić to co należy, a nie to co wolno.
Dobro i zło należy pamiętać wiecznie.
Jeśli nie wiesz, jak należy się w jakiejś sytuacji zachować, na wszelki wypadek zachowuj się przyzwoicie.

Miłość należy pielęgnować z troską ogrodnika chodzącego wokół swoich róż.
Wczoraj do ciebie nie należy. Jutro niepewne... Tylko dziś jest twoje.

14. NIE PRZYSTOI

Nie przystoi lwu płakać przed lisem.
Przystoi być ostrożnym, nie przystoi lękać się.
Pseudobohaterom nie przystoi śmiać się z kogoś, kto się boi.

to warto zapamiętać

praktyczne rady ułatwiające zapamiętanie procesów zachodzących w języku polskim i osobliwości polszczyzny

nie sposób / niepodobna

Orzeczenie wyrażone czasownikami niefleksyjnymi *nie sposób* lub *niepodobna* ma to do siebie, że zależny od niego bezokolicznik może implikować zarówno biernik, jak i dopełniacz. Porównaj przykłady powyżej.

ZADANIE 2

A teraz, sprawdź swoją pamięć i dopasuj do podanych poniżej zdań właściwe czasowniki niefleksyjne.

WZÓR
0. Ojca, po powrocie z pracy w sklepie rybnym czuć było potem i rybami.

1. Lepiej robić to, co .... niż to, co wolno.
2. Lepiej .... prawdę, niż się jej domyślać.
3. Miłości nie należy rozumieć, ... ją czuć.
4. .... nauczycielowi płakać przed uczniem.
5. .... być bardzo doświadczonym, kiedy jest się dzieckiem.
6. Nie śpij tak długo, ... dnia!
7. .... być wrogiem własnej matki.
8. Nigdy ...., co będzie z małej chmury.
9. Podczas sztormu już z odległości kilometra .... morze.
10. Są sprawy, o które .... walczyć.

11. Szczęścia .... kupić.
12. W środkach lokomocji miejskiej .... palić.
13. Wady i błędy innych .... lepiej.

ŁĄCZLIWOŚĆ SKŁADNIOWA CZASOWNIKÓW NIEFLEKSYJNYCH

Czasowniki niefleksyjne	*łączliwość składniowa*
czuć	coś / kogoś (B.) czuć (czymś); czuć coś (B.) *a.* czuć czymś (N.); czuć od kogoś *a.* od czegoś – coś (B.) *a.* czymś
można	+ bezokolicznik
należy	coś (komuś) zrobić
niepodobna	+ bezokolicznik (coś, czegoś; *rzad.* kogoś) / do czegoś
(nie) przystoi	coś (nie) przystoi (komuś) *a.* + bezokolicznik (gdzieś)
nie sposób	+ bezokolicznik
słychać	**1.** kogoś, coś – (gdzieś) – (skądś) w zn. 'coś daje się słyszeć, coś się rozlega'; **2.** o kimś / o czymś w zn. 'coś jest znane z opowiadań, ze słyszenia, mówi się o czymś gdzieś'
szkoda	komuś – kogoś, czegoś; w zn. 'żałować'; (komuś) + bezokolicznik; kogoś – dla kogoś, na coś, do czegoś, *pot.* na kogoś; czegoś – dla kogoś, na coś, do czegoś – co..., że... itd.
trzeba	czegoś *a.* + bezokolicznik; komuś – kogoś, *a.* czegoś *a.* + bezokolicznik
warto	+ bezokolicznik
wiadomo	coś – komuś wiadomo o czymś / o kimś; że... / co...; inne połączenia – jak czasownik *wiedzieć*
widać	coś / że...; po kimś po czymś *a.* z czegoś
wolno	+ komuś – coś (robić); nie wolno (komuś) – robić czegoś
znać	po kimś, że...; w czymś coś; coś – na czymś; z czegoś, że... .

ZADANIE 3

Skorzystaj z powyżej tabelki i zbuduj właściwe konstrukcje składniowe przy pomocy podanych wyrazów.

WZÓR

szkoda | na | ta dyskusja | ja | czas

czas teraźniejszy
0.1. Szkoda mi (jest) na tę dyskusję czasu.
czas przeszły
0.2. Szkoda mi było na tę dyskusję czasu.
czas przyszły
0.3. Szkoda mi będzie na tę dyskusję czasu.

on | czuć | piwo

czas teraźniejszy
1. ....
....

ta restauracja | można | dobry obiad | zjeść | w

czas teraźniejszy
2. ....
....

w | autobusy | ustępować | należy | miejsce | osoby starsze

czas teraźniejszy
3. ....
....
....

on | niepodobna | być | przekonać | zmiana | do | decyzja

czas przeszły
4. ....
....
....

palić | eleganckie kobiety | nie | przystoi | ulica | na | papierosy

czas teraźniejszy
5. ....
....
....

w | wielkie miasta | znaleźć | nie sposób | wolne miejsce | do | garażowanie

czas teraźniejszy
6. ....
....
....

kłótnie | rodzice | w | cała kamienica | słychać | być | codzienne

czas przeszły
7. ....
....

w | telewizja | słychać | o | ciągle | politycy

czas teraźniejszy
8. ....
....

ten człowiek | szkoda | my | być

czas przyszły
9. ....
....

trzeba | ona | spokój | i | odpoczynek

czas teraźniejszy
10. ....
....

warto | poświęcić | na | czas | nauka

czas teraźniejszy
11. ....
....

nic | ja | wiadomo | nie | o | zmiana czasu | być

czas przeszły
12. ....
....

widać | być | po | że | jej oczy | cierpieć

czas przeszły
13. ....
....

on | wszystko | wolno | być

czas przyszły
14. ....
....

znać | po | on | bać się | że

czas teraźniejszy
15. ....
....

WZORY FORM CZASOWNIKÓW WYRAŻAJĄCYCH KATEGORIĘ CZASU

	001	**002**
	można	***wolno***
czas teraźniejszy	można	wolno (jest)
czas przyszły	można będzie	wolno będzie
czas przeszły	można było	wolno było
tryb przypuszczający	można by można by było	wolno byłoby wolno by było *a.* byłoby wolno

	003	004
	należy	*słychać*
czas teraźniejszy	należy	słychać *a.* słychać jest
czas przyszły	będzie należało	słychać będzie
czas przeszły	należało	słychać było
tryb przypuszczający	należałoby	słychać byłoby *a.* słychać by było

PRZYKŁADY AUTORSKIE I SŁOWNIKOWE CZASOWNIKÓW NIEFLEKSYJNYCH WYRAŻAJĄCYCH KATEGORIĘ CZASU I TRYBU

leksemy	*wzory*	*przykłady:*
czuć	**004**	*Podczas spaceru po francuskiej wsi czuć (było) lawendą.*
można	**001**	*Na dyskotece był taki huk, że nie można (było) rozmawiać. / W tej dzielnicy można dostać po głowie. / Czy można tutaj palić?*
należy	**003**	*Jak właściwie należy / należałoby żyć, aby wszyscy byli zadowoleni?/ Należy mieć szacunek do starszych. / Należy myć ręce przed jedzeniem.*
niepodobna	**002**	*Niepodobna (było) wydobyć z niego jednego słowa miłości. / Sprawa jest kompleksowa, niepodobna jej* a. *ją streścić. / Niepodobna, żeby on przyznał się kiedykolwiek do czegokolwiek.*
(nie) przystoi*		*Zachował się, jak przystało na przyszłego króla Anglii. / Nie przystoi wam, panowie, wyrażać się źle o kobietach! / Mówi się, że płacz nie przystoi mężczyźnie. / Nie przystoi śmiać się w kościele.*
nie sposób	**002**	*Był taki huragan, że nie sposób było ani iść ani stać. / Nie sposób wytępić szczury w kamienicach. / Nie sposób nie obejrzeć się za tą młodą, piękną kobietą.*
słychać	**004**	*Wilki tak wyły, że nie słychać było stukania dzięcioła.*
szkoda	**001**	*Szkoda było tyle zmarnowanej pracy. / Szkoda, że już odjeżdżasz. / Szkoda jej dla takiego łobuza. / Szkoda ciężko zarobionych pieniędzy na płacenie mandatów.*

trzeba	001	*Nie trzeba (było) ciągle narzekać na los. / Trzeba było pogodzić się z żoną. / Z tym człowiekiem trzeba ostrożnie. / Trzeba powiedzieć, że to był mądry człowiek.*
warto	001	*Komu warto (by) dokuczyć? – zapytał dokuczliwy Przemek. / Warto o tym wspomnieć. / Nie warto było zadawać sobie tyle trudu. / Warto by było* a. *warto byłoby gdzieś pojechać.*
wiadomo	002	*Wszystkim (było) wiadomo, że kryzys nastąpi wcześniej czy później. / Wiadomo, co za chwilę powie. / Wiadomo, że nie wygramy.*
widać	004	*Po maratonie od razu widać (było), że wszyscy są zmęczeni.*
wolno	002	*Dzieciom na pewno nie wolno bawić się zapałkami. / Wolno im wszystko robić. / Nic tutaj nie wolno. / Tutaj wolno palić.*
znać	004	*Właśnie w drobnych gestach znać (jest) serce człowieka.*

* Zwykle z przeczeniem. Formy: czas teraźniejszy – (komuś) (*nie) przystoi* + bezokolicznik; czas przeszły – (komuś) (*nie) przystało* + bezokolicznik.

ZADANIE 4

Zmień formy czasu teraźniejszego czasowników niefleksyjnych na formy czasu przeszłego.

WZÓR
W tej dzielnicy można dostać po głowie.
→ W tej dzielnicy można było dostać po głowie.

1. Należy mieć szacunek do starszych.
→ ....
2. Sprawa jest kompleksowa, niepodobna jej streścić.
→ ....
3. Niepodobna, żeby on przyznał się kiedykolwiek do czegokolwiek.
→ ....

4. Nie sposób wytępić szczury w kamienicach.

→ ....

5. Szkoda jej dla takiego łobuza.

→ ....

6. Z tym człowiekiem trzeba ostrożnie.

→ ....

7. Trzeba powiedzieć, że to był mądry człowiek.

→ ....

8. Warto o tym wspomnieć.

→ ....

9. Wiadomo, że nie wygramy.

→ ....

10. Wolno im wszystko robić.

→ ....

11. Właśnie w drobnych gestach znać ludzkie serce.

→ ....

to warto zapamiętać

praktyczne rady ułatwiające zapamiętanie procesów zachodzących w języku polskim i osobliwości polszczyzny

1. Czasowniki *można, należy, nie sposób, niepodobna, trzeba, warto, wolno* w zdaniach łączą się wyłącznie z formami bezokoliczników.

2. Warto również zwrócić uwagę na niezwykle użyteczny w pewnych sytuacjach homonimiczny czasownik niedokonany ***stać*** funkcjonujący w polszczyźnie na zasadach wyżej wspomnianych. Formy tego leksemu tworzymy według wzoru 004, a więc: czas teraźniejszy – *kogoś stać (jest)*, czas przyszły – *kogoś stać będzie*, czas przeszły – *kogoś stać było*, tryb przypuszczający – *kogoś stać byłoby*, znaczenia ograniczamy zaś do pieniędzy lub wykazywania naszych uczuć.

Przykłady:

a. *Kiedy zacznę pracować będzie mnie stać na mieszkanie i na gosposię* (w zn. 1: ‘wystarczy mi pieniędzy na coś, na opłacenie kogoś’); połączenie składniowe: *kogoś* stać (jest) na coś / na kogoś;

b. *Kiedy ktoś zranił jego dumę, stać było go na wszystko: na kłótnię, na atak, na rewanż* (w zn. 2 ‘ktoś może się zdobyć na coś, jest zdolny do wykonania czegoś; ktoś może pokonać wewnętrzne opory, by zrobić coś, by wykazać jakieś uczucie; *syn.* zdobywać się / zdobyć się na coś’; połączenie składniowe: *kogoś* stać (jest) na coś.

MIEĆ COŚ W JEDNYM PALCU
CIEKAWOSTKI FRAZEOLOGICZNE I CYTATY

UWAGA

W każdej jednostce lekcyjnej podajemy:
1. kilka związków frazeologicznych związanych z tematyką lekcji wraz z ich definicjami słownikowymi, albo:
2. kilka ciekawych cytatów.
Przeczytaj polecenie (poniżej) i wykonaj zadanie.

ZADANIE 5

Zinterpretuj w dwu – trzech zdaniach każdy z poniższych cytatów.

1.
CYTAT: ***Niepodobna skryć miłość i serce przymusić.***

2.
CYTAT: ***Podnieś głowę, zanim powiesz, że nie widać wyjścia.***

3.
CYTAT: ***To, czego nie widać, tworzy to, co widać.***

4.
CYTAT: ***Są uczucia, których nie sposób zabić, mimo że na to zasługują.***

5.
CYTAT: ***W ciszy słychać więcej, w samotności więcej widać.***

6.
CYTAT: ***Wczoraj do ciebie nie należy.***

ZADANIA SYSTEMOWE

ZADANIE 6

Wpisz w miejsce kropek właściwe formy podanych czasowników niefleksyjnych we wskazanym czasie gramatycznym.

CZASOWNIKI DO WYBORU: *czuć, można, należy, niepodobna, (nie) przystoi, nie sposób, słychać, szkoda, trzeba, warto, wiadomo, widać, wolno, znać.*

WZÓR

> *czas teraźniejszy*
> **Gołym okiem znać, że ktoś tu był, Sherlocku Holmesie.**

czas teraźniejszy

1. Ależ drogi ambasadorze, ..., by tak ważny gość siedział na krześle z plastiku!
2. Co .... rodzicom, to niekoniecznie wolno dzieciom.
3. Mówi tak niewyraźnie, że .... go zrozumieć.
4. To bardzo smutno stracić kogoś bliskiego, ale .... się z tym pogodzić.
5. Jeśli ktoś potrzebuje wsparcia, ... mu pomóc, a nie udawać, że się tego nie widzi!
6. Karol jest człowiekiem tajemniczym i nic nie .... o jego życiu.
7. Mamry to najpiękniejsze jezioro, jakie .... zobaczyć na Pojezierzu Mazurskim.
8. Jeśli z kimś nie .... wytrzymać, najlepiej jest odejść.
9. Pamiętaj łobuzie, że do ludzi starszych .... się odnosić z szacunkiem.
10. W tej puszczy jest przerażająco; nic nie .... i nic nie ....
11. W tym kraju .... tylko narzekania na rząd i jego politykę.
12. Od pewnego czasu .... po minie mamy, że jest bardzo zmęczona pracą i domem.
13. Jaka ...., że już musicie nas opuścić!
14. Każdy o tym wie, że w szczegółach .... rękę mistrza.

czas przyszły

15. Nie kłam, bo po twojej twarzy ...., że kłamiesz.
16. Nie możemy wejść w butach, bo ...., że byliśmy tutaj.
17. Już za kilka tygodni .... wiosną.

czas przeszły

18. Był taki skwar, że nie .... wyjść z domu.
19. Był takie hałas, że nie ...., co kto mówił.

20. Chciał zginąć za honor kobiety, jak na prawdziwego kochanka ....

21. Dawniej .... tutaj .... zapach skoszonej trawy.

22. Kochanie, wyrzuciłem tę rybę do kosza, bo .... ją już ....

23. Zamknąłem wszystkie okna, by nie .... hałasu z ulicy.

24. Teraz już jest za późno. .... wcześniej się zastanowić, panowie!

25. Z jego miny ...., że wszystko mu się nie podobało.

ZADANIE 7

Wpisz w miejsce kropek właściwe formy podanych czasowników niefleksyjnych.
<u>CZASOWNIKI DO WYBORU</u>: *czuć, można, (nie) przystoi, nie sposób, słychać, trzeba, warto, wiadomo, widać, wolno.*
Wzór – jak w ćwiczeniu numer 6.

<u>czas teraźniejszy</u>

1. Na zakup działki w Warszawie .... mieć worek pieniędzy.

2. Naprawdę .... zagrać w eurolotka, bo w tej grze padają często duże wygrane.

3. Nie .... płakać z byle jakiego powodu.

4. Nie .... po jej twarzy śladów uciekającego czasu.

5. O tym człowieku nie .... powiedzieć ani jednego złego słowa.

6. Odeszła od niego i wszystkim tu obecnym ...., że już nie wróci.

7. Oszustwo .... kapłanowi, ponieważ jest sługą bożym.

8. Pali pan chyba dużo, bo .... od pana tani tytoń.

9. Powszechnie ...., że brukowa prasa żyje prywatnym życiem znanych ludzi.

10. Czasami się zdarza, że nie .... być uczciwym ni prawdomównym.

11. Proszę pana, ... zgodzić się z pańskimi poglądami.

<u>czas przyszły</u>

12. O tym polityku nie raz jeszcze ....

13. Panie premierze, czy .... zadać panu jeszcze jedno pytanie?

czas przeszły

14. O podwyżkach wynagrodzenia w szkolnictwie nie .... od roku.

15. Opuścił kraj i przez kilka lat nic o nim nie ....

ZADANIE 8

Wpisz w miejsce kropek właściwe formy czasu przeszłego podanych czasowników niefleksyjnych.

CZASOWNIKI DO WYBORU: *czuć, można, słychać, szkoda, trzeba, warto, wiadomo, widać, wolno, znać.*

WZÓR

0. Zginął na polu walki, jak przystało mężczyźnie.

1. Syneczku, czy nie myślisz, że .... tych nowych butów do biegania?!
2. Ta historia była tak ciekawa, że .... ją opowiadać wszędzie.
3. Proces ciągnął się latami i nigdy końca nie ....
4. U babci w kuchni – jak zwykle – .... zapach pieczonego ciasta.
5. Właściwie to nie ...., dlaczego chciała poślubić właśnie tego chłopca.
6. Kiedy byliśmy dziećmi nie .... nam .... wydawać pieniądze (*a.* pieniędzy) na drobne przyjemności.
7. Szeptali do siebie, by nie ...., o czym rozmawiali.
8. Miałem wrażenie, że nie tylko można było, nie tylko warto było, ale, że .... z nim porozmawiać.
9. Nie zdążyła zrobić rano makijażu i .... po niej nieprzespaną noc.
10. W obecności rodziców nie .... używać tzw. brzydkich słów.

ZADANIE 9

Wpisz w miejsce kropek właściwe formy czasu przyszłego podanych czasowników niefleksyjnych.
CZASOWNIKI DO WYBORU: *czuć, niepodobna, nie sposób, słychać, stać, szkoda, trzeba, wiadomo, widać, wolno.*

WZÓR

0. To twardy przestępca. Trzeba będzie zmusić go do przyznania się do winy!

1. Wspaniałe wiersze. .... dokonać ich analizy bez pomocy profesora.
2. W historii kraju będą jeszcze wydarzenia, których nie .... nikomu zapomnieć.
3. Za kilka lat w tym nieocieplonym domu .... wilgoć (*a.* wilgocią).
4. Nie odeszłam od niego, bowiem wiedziałam, że .... mi .... tylu lat wspólnie przeżytych.
5. Proszę pana, po zawale serca, ... zmienić styl życia.
6. Nie krzycz, bo wszystko .... u sąsiadów!
7. Nie kupuj tylu mebli, bo potem nie ...., gdzie je postawić.
8. Rezerwuję już miejsce w hotelu, bo w czasie olimpiady .... znaleźć jakikolwiek wolny pokój w mieście.
9. Kiedy ...., kto kandyduje na prezydenta kraju?
10. Wejdziemy na szczyt góry, bo z niej .... panoramę całego miasta.
11. Wkrótce będę tak bogaty, że .... mnie .... na realizację każdej zachcianki.

3. *Jeden grzebie, drugi sypie, trzeci szarpie, inny szczypie*

Zaczęłam płakać, a on patrzy na mnie swoimi błękitnymi oczami i tuli mnie czule, całując moje łzy. Szepcze mi do ucha, że bardzo mnie kocha, a ja coraz bardziej zanoszę się płaczem, a on mocniej przytula. Nie, on nie płacze ze szczęścia, ani ze smutku. To jest rodzaj płaczu bezsilności. Kiedy zdajesz sobie sprawę, że masz przy sobie największy skarb na świecie, a mimo to wiesz, że to zniszczysz, i, że go stracisz. A sama dobrze wiesz, jaki to ból stracić kogoś, kogo się kocha nad życie.

Na podstawie – http://moblo.pl/profile/nightshift

„Czasem szeptamy, szepczemy albo szepcemy"

W jednym z wierszy tomu *Szara strefa* Tadeusz Różewicz napisał: *„Czasem szepcemy wszyscy ludzie będą braćmi"*. A w „Polityce" czytam: *„Ratusz szepcze: czystki"*. Jak widać, jedna z form urobionych od *szeptać* kryje w sobie spółgłoskę *c*, druga zaś – *cz*. Obie są poprawne, ale pierwsza z nich uważana jest za rzadką, książkową. W trybie rozkazującym zaleca się już nawet wyłącznie brzmienie *szepcz*, ostrzega się natomiast nie tylko przed [potocznym] wariantem *„szeptaj"*, lecz i *„szepc"*. Gdybyśmy zaś przywołali tutaj cytaty literackie z przeszłości (...), zobaczylibyśmy, że przykłady z *c* są wyłączne. Jeszcze w roku 1968 roku (...) w *Słowniku frazeologicznym języka polskiego* przy haśle *szeptać / szepnąć* [autor słownika] informował, że *usta szepcą, zegar szepce* «cicho tyka», *drzewa, konary* (...) *szepcą* – «szumią, szeleszczą», *rozsądek, serce szepce*. Wariantów z *cz* [we wspomnianym słowniku] w ogóle nie ma!

Ostatnie cytaty nie mogą dziwić historyka języka: wszak postacie z *c* urabiane od wyrazów *szeptać, dreptać, deptać, druzgotać, plątać* były pierwotne i przez wieki jedyne (...)
(...) We współczesnej polszczyźnie formy typu *szepcę, drepcę, depcę* itd. pojawiają się coraz rzadziej, przegrywając (...) z formami wtórnymi z *cz*, a więc *szepczę, drepczę, depczę*. To zjawisko (...) nie zaskakuje, bo procesy wyrównawcze są w językach fleksyjnych czymś absolutnie naturalnym.

Cytowany fragment pochodzi z: J. Miodek, *Słowo jest w człowieku*, op. cit., str. 188–189.

Źródło: J. Miodek, *Słowo jest w człowieku. Poradnik językowy*, Wydawnictwo Dolnośląskie, Wrocław 2007, str. 188–189

ZDRADLIWE CZASOWNIKI TYPU: *karać, płakać, szeptać*

W metodyce nauczania języka polskiego jako obcego najpopularniejszym kryterium podziału czasowników na grupy koniugacyjne jest podział: **1.** według końcówek czasu teraźniejszego (dla czasowników niedokonanych) i przeszłego (dla czasowników dokonanych – zob. tabela poniżej), **2.** według postaci i modyfikacji tematu fleksyjnego czasownika w procesie koniugacyjnym.

	KG I	KG II a	KG II b	KG III a	KG III b
Końcówki i zakończenia	**–ę, –esz, –e, –emy, –ecie, –ą**	**–ę, –ysz, –y, –ymy, –ycie, –ą**	**–ę, –isz, –i, –imy, –icie, –ą**	**–am, –asz, –a, –amy, –acie, –ą**	**–em, –esz, –e, –emy, –ecie, –ą**
Przykłady:	*dawać, pisać*	*liczyć, słyszeć*	*mówić, robić*	*czytać, kochać*	*jeść, umieć*

Musimy jednak pamiętać, że zarówno pierwsza, jak i druga klasyfikacja przysparza obcojęzycznym użytkownikom wiele kłopotów i niespodzianek. Jeśli obcokrajowiec uczący się języka polskiego lub nim się posługujący nie zna końcówek fleksyjnych 1. i 2. osoby liczby pojedynczej czasu teraźniejszego np. czasownika *wiązać*, przypisze mu odmianę !*wiązam, wiązasz*, **[zamiast (ja) *wiążę*, (ty) *wiążesz*]** na zasadzie analogii do odmiany czasownika z największej i najbardziej przejrzystej grupy z przyrostkiem tematowym *–a*, tj. *czytać*. Brak możliwości wyraźnego odróżniania jednej grupy od drugiej powoduje, że w dydaktyce gramatyki polskiej w kształceniu językowym cudzoziemców autorzy podręczników, gramatyk, słowników odmiany, pomocy dydaktycznych zmuszeni są do stosowania różnych zabiegów, które ułatwią w jakiejś mierze proces oswajania gramatyki języka polskiego.

Poniżej zamieszczamy listę wybranych czasowników o zakończeniu tematu bezokolicznika na *–a*, należących do koniugacji nr I z podaniem ich znaczeń, łączliwości składniowej, przykładowej składni zdań i odmiany w czasie teraźniejszym (czasowniki niedokonane) oraz czasie przyszłym (czasowniki dokonane).

LISTA WYBRANYCH CZASOWNIKÓW O ODMIANIE NIEREGULARNEJ – zob. wzory odmiany str. 51–52

czasowniki niedokonane
↓

pary aspektowe:	*tak samo odmieniają się:*
brać || wziąć	*prać* (ndk) + dokonane derywaty prefiksalne czasownika *prać* np. uprać, wyprać itd.
dawać || dać	*dostawać* (ndk), *doznawać* (ndk), *oddawać*, (ndk), *poznawać* (ndk), *przyznawać* (ndk), *rozstawać się* (ndk), *stawać* (ndk), *uznawać* (ndk), *wdawać się* (ndk), *wyznawać* (ndk), *zastawać* (ndk)*
karać || ukarać	*babrać* (ndk), *bazgrać* (ndk), *gmerać* (ndk), *guzdrać się* (ndk), *paprać* (ndk), *orać* (ndk), *żebrać* (ndk) + inne derywaty prefiksalne
kąpać || wykąpać	*dziobać* (ndk), *kapać* (ndk), *kopać* (ndk), *grzebać* (ndk), *sypać* (ndk), *szarpać* (ndk), *szczypać* (ndk) + inne derywaty prefiksalne
pisać || napisać	*czesać* (ndk), *kołysać* (ndk) + inne derywaty prefiksalne
płakać || –	*gdakać* (ndk), *krakać* (ndk), *płukać* (ndk), *skakać* (ndk) + inne derywaty prefiksalne
rwać || –	*zwać (się)* (ndk)
słać || **posłać**	*odesłać* (dk), *wysłać* (dk) + inne derywaty prefiksalne czasownika *słać*
spać || –	*przespać się* (dk), *wyspać się* (dk) + inne derywaty prefiksalne czasownika *spać*

stać || –	*bać się* (ndk) + inne derywaty prefiksalne czasownika *stać*
szeptać || szepnąć	*deptać* (ndk), *dreptać* (ndk), *druzgotać* (ndk), *plątać* (ndk), *kołatać* (ndk), *łaskotać* (ndk) + inne derywaty prefiksalne
śmiać się || –	*chwiać się* (ndk), *dziać się* (ndk), *grzać* (ndk), *lać* (ndk), *siać* (ndk), *wiać* (ndk) + inne derywaty prefiksalne

czasowniki dokonane
↓

dostawać || **dostać**	*przestać* (dk), *stać się* (dk), *zastać* (dk), *zostać* (dk) i inne rzadziej używane czasowniki
słać || **posłać**	zob. ***słać*** (ndk) || ***posłać*** (dk)
zbierać || **zebrać**	*rozebrać (się)* (dk) + inne dokonane czasowniki prefiksalne typu: *odebrać*, *przebrać się*, *wybrać się* itd.

czasowniki dwuaspektowe (dokonany *a.* niedokonany)
↓

kazać || –	*lizać* (ndk), *mazać* (ndk), *wiązać* (ndk) + inne derywaty prefiksalne

* Inne ważne czasowniki niedokonane o tej samej odmianie: *dodawać*, *nadawać*, *nastawać*, *obstawać*, *odprzedawać*, *odstawać*, *podawać*, *poddawać*, *powstawać*, *pozostawać*, *przedostawać się*, *przestawać*, *przydawać*, *przystawać*, *rozdawać*, *rozeznawać*, *rozpoznawać*, *rozprzedawać*, *sprzedawać*, *udawać*, *ustawać*, *wstawać*, *wydawać*, *wydostawać*, *wyprzedawać* a. *wysprzedawać*, *zadawać*, *zapoznawać*, *zaprzedawać*, *zaprzestawać*, *zaznawać*, *zeznawać*, *zmartwychwstawać*, *zostawać*.

ZADANIE 1
DRYL FLEKSYJNY

Wpisz właściwe formy czasu teraźniejszego w pierwszej części zdań i formy 2. osoby liczby pojedynczej lub mnogiej trybu rozkazującego w drugiej części zdań.

WZÓR

0. dostawać **Jeśli ja dostaję oceny dobre, ty też je dostawaj!**

1. doznawać
Jeśli my .... szczęścia, wy też ....!
2. oddawać
Jeśli oni .... długi, wy też je ....!
3. poznawać
Jeśli ja .... wasze obyczaje, wy też .... nasze!
4. przyznawać się
Jeśli oni .... do winy, wy też ....!
5. rozstawać się
Jeśli my ...., wy też ....!
6. stawać się
Jeśli ona .... lepsza, ty też .... lepsza!
7. uznawać
Jeśli my .... wasze prawo do wolności, wy też .... nasze!
8. wdawać się
Jeśli twoi koledzy .... w bójki, ty nie .... w nie!
9. wyznawać
Jeśli ja .... ci zawsze prawdę, ty mi też .... prawdę!
10. zeznawać
Jeśli on .... pod przysięgą, ty też .... pod przysięgą!

ZADANIE 2
PRACA ZE SŁOWNIKIEM

Połącz czasowniki z kolumny A o znaczeniach określonych synonimami z wyrazami / wyrażeniami z kolumny B.

WZÓR

0. dodawać *w zn. «wzmagać, potęgować, zwiększać»*	**o.** ducha, odwagi, sił
A.	**B.**
1. nadawać *w zn. «obdarowywać, przyznawać coś»*	***a.*** na odrzucenie projektu
2. nastawać *w zn. «nakłaniać, nalegać, domagać się»*	***b.*** wrogom, najeźdźcy
3. obstawać *w zn. «upierać się, nie zmieniać zdania»*	***c.*** z kolegami, z przyjaciółmi

4. **od(s)przedawać** *w zn. «sprzedawać»*
5. **odstawać** *w zn. «różnić się czymś»*
6. **podawać** *w zn. «komunikować, informować»*
7. **poddawać się** *w zn. «kapitulować»*
8. **powstawać** *w zn. «buntować się przeciw komuś / czemuś»*
9. **przestawać** *w zn. «przebywać z kimś»*

d. wyglądem od innych
e. coś z zyskiem
f. przeciwko tyranom, okupantom
g. przy swoim zdaniu
h. prawa, ziemie
i. wiadomość przez radio

ZADANIE 3
PRACA ZE SŁOWNIKIEM

Połącz czasowniki z kolumny A o znaczeniach określonych synonimami z wyrazami / wyrażeniami z kolumny B.

WZÓR

0. **pozostawać** *w zn. «nie ruszać się skądś»* — **o.** na miejscu

A.

1. **przedostawać się** *w zn. «przekraczać coś»*
2. **przestawać** *w zn. «przerywać robienie czegoś»*
3. **przydawać** *w zn. «pomnażać coś»*
4. **przystawać** *w zn. «godzić się na coś»*
5. **rozdawać** *w zn. «rozdzielać między kogoś»*
6. **rozeznawać się** *w zn. «zdobywać orientację»*
7. **rozpoznawać się** *w zn. «wzajemnie się poznawać»*
8. **sprzedawać** *w zn. «zdradzać kogoś»*
9. **wstawać** *w zn. «zmieniać pozycję»*
10. **wydawać** *w zn. «publikować»*

B.

a. karty do gry
b. na propozycję ożenku
c. komuś cierpień
d. i znowu siadać
e. kogoś w ręce wroga
f. kolejny podręcznik
g. odzywać się do kogoś
h. bez problemu w kierunkach
i. w tłumie ludzi
j. przez góry

ZADANIE 4
PRACA ZE SŁOWNIKIEM

Połącz czasowniki z kolumny A o znaczeniach określonych synonimami z wyrazami / wyrażeniami z kolumny B.

WZÓR

0. **udawać się** *w zn. «kierować się gdzieś, zmierzać»*	**o.** na wakacje w góry

A.	B.
1. **wydostawać** *w zn. «wyjmować»*	***a.*** produkcji maszyn do szycia
2. **wy(s)przedawać** *w zn. «sprzedawać coś kolejno»*	***b.*** nieprzyjacielowi
3. **zadawać** *w zn. «polecać komuś zrobienie czegoś»*	***c.*** wodę z piwnicy
4. **zapoznawać** *w zn. «zaznajamiać kogoś z czymś»*	***d.*** uczniom ćwiczenia do domu
5. **zaprzedawać się** *w zn. «stawać się zdrajcą»*	***e.*** kogoś przy robieniu na drutach
6. **zaprzestawać** *w zn. «przerywać robienie czegoś»*	***f.*** kogoś z regulaminem
7. **zastawać** *w zn. «spotykać kogoś przy czymś»*	***g.*** głodu
8. **zaznawać** *w zn. «doświadczać czegoś»*	***h.*** cały majątek na grę w karty

ZNACZENIA PODSTAWOWE CZASOWNIKÓW nieregularnych z zakończeniem tematu bezokolicznika na *–a*
SKŁADNIA ZDAŃ
ŁĄCZLIWOŚĆ SKŁADNIOWA

czasowniki niedokonane

brać	«chwytać jakiś obiekt (osobę) rękami / narzędziami trzymanymi w rękach; ujmować, obejmować» **przykład:** *Syneczku, zawsze bierz chleb czystymi rączkami.* **łączliwość składniowa:** ktoś bierze coś – (czymś) – (skądś)

dawać

«przekazywać komuś coś, ofiarowywać»
przykład: *Rodzice dają mi pieniądze na utrzymanie.*
łączliwość składniowa: ktoś, coś daje (komuś) / (na coś)

karać

«nakładać karę; także wykonywać karę, czyli stosować jeden ze środków przymusu w wymiarze sprawiedliwości wobec osób, instytucji itd., które naruszyły prawo»
przykład: *Policja karze kierowców mandatem za szybką jazdę.*
łączliwość składniowa: ktoś karze kogoś, coś – (czymś) – (za coś)

kąpać

«wkładać kogoś do wody lub pod wodę w celu umycia; myć»
przykład: *Mama codziennie wieczorem kąpie dzieci w wannie.*
łączliwość składniowa: ktoś kąpie kogoś, coś – (w czymś)

pisać

«ręcznie lub za pomocą maszyny do pisania lub komputera kreślić, wystukiwać na czymś litery, cyfry itp.»
przykłady: *Przez cały dzień piszę referat na komputerze. / Nauczyciel często pisze kredą na tablicy.*
łączliwość składniowa: ktoś pisze coś – na czymś – czymś

płakać

1. «wylewać łzy na skutek bólu, smutku, uzewnętrzniając tym swoje uczucia», **2.** «rozpaczać, lamentować nad kimś, nad czymś, po utracie kogoś lub czegoś»
przykłady: ad. 1. *Piotr dostał po raz pierwszy prezent i płacze z radości.* **ad. 2.** *Nic mi się w życiu nie udaje, więc siedzę i płaczę nad swoim losem. / Długo płakała po stracie swego przyjaciela. / Szczerze płakała po swym przyjacielu.*
łączliwość składniowa: 1. ktoś płacze z czegoś (z jakiegoś powodu), **2.** ktoś płacze nad czymś – po czymś / po kimś

rwać

«oddzielać kwiaty lub owoce od roślin, na których rosną»
przykład: *Dziewczynka najpierw rwie kwiatki na łące, a potem robi z nich wianek na głowę.*

łączliwość składniowa: ktoś rwie coś – gdzieś (na czymś) – czymś

słać

«przekazywać coś komuś za pośrednictwem poczty lub jakieś osoby»
przykłady: *Ambasador śle codziennie depesze do swego ministerstwa. / Kochani, ślę wam serdeczne życzenia z wakacji w górach.*
łączliwość składniowa: ktoś śle coś komuś – gdzieś / skądś – dokądś

spać

«odpoczywać z zamkniętymi oczami, znajdować się w stanie snu»
przykład: *Od lat śpię na materacu położonym na podłodze.*
łączliwość składniowa: ktoś śpi na czymś / gdzieś

stać

«utrzymywać się w pozycji pionowej, z wyprostowanymi nogami i stopami opartymi na jakimś podłożu»
przykład: *Karol stał w pokoju i się nie ruszał.*
łączliwość składniowa: ktoś stoi gdzieś (na czymś)

szeptać

«mówić cicho, tak, by niepowołane osoby nie usłyszały wypowiadanych słów»
przykład: *Lubię, kiedy narzeczony szepcze mi do ucha słowa miłości.*
łączliwość składniowa: ktoś szepcze komuś coś *a.* coś do kogoś / do czegoś

śmiać się

«reagować na coś śmiechem»
przykłady: *Rzadko się śmieję z dowcipów mojej żony / Lubię, kiedy się do mnie śmiejesz.*
łączliwość składniowa: ktoś śmieje się z czegoś *a.* do kogoś / do czegoś

czasowniki dokonane

dostać

«otrzymać coś od kogoś / skądś»
przykład: *Karol dostanie od ojca kieszonkowe za dobre oceny.*
łączliwość składniowa: ktoś *a.* coś dostanie coś (od kogoś – za coś)

posłać; zob. **słać**

zebrać

«zgromadzić coś / kogoś w jednym miejscu»
przykład: *Kiedy zbiorę prace kontrolne, ogłoszę koniec zajęć.*
łączliwość składniowa: ktoś zbierze coś *a.* kogoś

czasownik dwuaspektowy

kazać

«polecać / polecić coś zrobić, nakazywać / nakazać coś zrobić»
przykład: *Profesor każe uczniom uczyć się systematycznie.*
łączliwość składniowa: ktoś każe (komuś) coś (z)robić

ODMIANA W CZASIE TERAŹNIEJSZYM (czasowniki niedokonane) LUB CZASIE PRZYSZŁYM (czasowniki dokonane)

czasowniki niedokonane i ich formy czasu teraźniejszego

	1. osoba	**2. osoba**	**3. osoba**	**1. osoba**	**2. osoba**	**3. osoba**
czasowniki	**liczba pojedyncza**			**liczba mnoga**		
1. **brać**	*biorę*	*bierzesz*	*bierze*	*bierzemy*	*bierzecie*	*biorą*
2. **dawać**	*daję*	*dajesz*	*daje*	*dajemy*	*dajecie*	*dają*
3. **karać**	*karzę*	*karzesz*	*karze*	*karzemy*	*karzecie*	*karzą*
4. **kąpać**	*kąpię*	*kąpiesz*	*kąpie*	*kąpiemy*	*kąpiecie*	*kąpią*
5. **pisać**	*piszę*	*piszesz*	*pisze*	*piszemy*	*piszecie*	*piszą*
6. **płakać**	*płaczę*	*płaczesz*	*płacze*	*płaczemy*	*płaczecie*	*płaczą*
7. **rwać**	*rwę*	*rwiesz*	*rwie*	*rwiemy*	*rwiecie*	*rwą*
8. **słać**	*ślę*	*ślesz*	*śle*	*ślemy*	*ślecie*	*ślą*
9. **spać**	*śpię*	*śpisz*	*śpi*	*śpimy*	*śpicie*	*śpią*
10. **stać**	*stoję*	*stoisz*	*stoi*	*stoimy*	*stoicie*	*stoją*
11. **szeptać**	*szepczę*	*szepczesz*	*szepcze*	*szepczemy*	*szepczecie*	*szepczą*
12. **śmiać się**	*śmieję się*	*śmiejesz się*	*śmieje się*	*śmiejemy się*	*śmiejecie się*	*śmieją się*

czasowniki dokonane i ich formy czasu przyszłego

	1. os.	**2. os.**	**3. os.**	**1. os.**	**2. os.**	**3. os.**
czasowniki	**liczba pojedyncza**			**liczba mnoga**		
13. **dostać**	*dostanę*	*dostaniesz*	*dostanie*	*dostaniemy*	*dostaniecie*	*dostaną*
14. **posłać;** zob. *słać*						
15. **zebrać**	*zbiorę*	*zbierzesz*	*zbierze*	*zbierzemy*	*zbierzecie*	*zbiorą*

czasownik dwuaspektowy

	1. os.	**2. os.**	**3. os.**	**1. os.**	**2. os.**	**3. os.**
czasownik	**liczba pojedyncza**			**liczba mnoga**		
16. **kazać**	*każę*	*każesz*	*każe*	*każemy*	*każecie*	*każą*

to warto zapamiętać

praktyczne rady ułatwiające zapamiętanie procesów zachodzących w języku polskim i osobliwości polszczyzny

Formy czasu teraźniejszego czasownika ***karać*** (ja *karzę*, ty *karzesz* itd.) i czasownika ***kazać*** (ja *każę*, ty *każesz* itd.) są homonimami fonetycznymi, co oznacza, że w wymowie brzmią one identycznie. Warto zatem zwrócić uwagę na ich:

1. różne znaczenia ➔ *karać* 'wymierzać karę'; *kazać* 'polecać / polecić, nakazywać / nakazać coś zrobić, żądać / zażądać czegoś',

2. łączliwość składniową ➔ ***karać*** → ktoś karze kogoś, coś – (czymś) – (za coś); ➔ ***kazać*** → ktoś każe (komuś) / (sobie) + bezokolicznik,

3. ortografię – jak wyżej.

MIEĆ COŚ W JEDNYM PALCU
CIEKAWOSTKI FRAZEOLOGICZNE I CYTATY

UWAGA

W każdej jednostce lekcyjnej podajemy:
1. kilka związków frazeologicznych związanych z tematyką lekcji wraz z ich definicjami słownikowymi, albo:
2. kilka ciekawych cytatów.
Przeczytaj polecenie (poniżej) i wykonaj zadanie.

ZADANIE 5

Przeczytaj poniżej podane związki frazeologiczne i użyj ich w zdaniach.

WZÓR

0. prać brudy we własnym domu

DEFINICJA: «roztrząsać publicznie kompromitujące, nieprzyjemne sprawy»

PRZYKŁAD: *Nigdy nie robiła mężowi awantur przy ludziach. Uważała, że swoje brudy powinno się prać we własnym domu.*

1. brać górę *[nad kimś / nad czymś]*

DEFINICJA: «osiągać przewagę, zwyciężać»

PRZYKŁAD: ....

2. dawać komuś szkołę

DEFINICJA: «zmusić kogo do ciężkiej pracy, do dużego wysiłku»

PRZYKŁAD: ....

3. dawać komuś wolną rękę

DEFINICJA: «pozwalać komuś na swobodne działanie»

PRZYKŁAD: ....

4. dostać w kość

DEFINICJA: «doznać wielu przykrości, ponieść porażkę, cierpieć, przeżyć w życiu trudne chwile, doświadczyć wiele»

PRZYKŁAD: ....

5. rwać włosy z głowy

DEFINICJA: «okazywać rozpacz, ból, bezradność»

PRZYKŁAD: ....

6. spać na pieniądzach

DEFINICJA: «mieć dużo pieniędzy»

PRZYKŁAD: ....

7. stać na antypodach

DEFINICJA: «reprezentować diametralnie przeciwne poglądy»

PRZYKŁAD: ....

8. śmiać się do łez
DEFINICJA: «śmiać się mocno, serdecznie, prawdziwie»
PRZYKŁAD: ....

ZADANIA SYSTEMOWE

ZADANIE 6

Proszę wybrać właściwe czasowniki i wpisać w miejsce kropek ich formy czasu teraźniejszego.
Czasowniki do wyboru: ***dawać*** [ndk], ***karać*** [ndk], ***kąpać (się)*** [ndk], ***pisać (się)*** [ndk], ***płakać*** [ndk], ***rwać*** [ndk], ***słać*** [ndk], ***spać*** [ndk], ***stać*** [ndk], ***szeptać*** [ndk].

WZÓR

> W języku potocznym, o szefie, który czasami coś przeżywa, okazuje rozpacz, ból, bezradność z jakiegoś powodu, mówimy, że rwie włosy z głowy, nawet jeśli jest łysy albo łysy jak kolano.

1. W języku potocznym, jeśli nasz kolega się użala, narzeka na warunki w akademiku, mówimy wtedy, że *(on)* .... z powodu złych warunków w akademiku.
2. Jeśli stosujemy wobec jakiejś osoby karę za przewinienia, wykroczenia lub przestępstwa, mówimy wtedy, że *(my)*................................ tę osobę.
3. Jeśli mama zanurza małe dziecko w wodzie znajdującej się w wannic, mówi wtedy, że je ....
4. W języku potocznym, jeśli ktoś nie zgadza się na coś lub nie wyraża chęci na to, mówimy, że ta osoba *(forma nieosobowa)* nie .... na to.
5. Jeśli ktoś mówi o czymś szeptem, tajemniczo lub po kryjomu do drugiej osoby, mówimy, że ten ktoś ....
6. Jeśli pies leży na podłodze i ma zamknięte oczy, i nie jest świadomy, co się dzieje wokół niego, mówimy: *Zobacz, jak ten piesek mocno* ....
7. Jeśli jakaś maszyna przestała pracować, mówimy wtedy, że maszyna *(czas teraź.)* ....

8. Jeśli uczymy kogoś prywatnie, to mówimy, że *(my)* .... komuś lekcje.

9. Jeśli córka Piotra gwałtownie coś przeżywa, okazuje rozpacz, ból, bezradność z jakiegoś powodu (np. odejścia narzeczonego), w języku potocznym, mówimy że *(ona)* .... sobie włosy z głowy.

10. Jeśli składam komuś życzenia lub pozdrawiam tego kogoś znad morza, z wakacji (najczęściej listownie), piszę wtedy konwencjonalny zwrot: „*Kochany Piotrku, (ja)* .... *najserdeczniejsze życzenia i pozdrowienia znad morza*”.

ZADANIE 7

Proszę wpisać w kolumnie B właściwe formy czasu teraźniejszego czasowników z kolumny A.

WZÓR

bazgrać	**Wyraz *bazgrać* oznacza, że ktoś pisze, rysuje niedbale, bardzo niewyraźnie. Na osobę, która bazgrze mówimy w języku potocznym *bazgrała*.**

A.	B.
1. *brać* (ndk)	Jeśli ktoś zawiera związek małżeński, żeni się lub wychodzi za mąż, możemy powiedzieć, że .... ślub.
2. *chwiać się* (ndk)	Jeśli ktoś stawia niepewnie kroki z powodu zasłabnięcia, zmęczenia lub osłabienia, mówimy, że .... na nogach.
3. *czesać się* (ndk)	Niektórzy chłopcy nie .... ani szczotką, ani grzebieniem, tylko palcami.
4. *doznawać* (ndk)	Jeśli czegoś *(my)* .... to odczuwamy coś, doświadczamy czegoś, np. uczucia szczęścia, rozkoszy, bólu, zawodu.
5. *dziać się* (ndk)	W małych miasteczkach najczęściej nic .... nie ....
6. *dziobać* (ndk)	Jeśli ptaki chwytają coś i podnoszą dziobem w trakcie jedzenia, mówimy, że ptaki .... sobie np. ziarno, okruchy chleba itd.

7. ***gdakać*** (ndk)	Czy wiesz, że człowiek wydając głos – mówi; gęś – gęga, owca – beczy, kogut – pieje, a kura – ...., zwłaszcza wtedy, kiedy zniesie jajko.
8. ***grzać*** (ndk)	Latem lubię słońce, bo mocno .... moje ciało.
9. ***guzdrać się*** (ndk)	Jeśli mężczyzna wykonuje jakieś czynności powoli, ślamazarnie, czyli .... – mówimy, że jest *guzdrałą*.
10. ***kapać*** (ndk)	Kiedy woda cieknie, sączy się, ścieka kropla za kroplą, czyli .... z zepsutego kranu – należy szybko wymienić kran.

ZADANIE 8

Proszę wpisać w kolumnie B właściwe formy czasu teraźniejszego czasowników z kolumny A.

WZÓR

kołysać **(ndk)**	**Kiedy powtarza się jakiś ruch, coś lub ktoś rusza czymś monotonnie, jednostajnie, buja, huśta, chwieje, możemy powiedzieć, że coś, np. wiatr kołysze czymś, np. trawami, gałęziami, roślinami itp.**

A.	B.
1. ***kopać*** (ndk)	Niektóre zwierzęta .... jamy pod ziemią, do których się chowają przed innymi zwierzętami.
2. ***krakać*** (ndk)	Wrony, kruki, gawrony ...., wydając chrapliwy odgłos przypominający połączenie dźwięków kra-kra.
3. ***lać*** (ndk)	O deszczu padającym obficie, mówimy, że ....
4. ***lizać*** (ndk)	Chłopczyk idzie obok mamy i .... smakowitego loda śmietankowego.
5. ***mazać*** (ndk)	Uczeń wpisuje odpowiedzi do testu, potem je .... gumką, gdyż wydaje mu się, że są one niewłaściwe.

6. ***orać*** (ndk)	Przysłowie: *Każdy* .... *jak może* oznacza, że każdy pracuje tak jak może, tak jak potrafi.
7. ***plątać*** (ndk)	Jeśli mylimy się, z trudem odróżniamy jedno od drugiego, w języku potocznym mówimy, że coś *(my)* .... lub coś mieszamy.
8. ***płukać*** (ndk)	Wieczorem często *(ja)* .... zęby i jamę ustną płynem dezynfekującym.
9. ***poznawać*** (ndk)	Każdy człowiek .... życie, chodząc do szkoły, pracując, przebywając z innymi ludźmi itp.
10. ***prać*** (ndk)	Delikatną bieliznę *(ja)* .... ręcznie, nigdy w pralce.

ZADANIE 9

Proszę wpisać w kolumnie B właściwe formy czasu teraźniejszego czasowników z kolumny A.

WZÓR

przyznawać (ndk)	**Kiedy zgadzamy się z kolegą, potwierdzamy jego rację, słuszność, mówimy, że przyznajemy mu rację.**

A.	B.
1. ***skakać*** (ndk)	Każdy gracz na wiadomość o dużej wygranej w totolotka .... z radości, krzyczy z radości lub śmieje się ze szczęścia.
2. ***stawać*** (ndk)	Autobusy nocne nie .... na wszystkich przystankach.
3. ***sypać*** (ndk)	Zimą dozorcy .... piasek na oblodzone chodniki, by ludzie mogli bezpiecznie się przemieszczać po mieście.
4. ***śmiać się*** (ndk)	Kiedy mamy dobry nastrój, ... radośnie, wesoło, do łez lub do rozpuku.
5. ***wiać*** (ndk)	Zdarza się, że przed burzą .... silny wiatr.

6. ***wiązać*** (ndk)	Kwiaciarki .... różne kwiaty złoconą tasiemką, by zrobić z nich piękne wiązanki gerber, astrów i różnokolorowych róż.
7. ***wyznawać*** (ndk)	Synu, nie przeszkadzaj mi, bo *(ja)* .... teraz twojej mamie miłość.
8. ***zeznawać*** (ndk)	Każdy świadek .... w sądzie prawdę pod przysięgą.
9. ***zostawać*** (ndk)	Szefie, *(ja)* .... dzisiaj dłużej w pracy, by przygotować wszystko na jutrzejszą konferencję.
10. ***żebrać*** (ndk)	Ten człowiek ...., ponieważ nie ma żadnych środków do życia.

ZADANIE 10

Proszę wpisać w kolumnie B właściwe formy czasu teraźniejszego czasowników z kolumny A.

WZÓR

dostać (dk)	**Jestem przekonany, że *(ty)* dostaniesz na urodziny drogi prezent od swojego narzeczonego.**

A.	B.
1. ***kazać*** (dk/ndk)	Synku, jeśli lekarz .... ci leżeć w łóżku, to leż, a nie kręć się po kuchni.
2. ***posłać*** (dk)	Zosiu, czy *(my)* .... babci widokówkę z wakacji?
3. ***przespać się*** (dk)	Mamo, *(ja)* .... godzinę, a potem posprzątam mieszkanie.
4. ***przestać*** (dk)	Kiedy ten deszcz .... padać!? Pada już od tygodnia.
5. ***rozebrać (się)*** (dk)	Panie doktorze, zaraz *(ja)* ...., by pan mógł mnie dokładnie zbadać.
6. ***stać się*** (dk)	Tato, co ...., kiedy odejdzie od nas mama?
7. ***wyspać się*** (dk)	Idziesz na urlop i wreszcie *(ty)* ....
8. ***zastać*** (dk)	Idę do kolegi, ale nie wiem, czy *(ja)* .... go w domu.

9. ***zebrać*** (dk)	Jutro *(ja)* .... wszystkie dane do artykułu, który muszę napisać.
10. ***zostać*** (dk)	Kochanie, za dwa tygodnie *(ty)* .... moją żoną!

4. *Lepiej rok żyć życiem tygrysa niż sto lat życiem żółwia*

Człowiek
Sentencje o Nim i dla Niego

◆ *Człowiek dużo dostaje, jeśli dużo od siebie daje.*
◆ *Człowiek jest wielki nie przez to, co posiada, lecz przez to, kim jest.*
◆ *Ludzie mądrzy mają w sobie tyle pokory, że są otwarci na uczenie się od innych.*
◆ *Człowieku, gdy rzucasz błotem, zawsze tracisz grunt pod nogami.*
◆ *Człowieku, jesteś tym co dajesz, a nie masz.*
◆ *Dawaj innym ludziom to samo, co chciałbyś Ty dostać.*
◆ *Dobrego człowieka nie spotyka to, co jest złe. Złego człowieka nie spotyka to, co jest dobre.*
◆ *Jeśli czujesz się samotny, postaraj się odwiedzić jakiegoś człowieka, który jest jeszcze bardziej samotny niż ty.*
◆ *Człowiek, który chce – szuka sposobu, ten, który nie chce – szuka powodu.*
◆ *Ludzie, którzy nie doświadczają trudności, nie znają wartości.*
◆ *Ludzie widzą w Twoim życiu tyle, ile robisz i masz, a nie tyle, ile mówisz...*
◆ *Mądry człowiek uczy się na własnych błędach, a na cudzych uczy się bardzo mądry.*
◆ *Strach dzieli ludzi. Ufność ich jednoczy.*
◆ *Troszcz się o innych ludzi, a ci zatroszczą się o Ciebie!*
◆ *Zanim zdecydujesz się być z innym człowiekiem, naucz się być sam ze sobą.*
◆ *Żeby stać się człowiekiem wolnym, trzeba dać komuś wolność.*
◆ *Życie człowieka jest sztuką wyboru.*
◆ *Życie człowieka składa się z wielu drobnych rzeczy.*
◆ *Człowieku! Żyj według życiorysu, który chciałbyś sam sobie napisać.*

RZECZOWNIKI O ODMIANIE SUPLETYWNEJ

Supletywizm (fr. *supplétif, –ive*, z łac. *supplere* '*dopełniać* || *dopełnić*; *uzupełniać* || *uzupełnić*') to zjawisko tworzenia form fleksyjnych wyrazu w oparciu o różne tematy fleksyjne, nazywane również tematami supletywnymi. W przypadku języka polskiego supletywizm może być zupełny (wówczas tematy fleksyjne jednego wyrazu są całkowicie różne, np. *człowiek* > *ludzie*, *rok* > *lata*, *być* > *jest*, *iść* > *szedł*, *dobry* > *lepszy*, *zły* > *gorszy*, *duży* > *większy*, *dużo* > *więcej*, *ja* > *mnie*, *mi*, *mną*; *oni* > *ich*, *im*, *nich*, *nimi* lub niezupełny, jeśli tematy w wyrazach odmienianych bądź pochodnych zmieniają się częściowo, np. *bać się* > *boję się*, *dzień* > *dnia*, *tydzień* > *tygodnia*, *wiedzieć* > *wiem*, *słyszeć* > *słuchać*, *sto* > *setny*.

Poniżej podajemy kilkanaście wybranych rzeczowników o odmianie supletywnej zupełnej (*człowiek*, *nadczłowiek*, *rok*) i częściowej (*brat*, *chrzest*, *cześć* itd.).

ODMIANA SUPLETYWNA

1.
Rzeczowniki o odmianie supletywnej zupełnej (inny rdzeń w liczbie pojedynczej, inny w liczbie mnogiej)

PRZYKŁAD	**TEMAT** *liczby pojedynczej*	**TEMAT** *liczba mnogiej*
człowiek	człowiek	ludzie
nadczłowiek	nadczłowiek	nadludzie
rok	rok	lata

2.
Rzeczowniki o odmianie supletywnej częściowej (w różnych formach różne tematy, choć ten sam rdzeń)

PRZYKŁAD **mianownik – l.p.**	**TEMAT** *liczby pojedynczej*	**TEMAT** *liczby mnogiej*
brat	brat~ *1	brać~
chrzest	chrzest, chrzt~/ chrzć~ *2	chrzt~
cześć	cześć, czci~ *3	czci~

dech	dech, tch~ *4	tch~
dziecko	dzieck~	dzieć~
ksiądz	ksiądz~ / księdz~, księż~ *5	księż~
książę	książ~ / ksi~ęć~ *6	książ~ęt~ / książ~ąt~ *7
nasienie *a.* nasiono	nasień~	nasion~
ojciec	ojciec~, ojc~ / ojcz~ *8	ojc~
oko	ok~	ocz~
przyjaciel	przyjaciel~	przyjaciel~ / przyjaciół~ / przyjacioł~ *9
tydzień	tydzień~ / tygodń~ *10	tygodń~
ucho	uch~	usz~
ziele	ziel~	zioł~ / ziół~ *11

* 1 M. D. C. B. N. ***brat~***; Msc. W. ***brać~***
* 2 M. i B. ***chrzest~***, D. C. N. ***chrzt~*** , Msc. W. ***chrzć~***
* 3 M. i B. ***cześć~*** ; pozostałe: ***czci~***
* 4 M. i B. ***dech~***; pozostałe: ***tch~***
* 5 M. ***ksiądz~***; D. C. B. N. Msc. ***księdz~***, W. ***księż~***
* 6 M. W. ***książ~***; D. C. B. N. Msc. ***książęć~***
* 7 M. C. N. Msc. W. ***książ~ęt~***; D. B. ***książ~ąt~***
* 8 M. ***ojciec~***, D. C. B. N. Msc. ***ojc~***; W. ***ojcz~***
* 9 M. W. ***przyjaciel~***; D. B. N. ***przyjaciół~***; C. Msc. ***przyjacioł~***
* 10 M. B. ***tydzień~***; D. C. N. Msc. W. ***tygodń~***
* 11 M. C. B. N. Msc. W. ***zioł~***; D. ***ziół~***

ZADANIE 1

Podaj formy mianownika liczby mnogiej do rzeczowników z kolumny A.

WZÓR

człowiek	**B.** To są ludzie.

A.	B.
brat	**1.** To są ....
chrzest	**2.** Dwa ....
dziecko	**3.** To są ....

ksiądz	**4.** To są ....
książę	**5.** To są ....
ojciec	**6.** To są ....
oko	**7.** To są ....
przyjaciel	**8.** To są ....
tydzień	**9.** Dwa ....
ucho	**10.** To są ....

RDZENIE I TEMATY SUPLETYWNE W KONSTRUKCJACH SKŁADNIOWYCH

człowiek *To jeszcze mały człowiek, ale kiedyś z niego będą ludzie.*

nadczłowiek *To dobrze, że nadludzie pojawiają się tylko w tekstach filozoficznych.*

rok *Za jeden rok, bądź za dwa lata będzie z niego doskonały tata.*

brat *Bracie, w trudnych chwilach oni byli mi braćmi.*

chrzest *Był chrzest i już po chrzcie.*

cześć *Cześć, człowieku bez czci i wiary.*

dech *Brak mi tchu, bo mi dech odebrało.*

dziecko *Dzieci tym się różnią od dorosłych, że po upadku natychmiast się podnoszą.*

ksiądz *Gdy człowiek przeczuwa, że zbliża się jego koniec, posyła po księdza.*

książę *Księżniczka nie musi szukać księcia, bo w bajkach sam się pojawia.*

nasienie
***a.* nasiono** *Jedno nasienie może dać dziesiątki nowych nasion.*

ojciec *Ojcze, bądź dla mnie czułym ojcem!*

oko *I chociaż miał dwoje oczu, mówił, że przez całą noc nie zmrużył oka.*

przyjaciel *Przyjacielu, od wrogów czasami możesz usłyszeć prawdę, od przyjaciół nigdy.*

tydzień *Obiecał, że zrobi to w tydzień, a pracował nad tym aż pięć tygodni.*

ucho *I chociaż miał tylko jedno ucho, zakochał się po uszy.*

ziele *W ziołach prowansalskich możesz znaleźć również ziele angielskie.*

to warto zapamiętać

praktyczne rady ułatwiające zapamiętanie procesów zachodzących w języku polskim i osobliwości polszczyzny

W procesie przyswajania języka obcego czasami warto odwołać się do objaśnień językoznawców zajmujących się gramatyką historyczną, dzięki którym łatwiej zrozumiemy zmiany zachodzące w ciągu wieków. Wiedza z tego zakresu pozwoli nam na łatwiejsze zapamiętanie np. form wyrazów o odmianie supletywnej. Poniżej – objaśnienie dotyczące osobliwego w odmianie rzeczownika męskoosobowego **ksiądz**[1].

pytanie internauty:
Czy słowa *ksiądz* i *księżyc* należą do jednej rodziny wyrazów?

odpowiedź językoznawcy:
ksiądz i księżyc
„Tak, słowa *ksiądz* i *księżyc* należą do tej samej rodziny wyrazowej; pozostają ze sobą w bezpośrednim związku etymologicznym. Trzeba jednak od razu wyjaśnić, że pierwotnie ani *ksiądz* nie oznaczał *księdza*, czyli kapłana, duchownego, ani *księżyc* nie był *Księżycem*, czyli satelitą Ziemi.
Ksiądz bowiem w języku prasłowiańskim i początkowo w języku polskim oznaczał niekoronowanego władcę, wodza. Jego dziecko to *książę* (najpierw *to książę*, później *ten książę*). W wiekach średnich powstały tzw. nazwy odojcowskie, np. od *król* → *królewic(z)*, od *pan* → *panic(z)*, od *starosta* → *starościc*, od *wojewoda* → *wojewodzic*. A od *ksiądz* → *księżyc*. Autor *Kazań świętokrzyskich* (XIV w.) Księżycem nazywa nowonarodzonego Jezusa.
Ostatecznie ustabilizowało się w polszczyźnie znaczenie tego wyrazu, które miało oparcie w następującej metaforze: *wielki ksiądz*, *magnus dominus*, to *Słońce*, natomiast *mały ksiądz* to *Księżyc*. Jako nazwa satelity Ziemi funkcjonuje *Księżyc* już od XV w. I od tego czasu następuje zerwanie związku znaczenio-

[1] Informacji można szukać na stronach internetowych różnych uniwersyteckich poradni językowych (np. Poradnia Językowa Uniwersytetu Śląskiego w Katowicach, Poradnia Uniwersytetu Katolickiego w Lublinie, Uniwersytetu Gdańskiego, Wrocławskiego, Warszawskiego i in.). Zob. listę poradni na str. 335.

wego między wyrazem podstawowym *ksiądz* a pochodnym od niego *księżycem*".

Krystyna Długosz-Kurczabowa, Uniwersytet Warszawski
http://poradnia.pwn.pl/lista.php?szukaj=dziecko&kat=18

ZADANIA SYSTEMOWE

ZADANIE 2

Wpisz w kolumnie B właściwe formy rzeczowników z części A.

WZÓR

0. brat	***W trudnych chwilach był mi bratem.***

A.	**B.**
brat	**1.** *To są .... franciszkanie.*
	2. *Będę walczyć z moimi .... o spadek.*
	3. *Mam tylko dwóch młodszych ....*
chrzest	**4.** *Kiedy mówimy o ...., mamy na myśli czynność polania wodą lub zanurzenie w wodzie w imię Trójcy Świętej i nadanie istocie ludzkiej imienia.*
	5. *Proszę księdza, proszę o udzielenie .... mojemu dziecku.*
	6. *Byliśmy na .... nowo zbudowanego statku.*
człowiek	**7.** *Dawaj innym .... to samo, co chciałbyś Ty dostać.*
	8. *Strach dzieli .... Ufność ich jednoczy.*
	9. *Życie* (l.p.) .... *jest sztuką wyboru.*
cześć	**10.** *Kiedy mówimy o ...., mamy na myśli głęboki szacunek, uszanowanie dla kogoś lub czegoś.*
	11. *Wszyscy uczniowie otaczali .... swego wspaniałego mistrza.*
	12. *Do ludzi wybitnych zwracamy się z należną im* ....
	13. *To jest tablica ku .... tragicznie zmarłych marynarzy.*

14. *Ludzie bez .... i wiary to ci, którzy nie mają honoru, ni zasad moralnych.*

ZADANIE 3

Wpisz w kolumnie B właściwe formy rzeczowników z części A.

WZÓR

0. dech	***Kiedy mówimy o tchu, mamy na myśli powietrze wchłaniane do płuc w czasie oddychania.***

A.	B.
dech	**1.** *Biegłem tak szybko, że nie mogłem złapać ....* **2.** *Przed skokiem do wody należy nabrać ....* **3.** *Przekazał tę nowinę jednym ...., czyli szybko i z wielkim przejęciem.* **4.** *Tańczyła, szalała, kochała – zawsze do utraty ...., czyli szaleńczo.*
dziecko	**5.** *Trzy rzeczy zostały z raju: gwiazdy, kwiaty i oczy* (l.m.) *................................... .* **6.** *......... najuważniej słuchają, kiedy mówi się nie do nich.* **7.** *Kto nigdy nie był ...., nie może stać się dorosłym.* **8.** *Małe .... nie dają spać, duże dzieci nie dają żyć.* **9.** *Ucz swoje .... milczeć. Mówić nauczą się same.* **10.** *Handel* (l.m.) *...................... to nie tylko pomysł diabła; to skandal!*
ksiądz	**11.** *Kiedy mówimy o ...., mamy na myśli duchownego chrześcijańskiego posiadającego święcenia kapłańskie.* **12.** *Proszę ...., o której jest msza?* **13.** *W krajach Europy rośnie mur między .... a społeczeństwem.* **14.** *Niektórych interesuje, ile zarabiają ....* **15.** *Niektórzy .... mają dość celibatu.*

ZADANIE 4

Wpisz w kolumnie B właściwe formy rzeczowników z części A.

WZÓR

0. książę	***Kiedy mówimy o księciu, możemy mieć na myśli tytuł arystokratyczny.***

A.	**B.**
książę	**1.** *Niekoronowani władcy państw albo jakichś terytoriów to ....*
	2. *Wspaniała seria rysunków Jana Matejki nazywa się „Poczet Królów i .... polskich”.*
	3. *Zamierzam przeczytać traktat Machiavellego pod tytułem „ .... ”.*
	4. *Już czwarty raz czytam książkę o Karolu, ... Walii.*
nadczłowiek	**5.** *Ludzie, którzy uważają się za lepszych od innych pod każdym względem nazywani są z ironią ....*
	6. *Niemiecki filozof Nietzsche wyszedł z założenia, że człowieka nadzwyczajnie silnego, twórczego i nie podlegającego powszechnym normom etycznym można nazwać ....*
nasienie *a.* **nasiono**	**7.** *Jedno ...., to zarodek rośliny wraz z substancjami odżywczymi otoczony osłonką, z którego w sprzyjających warunkach wyrasta nowa roślina.*
	8. *Jeśli chcemy mieć dużo nowych roślin w ogródku, to kupujemy dużo ...., siejemy je i czekamy aż wykiełkują.*
ojciec	**9.** *Kiedy mówimy o .... chrzestnym, mamy na myśli mężczyznę trzymającego czyjeś dziecko do chrztu.*
	10. *Kiedy mówimy o protoplastach, przodkach, myślimy o .... i wyrazu tego używamy wyłącznie w liczbie mnogiej.*
	11. *Mój tato był wyjątkowo dobrym i czułym ....*
	12. *Mam urodę po .... i jestem z tego faktu bardzo dumny.*
	13. *Niedawno zostałem ...., dlatego jestem szczęśliwy.*

ZADANIE 5

Wpisz w kolumnie B właściwe formy rzeczowników z części A.

WZÓR

0. oko	***Mówimy, że coś nam wpadło w oko, jeśli dało się łatwo zauważyć.***

A.	**B.**
oko	**1.** *Prawie każdy człowiek ma dwoje .... i dwoje rąk.* **2.** *Jeśli śmierć zajrzała komuś w* (l.m.) ...., *to ktoś się znalazł w bezpośrednim zagrożeniu życia.* **3.** *Jeśli komuś dwoi się (troi się) w* (l.m.) ...., *to widzi niewyraźnie; ma zaburzenia widzenia.* **4.** *Jeśli ktoś robi coś w mgnieniu* (l.p.) ...., *to robi to błyskawicznie, natychmiast.*
przyjaciel	**5.** *Osoby połączone z kimś bliskim serdecznymi więzami, pozostające z nim w przyjaźni, darzące go zaufaniem, to* .... **6.** *Każdy z nas chciałby mieć wielu* .... **7.** *Bliscy sąsiedzi rzadko bywają* .... **8.** *Polskie przysłowie: „Prawdziwych* .... *poznaje się w biedzie" w innych językach brzmi następująco:*

– po angielsku: *a friend in need is a friend indeed*
– po czesku: *v nouzi poznáš přítele*
– po hiszpańsku: *en chica casa y en largo camino se conoce el buen amigo*
– po niemiecku: *wahren Freunde kennen, die in Armut*
– po rosyjsku: *друг познаётся в беде*
– po włosku: *il buon amico in mal si riconosce.*

9. *Kto nie lubi się chwalić swoimi* .... *?!*
10. *O* .... *nie trzeba myśleć, bo oni myślą o nas.*

ZADANIE 6

Wpisz w kolumnie B właściwe formy rzeczowników z części A.

WZÓR

0. rok	***«Do siego roku» to staropolska formuła życzeń znacząca tyle samo co «wszystkiego najlepszego na Nowy Rok».***

A.	B.
rok	**1.** *Jeśli coś zmienia się z roku na ...., to zmienia się ciągle, tak że zmiany widać po upływie każdego roku.*
	2. *Jeśli coś trwa ...., to trwa bardzo długo albo od bardzo dawna.*
	3. *Jeśli ktoś wygląda na swoje ...., to wygląda na tyle lat, ile ma, a nie na mniej.*
	4. *„Sto ...." to życzenia, jakie składamy komuś z okazji urodzin.*
tydzień	**5.** *Przygotowywał się .... do wyprawy w Andy.*
	6. *Jeśli coś dzieje się tydzień w tydzień, to dzieje się każdego ....*
	7. *Jeśli coś zmienia się z tygodnia na ...., to zmienia się z upływem czasu, tak że zmiany widać po upływie każdego tygodnia.*
	8. *Jeśli coś trwa tygodniami, to trwa długo, przez wiele ....*
ucho	**9.** *Człowiek ma dwoje ...., aby dobrze słyszał i utrzymywał równowagę.*
	10. *Jeśli ktoś je aż mu się .... trzęsą, to je z olbrzymim apetytem.*
	11. *Jeśli ktoś ma muzykalne ...., to ma słuch muzyczny.*
	12. *Jeśli ktoś puszcza mimo .... czyjeś słowa, to nie zwraca na nie uwagi.*
	13. *Jeśli mamy czegoś po ...., to mamy tego bardzo dużo.*
	14. *Mówimy, że ktoś oberwał od kogoś po ...., jeśli został przez niego skarcony.*

6. ziele

15. .... *w liczbie mnogiej, to rośliny o zielonych, nietrwałych pędach, np. chmiel, którego owoce wykorzystujemy do produkcji piwa.*
16. *W liczbie pojedynczej te same rośliny zielne określamy mianem* ....
17. .... *nazywa się rośliny o zielonych, nietrwałych pędach (najczęściej ususzone), używane do celów leczniczych, do sporządzania niektórych napojów, a także jako przyprawy.*

MIEĆ COŚ W JEDNYM PALCU
CIEKAWOSTKI FRAZEOLOGICZNE I CYTATY

UWAGA

W każdej jednostce lekcyjnej podajemy:
1. kilka związków frazeologicznych związanych z tematyką lekcji wraz z ich definicjami słownikowymi, albo:
2. kilka ciekawych cytatów.
Przeczytaj polecenie (poniżej) i wykonaj zadanie.

ZADANIE 7

Przeczytaj poniżej podane związki frazeologiczne i użyj ich w zdaniach.

WZÓR

0. ani brat, ani swat ***komuś***

DEFINICJA: «ktoś obcy, obojętny danej osobie»
PRZYKŁAD: *Szefa nie zaproszę na mój ślub, bo ani on mi brat, ani swat.*

1. wylewać / wylać dziecko z kąpielą

DEFINICJA: «usuwając coś zbyt radykalnymi metodami, spowodować uszczerbek na czymś cennym, wartościowym»
PRZYKŁAD: ....

2. *ktoś* bez czci i wiary
DEFINICJA: «człowiek pozbawiony zasad moralnych, człowiek bez honoru»
PRZYKŁAD: ....

3. *coś* ku czci *kogoś*
DEFINICJA: «coś w celu uczczenia kogoś, okazania szacunku»
PRZYKŁAD: ....

4. jednym tchem
DEFINICJA: «bardzo szybko, bez przerw»
PRZYKŁAD: ....

5. z zapartym tchem
DEFINICJA: «z wielką uwagą, z wielkim zainteresowaniem»
PRZYKŁAD: ....

6. udzielny książę
DEFINICJA: «o kimś, kto nie słucha innych, uważa się za niezależnego»
PRZYKŁAD: ....

7. trzymać *kogoś* do chrztu
DEFINICJA: «być komuś ojcem chrzestnym lub matką chrzestną»
PRZYKŁAD: ....

8. przejść chrzest bojowy
DEFINICJA: «brać udział po raz pierwszy w czymś bardzo poważnym, trudnym»
PRZYKŁAD: ....

5. *Są anioły, są aniołowie, i są anieli*

W artykule *Pragmatyczny, społeczny i kulturowy wymiar pytań do internetowej poradni językowej* Marcin Poprawa[1] pisze o poradniach językowych jako nowej formie aktywności kulturalno językowej i „nowej propozycji szerzenia polonistycznej oświaty, która ułatwia możliwości szerokiego skorzystania z zaleceń normatywnych i przełamuje jednocześnie wiele racjonalnych barier ograniczających ogólnospołeczny kontakt miłośników języka z autorytetami (znawcami przedmiotu)". We współczesnej przestrzeni wirtualnej, która otacza nas ze wszech stron – przydatność poradnictwa językowego w procesie nauczania i uczenia się języka polskiego nikogo już dzisiaj nie powinna dziwić. My również skorzystamy z nowych gatunków spoza tradycyjnej przestrzeni tekstów poprawnościowych i metajęzyka (zob. jednostki lekcyjne numer: 5, 6, 8, 9, 11, 12, 14 i 15).

Niektóre motyle wyglądem są podobne do *os* czy *ós*?

1. pytanie do poradni językowej: Interesuje mnie zagadnienie związane z odmianą słowa *osa*. Czy istnieje przestarzała forma liczby mnogiej słowa *osa* występująca w formie *ós*? Widziałem już taką formę językową w jednym z dzienników i chciałbym się upewnić, czy jest ona prawidłowa. Ponieważ nie mogę znaleźć tej formy w dostępnych mi słownikach poprawnej polszczyzny, będę bardzo wdzięczny za rozwianie moich wątpliwości w tym zakresie.

odpowiedź poradni językowej: Wszystkie trzy słowniki poprawnej polszczyzny – Szobera, Doroszewskiego i Markowskiego[2] – informują, że dopełniacz liczby mnogiej od *osa* brzmi *os*, nie *ós*. Gdyby nazwa tego owada kończyła się spółgłoską dźwięczną, to pewnie odpowiednią formę tworzylibyśmy, wymieniając *o* na *ó*, jak *łoza* > *łóz* / *brzoza* >*brzóz.*

[1] Marcin Poprawa, *Pragmatyczny, społeczny i kulturowy wymiar pytań do internetowej poradni językowej*; adres: www.ifp.uni.wroc.pl/data/files/pub–6209.pdf. Lista poradni językowych – str. 335.

[2] Chodzi tutaj o następujące słowniki: **1.** Szober Stanisław, *Słownik poprawnej polszczyzny*, Wiedza, Warszawa 1948. **2.** *Słownik poprawnej polszczyzny* pod red. Witolda Doroszewskiego, PWN, Warszawa 1980. **3.** *Praktyczny słownik poprawnej polszczyzny PWN*, pod red. Andrzeja Markowskiego, PWN, Warszawa 1995.

2. pytanie do poradni językowej: Czy forma rzeczownika *wataha* w miejscowniku jako *watadze* jest albo kiedyś była formą poprawną?

Odpowiedź poradni językowej: *Wataha* w zasadzie powinna mieć miejscownik (i celownik) w formie *wataże*, ale ponieważ wyrazów charakteryzujących się obocznością *h – ż* jest mało (por. *druh – drużyna*), słowo *wataha* od dawna jest odmieniane tak jak *blacha*, tzn. *watasze* (jak *musze*). Od kilkunastu lat pisownię *watasze* można już znaleźć w słownikach jako oboczną wobec formy *wataże*.
Natomiast miejscownik *watadze* odpowiada starszej i nie używanej już formie mianownika *wataga*. We współczesnych słownikach *watagi* nie znajdziemy, formę *watadze* podawał jeszcze (w haśle *wataha*) *Słownik współczesnego języka polskiego* pod red. B. Dunaja w wyd. z 1996 roku. Należałoby sprawdzić, czy z późniejszych wydań jej nie usunięto bądź nie zamieniono na formę *watasze*.

http://poradnia.pwn.pl/lista

ALTERNACJE W TEMATACH I RDZENIACH RZECZOWNIKÓW

PRZEGLĄD ALTERNACJI SPÓŁGŁOSKOWYCH I SAMOGŁOSKOWYCH W TEMATACH I RDZENIACH RZECZOWNIKÓW

Osa z poradni językowej

Wiemy, że również rodzimi użytkownicy języka polskiego, czyli Polacy mają problemy językowe związane z wymianami głosek fonetycznie różnych lub pokrewnych pod względem etymologicznym, które występują w tematach i rdzeniach niektórych wyrazów. W takich wypadkach, aby nie popełniać błędów odwołują się do słowników, piszą lub dzwonią do poradni językowych, które działają przy różnych ośrodkach uniwersyteckich i wydawnictwach naukowych.

Warto wiedzieć, że w języku polskim wymiany głoskowe w tematach i rdzeniach rzeczowników (w przeciwieństwie do innych języków np. berberskich, semickich) nie mają wpływu na znaczenie wyrazu w obrębie danego pola semantycznego.

Polska morfologia, czyli dziedzina językoznawstwa zajmująca się formami odmiennych części mowy (fleksja) i słowotwórstwem jest pełna zawiłości. Trudno więc ustalić w tym zakresie ścisłe reguły gramatyczne. Zarówno praktycy językowi, jak autorzy podręczników do nauczania języka polskiego jako obcego starają się ułatwiać obcokrajowcom proces oswajania języka poprzez szukanie modeli do naśladowania, schematów, według których coś może być odtworzone. Często się zdarza, że proponowane przez nich modele i schematy mogą mieć znaczenie względne. Wypracowane reguły nie zawsze dają się w pełni zastosować przez użytkownika. Musimy zatem pogodzić się z faktem, że w przypadku morfologii rzeczowników, alternacje nieautomatyczne (takie, które zachodzą sporadycznie) są zależne od wielu czynników takich, jak: końcówka wyrazu, przynależność wyrazu do słownictwa rodzimego lub obcego (ze współczesnego punktu widzenia), ekspresywnego charakteru znaczenia wyrazu itd. Dlatego też ważne jest – jak pisze Liliana Madelska[3] – „by uczący się języka polskiego możliwie szybko przyzwyczajał się do świadomej obserwacji procesów fonetyczno-fonologicznych w polszczyźnie".

Poniżej – kilka praktycznych uwag, które pozwolą obcojęzycznemu uczącemu się języka polskiego na pełniejsze i świadome wzbogacanie wiedzy związanej z wyżej wspomnianymi procesami.

KILKA PRAKTYCZNYCH UWAG

1. Proces fonetyczno-fonologiczny zachodzący w dopełniaczu liczby pojedynczej (M. l.p. ***mąż***, D. l.p. ***męża***) ma wpływ na wszystkie formy odmienianych wyrazów liczby pojedynczej i mnogiej. Oto przykład:

	liczba pojedyncza	*liczba mnoga*
M.	mąż	↓mężowie
D.	↓męża	↓mężów
C.	↓mężowi	↓mężom
B.	↓męża	↓mężów
N.	↓mężem	↓mężami
Msc.	↓mężu	↓mężach
W.	↓mężu	↓mężowie

[3] Madelska Liliana, w: *Odkrywamy język polski*, Prolog Szkoła Języków Obcych, Kraków 2008, str. 26.

2. Tak zwane *–o–* ruchome pojawia się: **wyłącznie w następujących wyrazach**: *kocioł > kotła, kozioł > kozła, osioł > osła.*

3. Tak zwane *–e–* wstawne pojawia się w dopełniaczu liczby mnogiej wszystkich zdrobnień rzeczowników rodzaju nijakiego o zakończeniu *–**ko***;
<u>przykłady:</u> *ciastko > ciastek, drzewko > drzewek, serduszko > serduszek.*

4. Proces wymiany samogłoskowej ***a:e*** wyłącznie w miejscowniku i w wołaczu liczby pojedynczej zachodzi w następujących rzeczownikach:

rzeczowniki męskonieżywotne	*rzeczowniki męskoosobowe*	*rodzaju nijakiego*
przykłady: **kwiat** > kwiecie **obiad** > obiedzie **świat** > świecie **wiatr** > wietrze	*przykłady:* **sąsiad** > sąsiedzie[4]	*przykłady:* **lato** > lecie **miasto** > mieście **ciasto** > cieście

A nadto we wszystkich rzeczownikach odczasownikowych zawierających rdzeń *–**jazd**–*;

<u>przykłady:</u> **najazd** > najeździe,
objazd > objeździe,
odjazd > odjeździe,
podjazd > podjeździe,
przejazd > przejeździe,
przyjazd > przyjeździe,
rozjazd > rozjeździe,
wjazd > wjeździe,
wyjazd > wyjeździe,
zajazd > zajeździe,
zjazd > zjeździe

i rzeczowniku **pojazd** (w zn.: ‘urządzenie do transportu zaopatrzone w koła, gąsienice, płozy’).

5. W obrębie niektórych wyrazów mogą występować alternacje zarówno spółgłoskowe, jak samogłoskowe;
<u>przykłady:</u> *dwór > dworze, krzesło > krześle, las > lesie, gwiazda > gwieździe, miasto > mieście.*

---

[4] Również *sąsiedzi* – M. / W. l.m.

ZADANIE 1

Wpisz w miejsce kropek właściwe formy fleksyjne rzeczownika *mąż*.

WZÓR

0.	**Mężem kobiety jest mężczyzna, który ją poślubił.**

1. Jeśli kobieta nosi takie samo nazwisko jak jej ...., mówimy, że ma nazwisko po ....
2. Wybitnych polityków lub dyplomatów nazywamy .... stanu.
3. Wydać się za .... nie jest trudno, trudniej jest się rozwieść z ....
4. Osoby cieszące się ogólnym zaufaniem, wybrane przez jakąś grupę to .... zaufania.
5. Honoré de Balzac powiedział, że „*Żona jest tym dla ...., czym .... ją uczynił*".
6. Mędrzec zwyczajnych ludzi z rozmowy ocenia, a nadzwyczajnych .... poznaje z milczenia.

ZADANIE 2

Wpisz w miejsce kropek właściwe formy wyrazów z kolumny A.

WZÓR

0.	**W Warszawie jest ulica Nowy Świat. Wielu warszawian chciałoby mieszkać na Nowym Świecie.**

A.	B.
kwiat	**1.** Dzieci to najpiękniejsze .... W każdym .... jest dusza dziecka.
sąsiad	**2.** Do .... możemy się zwracać w wołaczu: *Panie ....!*
lato	**3.** Jest .... W .... zapachy rozchodzą się szybciej niż w zimie.

obiad	**4.** Musztarda do ...., to nie to samo, co musztarda po ....
świat	**5.** Można należeć do dwóch różnych .... i mieszkać na tym samym ....
wiatr	**6.** Są ludzie, którzy wystawiają innych do ...., i w dodatku zachowują się jak chorągiewki na ....
miasto	**7.** Pan Bóg stworzył wieś, by na wsi więcej usłyszeć, a człowiek stworzył ...., by w .... więcej zobaczyć.
ciasto	**8.** Wyrabiamy .... na chleb, na pierogi, na makaron. Rzadko się zdarza, aby w .... nie było przynajmniej jednego jaja.

ALTERNACJE SPÓŁGŁOSKOWE

a. w dopełniaczu liczby pojedynczej / mnogiej

	przykład(–y)	*alternacje*	*formy różnych przypadków (l.p. / l.m.)*
j	**aleja / pokój / szyja**	[ø]	> *alei*; D. l.p.; również w C., Msc. l.p. / > *pokoi*; D. l.m. / > *szyi*; D., C., Msc. l.p.

b. w innych przypadkach liczby pojedynczej / liczby mnogiej

b	**Jakub / Kaszub / klub**	[bi] [b']	> *Jakubie / Kaszubie / klubie*; Msc. l.p.[5]
ch	**blacha / mucha / ucho**	[sz]	> *blasze / musze*; Msc. l.p. / > *uszy*; M. l.m.
ch	**mnich / Włoch / Wołoch**	[s] [ś]	> *mnisi / Włosi / Wołosi*; M. l.m.
d	**sad**	[dzi]	> *sadzie*; Msc. l.p.
d	**Szwed**	[dź] [dzi]	>*Szwedzie*; Msc. l.p. / > *Szwedzi*; M. l.m.
f	**szef / strefa**	[fi] [f']	> *szefie / strefie*; Msc. l.p.

[5] Pamiętaj, że w miejscowniku rzeczowników twardotematowych zachodzi najwięcej wymian głoskowych. Końcówka fleksyjna *–e* zmiękcza spółgłoski wygłosowe rzeczowników rodzaju męskiego, żeńskiego i nijakiego liczby pojedynczej, np. *sad*→ *opalam się w **sadzie**, szatan* → *myślę o **szatanie**, reżyser* → *kocham się **w reżyserze***. Por. inne przykłady powyżej.

g	*wyłącznie* **Bóg**	[ż]	> *Boże*; W. l.p.
g	**biolog / flaga / waga**	[dz]	> *biolodzy*; M. l.m. / > *fladze / wadze*; Msc. l.p.
g	**biolog / prolog**	[gi] [g']	> *biologiem / prologiem*; N. l.p.
k	**człowiek**	[cz]	> *człowiecze*; W. l.p.
k	**Polak / ręka**	[c]	> *Polacy / ręce*; M. l.m.
k	**Polak**	[ki] [k']	> *Polakiem*; N. l.p.
ł	**anioł / szkoła**	[l]	> *aniele*[6] */ szkole*; Msc. l.p.
m	**olbrzym**	[m']	> *olbrzymie*; Msc. l.p.
n	**szatan**	[ń]	> *szatanie*; Msc. l.p.
p	**chłop / sklep**	[pi] [p']	> *chłopie / sklepie*; Msc. l.p.
r	**reżyser / opera**	[rz]	> *reżyserze*[7] */ operze*; Msc l.p.
s	**Hindus / turkus**	[ś] [si]	> *Hindusie / turkusie*; Msc. l.p.
sł	**hasło / krzesło / pomysł**	[śl]	> *haśle / krześle / pomyśle*; Msc. l.p.
sn	**krosno / sosna / wiosna**	[śń]	> *krośnie / sośnie / wiośnie*; Msc. l.p.
st	**krosta / oszust**	[ść]	> *kroście / oszuście;* Msc. l.p.
t	**absolwent / moment**	[ć] [ci]	> *absolwencie / momencie*; Msc. l.p.
w	**detektyw**	[w']	> *detektywie*; Msc. l.p.
z	**Francuz / arbuz**	[zi] [ź]	> *Francuzie / arbuzie*; Msc. l.p.
zd	**gniazdo / gwiazda**	[ździ] [źdź]	> *gnieździe / gwieździe*; Msc. l.p.
zg	**drzazga / miazga / rózga**	[zdz]	> *drzazdze / miazdze / rózdze*; Msc. l.p.
zł	*wyłącznie* **giezło**	[źl]	> *gieźle*; Msc. l.p.
zn (zen)	**blizna / błazen / Gniezno mężczyzna / polszczyzna**	[źń]	> *bliźnie / błaźnie*[8] */ Gnieźnie / mężczyźnie*[9] */ polszczyźnie*; Msc. l.p.

[6] Również *anieli* (rzad.) – M. l.m., W. l.m.
[7] Również *reżyserzy* – M. l.m.
[8] Również *błaźni* (rzad.) – M. l.m.
[9] Również *mężczyźni* – M. l.m.

ZADANIE 3

Wpisz w miejsce kropek właściwe formy wyrazów z kolumny A.

WZÓR

0. aleja	**Aleja to szeroka ulica w mieście. Chciałaby mieszkać przy głównej alei miasta.**

A.	B.
1. pokój	Pokój to nie tylko stan zgody między państwami, to również pomieszczenie, w którym się mieszka. Niekoniecznie trzeba mieć kilka ...., by być szczęśliwym.
2. szyja	Szyja łączy głowę z tułowiem. Niektórzy ludzie mogą być kamieniem u ....
3. klub	Klub to organizacja skupiająca ludzi. Lubię spędzać wieczory w ....
4. blacha	Blacha to naczynie do pieczenia ciast. Dziś upiekę sernik na ....
5. mucha	Mucha to uprzykrzony dla człowieka owad. Lubię przyglądać się ....
6. ucho	Ucho to narząd słuchu i równowagi człowieka. Ściany też mają *(l.m.)* ....
7. sad	Sad to obszar, gdzie rosną drzewa owocowe. Wiosną w .... jest pięknie.
8. Szwed	Szwed to człowiek zamieszkujący Szwecję, a .... to naród germański.

ZADANIE 4

Dokończ pytania, używając właściwych form rzeczowników z kolumny A.

WZÓR

szef	**Czy warto myśleć o złym szefie?**

A.	B.
1. strefa	Co leży w tej ....?
2. Bóg	Co myślisz o ....?
3. flaga	Co widnieje na tej ....?
4. waga	Czy coś leży na tej ....?
5. biolog	Czy chciałbyś być ....?
6. prolog	Co jest przed ....?
7. człowiek	Czy zawsze jesteś ....?
8. Polak	Kto był pierwszym ....?
9. ręka	Co masz w lewej ....?
10. szkoła	Co stoi przy tej ....?
11. szatan	Czy wiesz o ....?
12. chłop	Czy można polegać na ....?
13. sklep	Co znajduje się w tym ....?
14. reżyser	Czy to są dobrzy ....?

ZADANIE 5

Dokończ wypowiedzi, używając właściwych form rzeczowników z kolumny A.

WZÓR

0. anioł	Najpierw wszedł jeden anioł, a potem weszli dwaj anieli.

A.	B.
1. Włoch	Najpierw wszedł jeden ...., a potem weszli dwaj ....
2. oszust	Najpierw wszedł jeden ...., a potem weszli dwaj ....
3. Hindus	Najpierw wszedł jeden ...., a potem weszli dwaj ....
4. absolwent	Najpierw wszedł jeden ...., a potem weszli dwaj ....
5. błazen	Najpierw wszedł jeden ...., a potem weszli dwaj ....
6. mężczyzna	Najpierw wszedł jeden ...., a potem weszli dwaj ....
7. bóg	Najpierw wszedł jeden ...., a potem weszli dwaj ....
8. biolog	Najpierw wszedł jeden ...., a potem weszli dwaj ....
9. reżyser	Najpierw wszedł jeden ...., a potem weszli dwaj ....
10. mnich	Najpierw wszedł jeden ...., a potem weszli dwaj ....

ZADANIE 6

Dokończ wypowiedzi, używając właściwych form rzeczowników z kolumny A.

WZÓR

0. Gniezno	**Gniezno to pierwsza stolica Polski. Czy byłeś już w Gnieźnie?**

A.	B.
1. olbrzym	On jest .... Co myślisz o tym ....?
2. detektyw	On jest .... Co myślisz o tym ....?
3. Francuz	On jest .... Co myślisz o tym ....?
4. pomysł	To jest nowy .... Co powiesz o tym ....?
5. arbuz	To zepsuty .... Co mi po takim ....!
6. blizna	Miał .... na twarzy. Nigdy nie wspominał o tej ....
7. turkus	Zobaczyła pierścionek z .... Marzyła o takim ....
8. hasło	Zapisałem nowe ...., ale opuściłem jedną cyfrę w tym ....
9. krzesło	Zabierz to .... Nie lubię siedzieć na ....
10. sosna	Sosna to wiecznie zielone drzewo. Na .... rosną szyszki.
11. wiosna	Jeszcze daleko do .... Jeszcze nie myślę o ....
12. moment	Przyjdę za .... W tym .... jestem zajęty.
13. gniazdo	Na drzewie wisiało ...., a w .... leżały ptasie jaja.
14. gwiazda	Moja żona to wielka gwiazda. Czuję się mały przy tej ....
15. drzazga	.... to rzadkie słowo. Nigdy nie słyszałem o ....
16. miazga	.... to też rzadkie słowo. Nigdy nie słyszałem o ....
17. rózga	.... to już archaiczne słowo. Nigdy nie słyszałem o ....
18. polszczyzna	Słowo .... to synonim języka polskiego. Wielu ludzi rozmiłowało się w ....

ALTERNACJE SAMOGŁOSKOWE (tematyczne)

–e

- **w rzeczownikach zakończonych na** ***–ek*** (oprócz człowiek); *nurek > nurka, sznurek > sznurka, piesek > pieska, proszek > proszku*;
- **w rzeczownikach zakończonych na** ***–ec***; *palec > palca, widelec > widelca*;
- **w żeńskich rzeczownikach zakończonych na spółgłoskę**; *krew > krwi, marchew > marchwi*;
- **w formach ubezdźwięcznionych**; *dziadek > dziadka, Józek > Józka*;
- **w rzeczownikach zakończonych na spółgłoskę**; *diabeł > diabła, minister > ministra, Wiedeń > Wiednia*;
- **w rzeczownikach rodzaju żeńskiego zakończonych na samogłoskę**; *deska > desek, ciastko > ciastek.*

–o ruchome

tylko w następujących wyrazach: *kocioł > kotła, kozioł > kozła, osioł > osła.*

ZADANIE 7
DRYL FLEKSYJNY

Wpisz właściwe formy rzeczowników z części A do wolnych miejsc w kolumnie B i C.

WZÓR

ciastko	**0. Były ciastka.**	**Nie ma już tych ciastek.**

A.	**B.**	**C.**
deska	**1.** Były	Nie ma już tych ....
diabeł	**2.** Był	Nie ma już tego ....
dziadek	**3.** Był	Nie ma już tego ....
Józek	**4.** Był	Nie ma już tego ....
kocioł	**5.** Był	Nie ma już tego ....

kozioł	**6.** Był	Nie ma już tego ....
krew	**7.** Była	Nie ma już tej ....
marchew	**8.** Była	Nie ma już tej ....
minister	**9.** Był	Nie ma już tego ....
nurek	**10.** Był	Nie ma już tego ....
osioł	**11.** Był	Nie ma już tego ....
palec	**12.** Był	Nie ma już tego ....
piesek	**13.** Był	Nie ma już tego ....
proszek	**14.** Był	Nie ma już tego ....
sznurek	**15.** Był	Nie ma już tego ....
widelec	**16.** Był	Nie ma już tego ....
Wiedeń	**17.** Widziałem	Nie widziałem ....

a. w dopełniaczu

alternacje	*formy dopełniacza l.p. / l.m.*
ą: ę	**dąb** > dębu; l.p. **gołąb** > gołębia; l.p. **mąż** > męża; l.p. **miesiąc** > miesięcy; l.m. **ząb** > zęba; l.p.
e /'e: ø	**chłopiec** > chłopca; l.p. **głupiec** > głupca; l.p. **lasek** > lasku; l.p. **Niemiec** > Niemca; l.p. **ojciec** > ojca; l.p. **Paweł** > Pawła; l.p. **pies** > psa; l.p. **sen** > snu; l.p. **uczeń** > ucznia; l.p. **wujek** > wujka; l.p.
o: ó	**brzoza** > brzóz; l.m. **robota** > robót; l.m. **sobota** > sobót; l.m. **środa** > śród; l.m.
ó: o	**Bóg** > Boga; l.p. **dwór** > dworu; l.p. **Kraków** > Krakowa; l.p. **lód** > lodu; l.p. **róg** > rogu; l.p. **stół** > stołu; l.p.

ZADANIE 8
DRYL FLEKSYJNY

Wpisz właściwe formy rzeczowników z kolumny A do wolnych miejsc w kolumnie B i C.

WZÓR

Bóg	0. Był Bóg.	A może nie ma Boga?

A.	B.	C.
brzoza	**1.** Była	Nie ma już takich ....
chłopiec	**2.** Był	Nie ma już tego ....
dąb	**3.** Był	Nie ma już tego ....
dwór	**4.** Był	Nie ma już tego ....
głupiec	**5.** Był	Nie ma już tego ....
gołąb	**6.** Był	Nie ma już tego ....
Kraków	**7.** Znam	Nie znam ....
lasek	**8.** Był	Nie ma już tego ....
lód	**9.** Był	Nie ma już tego ....
mąż	**10.** To był jej	Ona już nie ma ....
miesiąc	**11.** Był tu	Będzie tu wiele ....
Niemiec	**12.** Był	Nie ma już tego ....
ojciec	**13.** Był	Nie ma już twojego ....
Paweł	**14.** Był	Nie będzie już ....
pies	**15.** Był	Nie będzie już tego ....
robota	**16.** Była	Nie ma już tak dużych ....
róg	**17.** Był	Nie ma nigdzie tego ....
sen	**18.** Miałem	Nie miałem żadnego ....
sobota	**19.** Dziś jest	Będzie jeszcze wiele ....
stół	**20.** Był	Nie ma już tego ....
środa	**21.** Dziś jest	Będzie jeszcze wiele ....
uczeń	**22.** Był	Nie ma już tego ....
wujek	**23.** Był	Nie ma już mojego ....
ząb	**24.** Tu był	Nie mam już tego ....

b. w miejscowniku

alternacje	*formy miejscownika l.p.*
a: e	**ciasto** > cieście
	gniazdo > gnieździe
	lato > lecie
	miasto > mieście
	najazd > najeździe
	obiad > obiedzie
	objazd > objeździe
	odjazd > odjeździe
	podjazd > podjeździe
	pojazd > pojeździe
	przejazd > przejeździe
	przyjazd > przyjeździe
	rozjazd > rozjeździe
	sąsiad > sąsiedzie
	wjazd > wjeździe
	wyjazd > wyjeździe
	zajazd > zajeździe
	zjazd > zjeździe
ą: ę	**gałąź** > gałęzi
	żołądź *(r.ż.)* > żołędzi
o: e	**anioł** > aniele
ó: e	**kościół** > kościele
	popiół > popiele

ZADANIE 9
DRYL FLEKSYJNY

Wpisz w miejsce kropek właściwe formy liczby pojedynczej rzeczowników z kolumny A.

WZÓR

żołądź *(r.ż.)*	**0. Ukryłem swój skarb w żołędzi.**

A.	B.
anioł	**1.** Lubię słuchać niezwykłych opowieści o dzielnym ....
ciasto	**2.** Uwielbiam pieczone jabłko w ....
gałąź	**3.** Lubię siedzieć na .... w ogrodzie.
gniazdo	**4.** Chciałbym mieszkać w ....
kościół	**5.** Mieszkam przy ...., choć jestem ateistą.
lato	**6.** Marzę o jeździe na nartach w ....
miasto	**7.** Spaceruję po .... tylko nocami.
obiad	**8.** Jestem zawsze głodny po ....
popiół	**9.** Schowałem swe oszczędności w ....
sąsiad	**10.** Mam urodę po naszym ....

ZADANIA SYSTEMOWE

ZADANIE 10
DRYL FLEKSYJNY

Wpisz w miejsce kropek właściwe formy wyrazów z kolumny A.

WZÓR

0. najazd	**Najazd** to wkroczenie wojsk, armii wroga na tereny jakiegoś kraju. → Po **najeździe** na Wolne Państwo Oranii żołnierze poszli spać.

A.	B.
1. objazd	**Objazd** to jazda dłuższą drogą, w celu ominięcia przeszkód na jezdni. → Kierowca zdecydował się na objazd i utknął w korku na ....
2. odjazd	**Odjazd** to początek jazdy środka lokomocji. → Konduktor krzyknął *odjazd*, a po .... wszystkie drzwi pociągu otwarły się automatycznie.
3. podjazd	**Podjazd** to droga, którą podjeżdża się bezpośrednio do jakiegoś budynku. → Na .... do suszarni tytoniu stały wielkie kałuże.
4. pojazd	**Pojazd** to motocykl, tramwaj, czołg, sanie albo motocykl. → Lubię jeździć na .... jednośladowym, ponieważ

	taki pojazd pozostawia na jezdni mniej śladów niż np. samochód.
5. przejazd	**Przejazd** to przebywanie drogi. → W .... z Francji do Hiszpanii zatrzymaliśmy się na kilka minut w Księstwie Andory.
6. przyjazd	**Przyjazd** to dotarcie, przybycie do określonego miejsca. → Wyszedł z domu pięć minut po .... gości.
7. rozjazd	**Rozjazd** to słowo ważne dla kierowcy. → Każdy kierowca wie, że na .... rozchodzą się drogi.
8. wjazd	**Wjazd** to miejsce przeznaczone do wjeżdżania; miejsce, przez które się wjeżdża. → Po .... do jeziora, zrozumiał, że pomylił drogę.
9. wyjazd	**Wyjazd** to również opuszczenie jakiegoś miejsca. → Miała dość życia w pasie przygranicznym i myślała o .... za granicę.
10. zajazd	Dawniej słowo **zajazd** oznaczało zajęcie czyjejś posiadłości przy użyciu siły. → O ostatnim .... na Litwie możemy dowiedzieć się z dzieła A. Mickiewicza *Pan Tadeusz*.
11. zjazd	**Zjazd** to również przybycie wielu osób ze sobą związanych w jedno miejsce. → Byłem na uroczystym .... absolwentów Instytutu Urody.

ZADANIE 11

Wpisz w miejsce kropek właściwe formy wyrazu z kolumny A.

WZÓR

mąż	**Mąż stanu to wybitny polityk lub dyplomata. Niejedna żona chciałaby, aby jej mąż został mężem stanu.**

A.	**B.**
1. absolwent	Absolwent jakiejś szkoły lub wyższej uczelni to ktoś, kto ją ukończył. Rozmawialiśmy o pewnym .... UJ, który został papieżem.
2. anioł	Anioł to niebiańska istota, która ma skrzydła. A ja słyszałem o ...., który nie miał skrzydeł.

3. biolog	Biolog zajmuje się zawodowo biologią. .... to ludzie, którzy najlepiej rozumieją naturę. Chciałbym zostać .... pracującym w rezerwacie przyrody.
4. blizna	Blizna to ślad na skórze po zagojonej ranie. Policjanci poznali mordercę po .... na ramieniu.
5. błazen	Błazen to komik występujący w cyrku. Rozmawialiśmy o ...., który miał na głowie czapkę o trzech rogach zakończonych dzwoneczkami.
6. Bóg	Bóg to władca świata i należy o nim mówić z szacunkiem. Niektórzy Polacy, kiedy są czymś wzruszeni, podnieceni lub zdenerwowani mówią lub krzyczą: „mój ....” albo „............................ drogi”. Czy można powiedzieć o ...., że jest, nawet jeśli go nie ma? Niektórzy uważają, że nie ma .... F. Nietzsche powiedział kiedyś, że ulubieńcy *(l.m.)* .... umierają młodo.
7. chłop	Wyraz *chłop* to nie tylko określenie rolnika. O polskim .... napisano setki powieści, noweli i rozpraw.
8. człowiek	Różnica między wielbłądem i .... polega na tym, żc wielbłąd może pracować przez tydzień nie pijąc; człowiek zaś może przez tydzień pić, nie pracując.
9. Francuz	Nie ma tutaj żadnego ...., a wy ciągle mówicie o jakimś ....
10. gniazdo	Nie było tu żadnego ...., a oni ciągle dyskutują o ....

ZADANIE 12

Wpisz w miejsce kropek właściwe formy wyrazów z kolumny A. Wzór – jak w ćwiczeniu numer 11.

A.	**B.**
1. Gniezno	Pojadę do .... – pierwszej stolicy Polski. Jeden z najwybitniejszych poetów i historyków polskiego baroku – Wespazjan Kochowski urodził się właśnie w ....

2. Hindus	Nigdy nie widziałem ...., a ty ciągle opowiadasz o jakimś ....
3. Kaszub	Znam jednego ...., ale nie chcę rozmawiać o tym ....
4. mucha	O kimś spokojnym, dobrotliwym, łagodnym mówimy, że .... by nie zabił lub nie skrzywdził. W języku polskim jest wiele wyrażeń frazeologicznych i porównań o ...., np. *ignąć do kogoś jak mucha do miodu, mieć muchy w nosie, padać jak muchy, robić z muchy słonia, ruszać się jak mucha w smole, (taki), że mucha nie siada.*
5. olbrzym	Był ...., bo miał ponad 2 m wzrostu. Strach stanąć przy takim ....
6. oszust	Wreszcie przyłapałem tego oszusta na kłamstwie i powiedziałem o tym .... wszystkim znajomym.
7. pokój	Jak to się dzieje, że jedni nie mają własnego ...., a inni mają kilka ....?
8. Polak	Znam jednego .... i wiem, że .... to ludzie uczciwi.
9. pomysł	Pomysł to sposób na rozwiązanie jakiegoś problemu: nowa, odkrywcza myśl. Jeśli nie masz nowego ...., zostań przy starym ....
10. reżyser	Nie znam tego ...., choć wszyscy mówią o tym ....

ZADANIE 13

Wpisz w miejsce kropek właściwe formy wyrazów z kolumny A. Wzór – jak w ćwiczeniu numer 11.

A.	**B.**
1. ręka	Kiedy ktoś gospodaruje bardzo oszczędnie, kontroluje i zapisuje wszystkie wydatki, mówimy, że ten ktoś „żyje z ołówkiem w *(l.p.)* ....”. Kiedy chcemy powiedzieć, że jesteśmy bardzo zapracowani, mówimy, że „mamy pełne .... roboty”.
2. sad	Miał hektar ...., a w .... setki drzew i krzewów owocowych.

3. szatan	Uosobienie zła, najgorszych i najpodlejszych wad to szatan. Nikomu więc nie radzimy polegać na ....
4. szef	Zawsze lubiła wykonywać polecenia .... Przy .... czuła się potrzebna.
5. Szwed	Mam przyjaciela .... Z natury .... są bardzo spokojni.
6. szyja	Czy szyja to ważna część ciała człowieka? – Tak. Gdybyśmy nie mieli ...., nie moglibyśmy ani ruszać, ani kręcić głową.
7. ucho	Dziadek nie słyszał na jedno ...., a babcia nie słyszała na dwoje ....
8. waga	Jedni mówią *chudnąć*, inni *gubić* ...., a jeszcze inni *tracić na* ....
9. wiosna	21 marca to pierwszy dzień .... Nie tylko wtedy myślę o ....
10. Włoch	Znam jednego przystojnego .... Niektórzy .... są bardzo przystojni.

ZADANIE 14

Wpisz w miejsce kropek właściwe formy wyrazów z kolumny A.

WZÓR

Bóg	**Kiedy powiedziałem rodzicom, że nie wierzę w Boga, mama krzyknęła „Synu, bój się Boga!" i z wrażenia upadła na miękki fotel.**

A.	B.
1. chłopiec	Nie mam jeszcze *(l.p.)* ...., ponieważ na razie nie interesuję się *(l.m.)* ....
2. głupiec	Nie musisz udawać ...., ponieważ jesteś wyjątkowym ....
3. krew	Boję się .... i na widok .... od razu mdleję.
4. lasek	Blisko Krakowa jest piękny .... Wolski o obszarze 419 hektarów, pełniący funkcje rekreacyjne. W .... Wolskim jest aż osiem szlaków turystycznych.

5. lód Synku, nie ma już ...., bo .... się stopił. Nie można już jeździć na ....

6. Niemiec Polska legenda pt. O Wandzie, co .... nie chciała zaczyna się tak: „*Przez wiele lat Krakowem rządził ukochany przez poddanych książę Krak. Był mądrym i sprawiedliwym władcą, dlatego po jego śmierci zapanowała wielka żałoba*".

7. ojciec Dzień .... obchodzony jest w Polsce 23 czerwca.

8. Paweł Oto dwa cytaty z Jana .... II – polskiego papieża: **1.** *Czujesz się osamotniony. Postaraj się odwiedzić kogoś, kto jest jeszcze bardziej samotny.* **2.** *Człowiek jest wielki nie przez to, co posiada, lecz przez to kim jest, nie przez to, co ma, lecz przez to, czym dzieli się z innymi.*

9. pies Wierność .... zależy niekiedy od wytrzymałości smyczy.

10. róg Róg to prosty instrument wykonany z .... zwierzęcego, używany przez myśliwych na polowaniu.

11. sen .... nie da się opowiedzieć. Opowiedziany przestaje być snem.

12. stół Dlaczego tak głośno krzyczysz? – Uderzyłem się o róg ...., a to bardzo boli!

13. uczeń Nie spodziewałem się dzisiaj tego .... na zajęciach.

14. wujek Wuj lub familiarnie wujek to: **1.** brat matki lub ojca, **2.** mąż siostry matki lub ojca, **3.** kuzyn matki, **4.** mąż kuzynki matki, **5.** dalszy krewny. Każdy z nas musi mieć chociaż jednego ....

ZADANIE 15

Wpisz w miejsce kropek właściwe formy wyrazów z kolumny A.

WZÓR

ciasto	**Co za wspaniałe ciasto! I ile pysznych orzeszków w tym cieście!**

A.	**B.**
1. gniazdo	Jakie małe gniazdo! I ile małych piskląt w tym ....!

2. lato	Jakie wspaniałe to lato! Ile ciekawych wydarzeń zdarzyło się w ....
3. miasto	Jakie wspaniałe miasto! I ilu turystów w tym ....!
4. najazd	Jaki najazd! Jaka agresja?! Kto w Unii Europejskiej myśli teraz o ....?
5. obiad	Nie będzie dzisiaj ....? – Myślałam, że jesteś po ....
6. objazd	Jaki objazd?! Jakie omijanie czegoś?! Nie chcę myśleć o żadnym ....!
7. odjazd	Odjechał już pociąg? – Już jest pięć minut po jego ....
8. podjazd	Limuzyna zjechała z autostrady i już jest na .... prowadzącym do willi premiera.
9. przejazd	Na tym .... zdarza się wiele wypadków, ponieważ jest niestrzeżony.
10. przyjazd	Natychmiast po .... do Polski musi się pan zgłosić na policję.
11. robota	Raz na rok Urząd Miasta składa oferty *(l.m.)* .... kanalizacyjnych.
12. rozjazd	Pociągi mogą się zatrzymywać przed rozjazdem, ale nigdy nie powinny się zatrzymywać na ....
13. sąsiad	Moja żona zakochała się w .... od pierwszego wejrzenia.
14. sobota	Ile mamy .... w ciągu roku?
15. wjazd	Budki strażników stoją najczęściej przy *(l.p.)* ....
16. wyjazd	Często stacje benzynowe są położone przy *(l.p.)* .... z miasta.
17. zajazd	Zajazd to nieduży, przydrożny hotel lub motel z restauracją dla podróżnych. W *(l.p.)* .... można się zatrzymać, zjeść kolację i przenocować.
18. zjazd	Zjeżdżał z niebezpiecznego zjazdu i na tym .... miał wypadek.

ZADANIE 16

Proszę wpisać w miejsce kropek właściwe formy podkreślonych wyrazów.

WZÓR

To jest mapa Polski. → Na tej mapie nie zaznaczono miasteczka, w którym urodził się mój dziadek.

1. Moje życie ukształtowała wiara katolicka. → Wychowałem się w .... katolickiej.
2. Ta gazeta jest najlepszym dziennikiem. → Zawsze znajduję coś ciekawego w tej ....
3. Ta jest pyszna ryba. → W dodatku w te .... jest mało ości.
4. Ta opera jest znakomita. → Wszyscy wielcy artyści występowali w tej ....
5. Ta rana goi się bardzo szybko. → Na ma już na twojej .... dziwnych obrzęków.
6. To szkoła, w której uczyłem się *a, b, c* ... . → Przyglądałem się mojej .... ze wzruszeniem.
7. W tym roku zima była bardzo mroźna. → Wszystkie krzewy przemarzły w ....
8. W tym sklepie jest tylko jedna kasa. → Przy .... zawsze jest długa kolejka.
9. W zagrodzie stała tylko jedna koza. → Przyglądaliśmy się z zainteresowaniem tej ....
10. Zobacz, jaka czysta woda! → Z przyjemnością wykąpię się w tej krystalicznej ....

ZADANIE 17

Proszę wpisać w miejsce kropek właściwe formy podkreślonych wyrazów.

WZÓR

Ciągle mówisz o bajce pt. *Owca, wilk i kapusta*! || Nigdy nie czytałem bajki o kapuście.

1. Czy to jest czysta pielucha? || Kochanie, połóż dziecko na czystej ....

2. Dawniej za dyscyplinę służyła rózga. || Kto dzisiaj jeszcze pamięta o ....?
3. Na niebie świeciła wielka gwiazda. || Z zainteresowaniem przyglądałem się tej ....
4. Od kilku dni boli mnie noga. || Czuję coraz silniejszy ból w ....
5. Polska to piękny kraj. || Szkoda tylko, że tak rzadko mówi się o tolerancji w ....!
6. Ta bluzka jest modna. || Jest mi przykro, ale jest ci fatalnie w tej ....!
7. To jest nasz ukochany monarcha. || Dzięki temu .... wzbogaciła się moja rodzina.
8. Tutaj jest znakomita kawa. || Byliśmy już kilka razy w tej kawiarni na ....
9. W moim pokoju stała wielka szafa. || Miałem dziesiątki cennych książek w tej ....
10. Wisła to najpiękniejsza rzeka świata! || Dlaczego nikt nie kąpie się w tej ....?

ZADANIE 18

Proszę wpisać w miejsce kropek właściwe formy podkreślonych wyrazów.

WZÓR

To jest wyjątkowy akrobata. || Wszyscy przyglądali się temu zdolnemu akrobacie.

1. *Idiota* to tytuł powieści Dostojewskiego. || Często rozmawialiśmy o ....
2. Maszynista zahamował w odpowiednim momencie. || Uniknięto wypadku dzięki ....
3. Mój profesor to wielki humanista. || Wszyscy mówią o tym wielkim ....
4. Pianista dał wspaniały koncert. || Przyglądałem się z uwagą temu wyjątkowemu ....
5. Pierwszy astronauta był Rosjaninem. || Cały świat słyszał o tym pierwszym ....

6. To był jedyny w tym teatrze prawdziwy artysta. || Wszyscy kochali się w tym ....
7. To był mój stary kolega. || Często myślę o moim starym ....
8. To był prawdziwy komunista. || Nikt już nie mówi o tym słynnym ....
9. Ulicą jechał pijany rowerzysta. || Wszyscy przyglądali się temu ....
10. W cyrku pojawił się iluzjonista. || Po przedstawieniu dyskutowaliśmy o tym ....

ZADANIE 19

Proszę wpisać w miejsce kropek właściwe formy podkreślonych wyrazów.

WZÓR

Chłop polski jest symbolem w literaturze polskiej. || Wiele pisano o polskim chłopie.

1. Dostałem przekaz pieniężny. || Na .... widniała suma dwudziestu jeden euro.
2. Czarny kot spacerował po chodniku. || Po .... zostały na chodniku ślady łap.
3. Lubię ten ser. || Jest bardzo dużo dziur w tym .... i znikoma ilość kalorii.
4. Miała brzydki nos. || Miała też brzydkie okulary na swym brzydkim ....
5. Na powierzchni stawu był gruby lód. || Roześmiane dzieci ślizgały się po ....
6. Nad wsią pojawił się dym. || Po chwili cała wieś znalazła się w ....
7. Osioł spokojnie czekał na właściciela. || Po chwili właściciel siedział już na ....
8. Spotkałem rano pana Jana. || Powiedziałem mu: „Dzień dobry panie ....!”
9. W ogrodzie stał bardzo stary dąb. || Na tym .... ptaki budowały swoje gniazda.

10. W salonie wisiał piękny obraz. || Ktoś powiesił na tym .... stary kapelusz.

ZADANIE 20

Proszę wpisać w miejsce kropek właściwe formy podkreślonych wyrazów.

WZÓR

Zbudowano nowy most w Krakowie. || Lubię spacerować po tym moście.

1. Zobacz, jakie malutkie okno! || Popatrz na tego kota, który siedzi na ....!

2. Lubiłem piwo, kiedy byłem studentem. || Teraz nawet nie myślę o ....

3. Mój syn będzie studiował prawo. || A ja nie mam zielonego pojęcia o ....

4. Stało drzewo, a pod drzewem siedziała małpa. || Po chwili małpa była na ....

5. To jest znakomite ciasto. || Tak. Doskonałe. Jest dużo bakalii w tym ....

6. Kraków to wspaniałe miasto. || Czy chciałbyś mieszkać w tak wspaniałym ....?

7. Znasz prace tego filozofa? || Nie. Ale dużo słyszałem o tym ....

8. Znasz zajazd „Józef Karol”. || Tak. Tydzień temu byłem w tym ....

9. Zobacz, jakie piękne gniazdo! || W tym .... są trzy małe pisklęta!

10. Zobacz, znowu kolejny objazd! || Znowu zgubię się na tym ....

ZADANIE 21

Proszę wpisać w miejsce kropek właściwe formy podkreślonych wyrazów.

WZÓR

Nad nami roztaczało się piękne niebo. || Po chwili na niebie pojawiły się chmury.

1. Jaka piękna garderoba! || Co przechowujesz w tej ....?
2. Kupiłem dużą rybę. || W tej .... było dużo ości.
3. Lubię mięso. || Zrobię dobrą zupę na ....
4. Pismo Święte jest znakomitą lekturą. || Odnajduję w tym .... niezwykle mądre myśli.
5. To była niewielka góra. || Na tej .... mieścił się kiedyś słynny instytut.
6. W górach pasło się stado owiec. || W .... były piękne owce i barany.
7. Dzisiaj pisałem dyktando z polskiego. || Zrobiłem 21 błędów w tym ....
8. Wyjąłem z lodówki masło i jaja. || Usmażyłem jajecznicę z dwóch jaj na ....
9. Zjadłem zupę, potem kotlet schabowy || Po .... zdecydowałem się na deser.
10. Żelazo jest metalem. || Są artyści, którzy rzeźbią w ....

MIEĆ COŚ W JEDNYM PALCU
CIEKAWOSTKI FRAZEOLOGICZNE I CYTATY

UWAGA

W każdej jednostce lekcyjnej podajemy:
1. kilka związków frazeologicznych związanych z tematyką lekcji wraz z ich definicjami słownikowymi, albo:
2. kilka ciekawych cytatów.
Przeczytaj polecenie (poniżej) i wykonaj zadanie.

ZADANIE 22

Przeczytaj poniżej podane związki frazeologiczne i użyj ich w zdaniach.

0. łapać / złapać męża
DEFINICJA: «bardzo się starać jak najszybciej znaleźć kandydata na męża bez stawiania wygórowanych wymagań wobec niego»
PRZYKŁAD: *Złapać męża to sztuka, utrzymać go to praca.*

1. w kwiecie wieku
DEFINICJA: «o człowieku: w pełni sił życiowych i twórczych»
PRZYKŁAD: ....

2. *ktoś* na to jak na lato
DEFINICJA: «ktoś ochoczo godzi się na jakąś propozycję i cieszy się z niej»
PRZYKŁAD: ....

3. musztarda po obiedzie
DEFINICJA: «o czymś przekazanym za późno, spóźnionym»
PRZYKŁAD: ....

4. być jedną nogą na tamtym świecie
DEFINICJA: «komuś niewiele brakuje do śmierci»
PRZYKŁAD: ....

5. być jak chorągiewka na wietrze
DEFINICJA: «zmieniać poglądy w zależności od koniunktury»
PRZYKŁAD: ....

6. zobaczyć wszystkie gwiazdy
DEFINICJA: «doznać zamroczenia pod wpływem mocnego uderzenia»
PRZYKŁAD: ....

7. fora ze dwora
DEFINICJA: «wynoś się, nie chcę cię więcej tutaj widzieć»
PRZYKŁAD: ....

8. zjeść zęby *na czymś*
DEFINICJA: «być doświadczonym fachowcem, doskonale znać się na czymś»
PRZYKŁAD: ....

9. nie zasypiać gruszek w popiele
DEFINICJA: «nie zwlekać, wykorzystać sprzyjające okoliczności, sposobności»
PRZYKŁAD: ....

10. do ostatniej kropli krwi
DEFINICJA: «*podniośle*: dopóki starczy sił, (aż) do śmierci»
PRZYKŁAD: ....

6. *O źli ludzie, piekło was stworzyło*

pytanie **KOLORY**

Chciałbym zapytać o nazwy kolorów. Na przykład beżowy. Czy przed pojawieniem się zapożyczenia z francuskiego kolor ten miał jakąś polską nazwę, czy po prostu nazwy nie miał? Czy liczba nazywanych kolorów ulegała w historii polszczyzny gwałtownym zmianom?

odpowiedź

Zmiany językowe mają raczej charakter ewolucyjny, a nie rewolucyjny. Dotyczy to także kształtowania się pola semantycznego „kolory".

*Z prajęzyka polszczyzna odziedziczyła niewiele nazw, m.in. nazwy niemotywowane: **biały**, **czarny**, **żółty**, oraz motywowane: **czerwony** (od czerw), **zielony** (od ziele), **złoty** (od złoto). System gramatyczny polszczyzny umożliwiał tworzenie nazw różnych odcieni kolorów podstawowych, np. od **biały**:*

*formacji: **bieluchny**, **bieluczki**, **bieluśki**, **bieluńki**, **bielutki**, **bieluteńki**, **bielusieńki**, **białasy**, **białawy**, **bielszy**;*

*wyrazów złożonych, np. **mlecznobiały**, **śnieżnobiały**, **brudnobiały**, **srebrnobiały**, **szarobiały**, **jaskrawobiały**, **siwobiały**, **szarobiały**, **srebrzystobiały**, **złotobiały**; **białożółty**, **białozłoty**, **białomleczny**;*

*wyrażeń porównawczych, np. **biały jak kreda**, **biały jak papier**, **biały jak śnieg**, **biały jak lilia**, **biały jak gołąb**, **biały jak alabaster**;*

*nazw kolorów złożonych, np. **białoczerwony**, **białożółty**, **żółtozielony**, **złotoczerwony**.*

*W funkcji nazw kolorów występowały przymiotniki pochodne od nazw przedmiotów o charakterystycznej barwie, por. niebo → **niebieski**, morze → **morski**, piasek → **piaskowy**, trawa → **trawiasty**, śmietanka → **śmietankowy**, krem → **kremowy**, len → **lniany**, marchew → **marchewkowy**, buraczek → **buraczkowy**, groszek → **groszkowy**, róża → **różowy**, fiołek → **fiołkowy**, pomarańcza → **pomarańczowy**, cytryna → **cytrynowy**, słoma → **słomiany**, bursztyn → **bursztynowy**.*

Ostatnią grupę stanowią zapożyczenia. Te wcześniejsze już się zasymilowały i nie są odczuwane jako obce, np. ***beż****, te nowsze zachowują oryginalną pisownię, np.* ***écru****.*
A co do wyrazów ***beż, beżowy*** *to warto wiedzieć, że pojawiły się w polszczyźnie w końcu XIX w. jako zapożyczenie z fr.* ***beige*** *(laine) 'barwa naturalnej (tzn. niefarbowanej) wełny owczej'. Ta barwa była wcześniej określana m.in. wyrazami:* ***piaskowy, kremowy, śmietankowy, cielisty, lniany, płowy, platynowy, blond****. Zakres ich użycia jest uwarunkowany kontekstowo.*

Krystyna Długosz-Kurczabowa

pytanie **STOPNIOWANIE**

Interesuje mnie to, czy przymiotnik ***humanitarny*** *się stopniuje. Przyznam szczerze, że myślałam, że nie, ale spotykam się coraz częściej z sformułowaniami typu:* ***bardziej humanitarny*** *– czy jest to forma poprawna?*

odpowiedź

Skoro można stopniować przymiotniki ***litościwy*** *i* ***miłosierny****, to dlaczego by nie* ***humanitarny****? Wszystkie trzy oznaczają cechę podlegającą gradacji. Podaję przykład ze współczesnej powieści (nie ilustruje on wprawdzie stopniowania w sensie gramatycznym, ale pokazuje, że byłoby ono sensowne): „Walnę go obuchem, co? To chyba będzie to samo, jeśli walnę porządnie, to nie będzie* ***mniej humanitarnie****? Jak myślisz?" (Joanna Chmielewska, Większy kawałek świata).*

http://poradnia.pwn.pl/lista

STOPNIOWANIE I ALTERNACJE PRZYMIOTNIKÓW

Przymiotniki w języku polskim są kolejną klasą wyrazów mającą wspólne cechy wyróżnione w oparciu o różne kryteria, jak: **1.** semantyczne, **2.** słowotwórcze, **3.** fleksyjne, **4.** syntaktyczne. Należy pamiętać, że przymiotniki nie tylko dostarczają dodatkowych, szczegółowych informacji o rzeczowniku; nie tylko nazywają, określają, czy też wyrażają pewne cechy, właściwości jakościowe lub relacyjne osób, zwierząt, roślin, przedmiotów, zjawisk, pojęć abstrakcyjnych; ale również pełnią w zdaniach funkcje prymarne (pierwszorzędne). Przymiotniki, podobnie jak inne wyrazy, np. czasowniki uznaje się za wyrazy samodzielne składniowo i znaczeniowo. Nie sposób zatem pominąć ich znaczenia w konstruowanych przez nas zdaniach, ich swoistości (stopniowanie przysługujące w zasadzie tylko przymiotnikom jakościowym), identyczności funkcji składniowych z wyrazami z innych klas: z zaimkami, liczebnikami porządkowymi, imiesłowami przymiotnikowymi i ciekawych alternacji, jak:

1. alternacje zachodzące w tematach stopniowanych przymiotników – stopień wyższy typu: *biały / bielszy*, *gorący / gorętszy*;

2. alternacje zachodzące w przymiotnikach zakończonych na *–ski* od rzeczowników o tematach zakończonych głoskami *–k*, *–t*, *–d*;

3. alternacje zachodzące w tematach mianownika liczby mnogiej przymiotników męskoosobowych typu: *dobrzy*, *mali*, *duzi*, *polscy*, *inni*.

W niniejszej jednostce lekcyjnej wskażemy również na przymiotniki podlegające stopniowaniu opisowemu (analitycznemu) typu: *bardziej chory*, *bardziej opalony* oraz na dwa szczególne wyrazy:

1. przymiotnik *zły* i jego odpowiednik adwerbialny *źle* (formy i użycie w zdaniach),

2. przymiotnik *dobry* i jego odpowiednik adwerbialny *dobrze* (formy i użycie w zdaniach).

PORÓWNANIA

Czerwony jak burak

W języku mówionym w celu ubarwienia wypowiedzi, nadania jej charakteru ekspresyjnego, uwydatnienia wspólnej cechy dwóch podobnych pod jakimś względem osób, zjawisk, rzeczy stosujemy p o r ó w n a n i a. Porównanie to dwuczłonowa konstrukcja składniowa połączona w języku polskim następującymi wyrażeniami: *jak*, *jakby*, *jak gdyby*, *na kształt czegoś*, *niby coś*, *podobny do czegoś*, *na podobieństwo czegoś*. Dzięki tym łącznikom i przymiotnikom możemy kogoś, kto się czerwieni (zwykle ze wstydu lub z emocji, np. gniewu) porównać do buraka czerwonego. Dzięki temu zabiegowi uwydatnimy cechy jakiejś osoby przez wskazanie na jej podobieństwo do przedmiotu x lub y (w tym przypadku buraka czerwonego).

W każdym języku, jeśli chcemy coś dosadniej uwydatnić, podkreślić podobieństwa kogoś / czegoś do kogoś / do czegoś, obrazujemy to, stosując porównania, pamiętając o tym, że *comparandum* i *comparans* muszą posiadać wspólną cechę semantyczną (np. *czarny jak smoła / sadza*, *węgiel*), bowiem cecha ta stanowi podstawę i motywację porównania.

W różnych językach świata odnajdziemy porównania, w których wykorzystano semantycznie identyczne *comparandum* i *comparans*, jak w języku polskim.

Poniżej wybór około czterdziestu takich porównań.

porównania I	*porównania II*	*porównania III*
biały jak ściana	biedny jak mysz kościelna	czysty jak łza
czarny jak smoła	dumny jak paw	gładki jak aksamit
czerwony jak burak	głodny jak wilk	nudny jak flaki z olejem
ciężki jak ołów	głupi jak gęś	pijany jak szewc
głuchy jak pień	odważny jak lew	płaski jak stół
durny jak but	potulny jak baranek	stary jak świat
gruby jak beczka	powolny jak ślimak	suchy jak pieprz
lekki jak piórko	pracowity jak mrówka	świeży jak pączek róży
milczący jak grób	przebiegły jak lis	tani jak barszcz
ostry jak brzytwa	uparty jak osioł	zdrowy jak rydz
prosty jak drut	wolny jak ptak	zielony jak trawa
twardy jak kamień	zdrowy jak koń	zimny jak lód

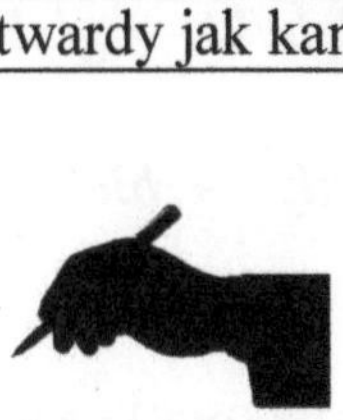

ZADANIE 1

Połącz przymiotniki z rysunkami, wpisując w miejsce kropek numer *comparansu* (tego, do czego porównujemy) lub jego nazwę.

WZÓR

wolny jak **ptak**.

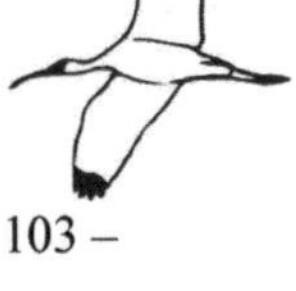

1. 2. 3. 4. 5. 6.

biedny jak	*durny jak but ....*
lekki jak piórko	*dumny jak paw ....*
głupi jak gęś	*odważny jak lew ....*

7. 8. 9. 10.

płaski jak stół	*powolny jak ślimak ....*
potulny jak baranek	*zdrowy jak koń ....*

ALTERNACJE SPÓŁGŁOSKOWE I SAMOGŁOSKOWE ZACHODZĄCE W PRZYMIOTNIKACH

Wymiany (alternacje) spółgłoskowe i samogłoskowe zachodzą w języku polskim nie tylko w odmienianych przez przypadki rzeczownikach. Temu procesowi podlegają również inne części mowy, np. przymiotniki.

Poniżej próba kodyfikacji tych zmian z podaniem list przymiotników podlegających procesowi alternacji w różnych sytuacjach składniowych.

1. Alternacje zachodzące w tematach stopniowanych przymiotników:
a. posiadających przyrostki *–k, –ek, –ok* następujące po pojedynczej spółgłosce typu *brzydki → brzydszy, daleki → dalszy, głęboki → głębszy; bliski → bliższy, wysoki → wyższy*;
b. spółgłoskowe i samogłoskowe: *ubogi → uboższy, biały → bielszy, gorący → gorętszy.*

PRZYROSTKI **–k, –ek, –ok** (następujące po pojedynczej spółgłosce) → **ø**

	połączenia wyrazowe	
	stopień równy	*stopień wyższy*
brzydki → brzydszy	brzydkie osiedle	brzydsze osiedla
ciężki → cięższy	ciężki bagaż	cięższe bagaże

daleki → dalszy	daleki krewny	dalsi krewni
giętki → giętszy	giętki bambus	giętsze bambusy
gładki → gładszy	gładki kamień	gładsze kamienie
głęboki → głębszy	głębokie jezioro	głębsze jeziora
krótki → krótszy	krótki dzień	krótsze dni
płytki → płytszy	płytka rzeka	płytsze rzeki
prędki → prędszy	prędki ruch	prędsze ruchy
rzadki → rzadszy	rzadki okaz	rzadsze okazy
słodki → słodszy	słodka herbata	słodsze herbaty
szeroki → szerszy	szeroka plaża	szersze plaże
szybki → szybszy	szybki samochód	szybsze samochody

PRZYROSTKI **–k**, **–ok** → **ø** + inne zmiany, np.

	połączenia wyrazowe	
	stopień równy	*stopień wyższy*
bliski → bliższy	bliska odległość	bliższe odległości
cienki → cieńszy	cienka igła	cieńsze igły
lekki → lżejszy	lekka kurtka	lżejsze kurtki
niski → niższy	niski mur	niższe mury
wąski → węższy	wąski korytarz	węższe korytarze
wysoki → wyższy	wysokie drzewo	wyższe drzewa

FORMY ALTERNATYWNE

	połączenia wyrazowe	
	stopień równy	*stopień wyższy*
czysty → czystszy	czysta łazienka	czystsze
a. czyściejszy		*a.* czyściejsze łazienki
gęsty → gęstszy	gęsta mgła	gęstsze
a. gęściejszy		*a.* gęściejsze mgły
tłusty → tłustszy	tłusta ręka	tłustsze
a. tłuściejszy		*a.* tłuściejsze ręce

Najczęstszej zachodzące alternacje:

a. spółgłoskowe:

–g >–ż	dłu**g**i → dłu**ż**szy, dro**g**i → dro**ż**szy, sro**g**i → sro**ż**szy, tę**g**i → tę**ż**szy, ubo**g**i → ubo**ż**szy

–ł >–l ciepły → cieplejszy, miły → milszy

–n >–ń / ni cienki → cieńszy, smutny → smutniejszy, zimny → zimniejszy

–s >–ż niski → niższy, wąski → węższy

–st >–ści czysty → czyściejszy; zob. *Formy alternatywne*, str. 105

b. samogłoskowe:

–a >–e biały → bielszy, blady → bledszy, śmiały → śmielszy

–ą >–ę gorący → gorętszy, wąski → węższy, mądry → mędrszy *a.* mądrzejszy

–o >–e czerwony → czerwieńszy, wesoły → weselszy, zielony → zieleńszy

ZADANIE 2

Porównaj dwie rzeczy, czynności, dwa zjawiska, dwie osoby itd. zgodnie z podanym wzorem.

WZÓR

0. ziemia – ***większa*** – księżyc

Ziemia jest większa od księżyca.

1. śnieg – ***biały*** – lilia biała

2. chory – ***blady*** – człowiek zdrowy

3. włosy – ***cienki*** – makaron

4. sierpień – ***ciepły*** – wrzesień

5. karmin – ***czerwony*** – szkarłat

6. Morze Białe – ***czysty*** – Morze Czarne

7. Wisła – ***długi*** – Odra

8. rubin – ***drogi*** – diament

9. planeta HD 2039 b – ***gorący*** – Słońce

10. papugi – ***mądry*** – gołębie

ZADANIE 3

Porównaj dwie rzeczy, czynności, dwa zjawiska, dwie osoby itd. zgodnie z podanym wzorem.

WZÓR
0. kobiety – serdeczny – mężczyźni

Kobiety <u>są serdeczniejsze od</u> mężczyzn.

1. odpoczynek **–** ***miły*** **–** praca

2. krzewy **–** ***niski*** **–** drzewa

3. requiem **–** ***smutny*** **–** nokturny

4. sądy **–** ***srogi*** **–** policja

5. on **–** ***śmiały*** **–** ona

6. ona **–** ***tęgi*** **–** on

7. Polska **–** ***ubogi*** **–** Niemcy

8. Kanał Panamski **–** ***wąski*** **–** Sueski

9. moje oczy **–** ***zielony*** **–** twoje oczy

10. luty – ***zimny*** – marzec

ALTERNACJE ZACHODZĄCE W PRZYMIOTNIKACH ZAKOŃCZONYCH NA -*ski*

Kiedy chcemy utworzyć przymiotniki od rzeczowników rodzaju męskoosobowego zakończonych np. na samogłoski ***–d***, ***–k***, ***–t*** (np. *sąsiad, kozak, student*) musimy pamiętać o tym, że dodanie przyrostka *–ski* pociąga za sobą typowe dla języka polskiego wymiany spółgłosek: *d →dz, k →c, t →c.*

przykłady:
sąsiad > **sąsiedzki;**
kozak > **kozacki** / maniak > **maniacki** / rybak > **rybacki** /
strażak > **strażacki;**
student >**studencki.**

Użycie przykładów w zdaniach:

● *Kozak* to mężczyzna narodowości kozackiej zamieszkałej głównie na terenach Ukrainy.
Przykład: *Uwielbiam kozackie tańce z przysiadami, wyrzucaniem nóg i podskokami, tańczone przez mężczyzn.*

● *Maniak* to człowiek mający jakąś pasję, bardzo mocno czymś zainteresowany; zapaleniec, hobbysta.
Przykłady: *Władek z maniackim uporem zbierał wszystkie wzmianki o sobie w publikacjach, gazetach i Internecie. / Maniacki upór matki w sprawach związanych z religią doprowadził do rozpadu rodziny.*

● *Rybak* to osoba zajmująca się łowieniem ryb, w sieci lub na wędkę.
Przykłady: *Gdynia (miasto na północy Polski) przekształciła się z wioski rybackiej w portowe miasto. / Urodził się w wiosce rybackiej i czuł się tam jak ryba w wodzie.*

● *Strażak* to osoba zajmująca się gaszeniem pożarów i pomocą w chwilach wielkich katastrof jak: powódź, trzęsienie ziemi itp.
Przykład: *Budynek straży pożarnej z miejscem dla samochodów to remiza strażacka.*

● *Sąsiad* to ktoś, kto mieszka w pobliżu nas, np. w sąsiednim domu lub sąsiednim mieszkaniu.

Przykład: *Zawsze można liczyć w razie potrzeby na sąsiedzką pomoc.*

● *Student* to ktoś, kto studiuje na wyższej uczelni.

Przykłady: *Jedni mówią, że życie studenckie nie jest pozbawione przyjemności i wolności; inni, że życie studenckie do łatwych nie należy.*

ALTERNACJE ZACHODZĄCE W TEMATACH MIANOWNIKA LICZBY MNOGIEJ PRZYMIOTNIKÓW MĘSKOOSOBOWYCH TYPU: *dobrzy, mali, duzi, polscy, inni*

a. spółgłoskowe

	M. / W. l.p.	M. / W. l.m.	M. l.p.	M. / W. l.m.
chy → si	cichy	cisi	cichy uczeń	cisi uczniowie
dy → dzi	młody	młodzi	młody piekarz	młodzi piekarze
ły → li	mały	mali	mały brat	mali bracia
ry → rzy	dobry	dobrzy	dobry szef	dobrzy szefowie
sły → śli	dorosły	dorośli	dorosły chłopiec	dorośli chłopcy
sty → ści	czysty	czyści	czysty górnik	czyści górnicy
szy → si	lepszy	lepsi	lepszy kandydat	lepsi kandydaci
ty → ci	bogaty	bogaci	bogaty nauczyciel	bogaci nauczyciele
zły → źli	zły	źli	zły mąż	źli mężowie
zny → źni	przyjazny	przyjaźni	przyjazny Czech	przyjaźni Czesi
ży → zi	duży	duzi	duży klaun	duzi[1] klauni

b. spółgłoskowe po *–g–* i *–k*

	M. / W. l.p.	M. / W. l.m.	M. l.p.	M. / W. l.m.
gi → dzy	drogi	drodzy	drogi wujek	drodzy wujkowie
ki → cy	polski daleki	polscy dalecy	polski władca daleki krewny	polscy władcy dalecy krewni

---

[1] Pamiętaj, że tylko przymiotnik *duży* przyjmuje formę *duzi*; wszystkie inne tematy przymiotników zakończone na *–ż* mają końcówkę *–y*, np.: *świeży* → *świeży*, *ryży* → *ryży*, *boży* → *boży*.

c. samogłoskowe (formy imiesłowowe)

	M. / W. l.p.	M. l.m.	M. l.p.	M. / W. l.m.
o → e	wesoły wyzwolony zadowolony zagłodzony	weseli wyzwoleni zadowoleni zagłodzeni	wesoły grajek wyzwolony chłop zadowolony brat zagłodzony jeniec	weseli grajkowie wyzwoleni chłopi zadowoleni bracia zagłodzeni jeńcy

ZADANIE 4

Wpisz w miejsce kropek właściwe formy przymiotników i rzeczowników z kolumny A.

WZÓR

zagłodzony więzień	**Zagłodzeni więźniowie nie byli w stanie dopominać się o sprawiedliwość.**

A.	B.
1. *bogaty Amerykanin*	Wczoraj odwiedzili mnie ....
2. *cichy uczeń*	W naszej grupie są sami ....
3. *czysty pacjent*	.... są mile widziani przez pielęgniarki.
4. *daleki krewny*	Znowu przyjechali do nas w gościnę ....
5. *dobry dyrektor*	.... należą już do rzadkości.
6. *dorosły mężczyzna*	.... nie słuchają rad swych mam.
7. *drogi wujek*	Jako .... kupiliśmy drogie prezenty.
8. *duży klaun*	Na oklaski zasłużyli jedynie ....
9. *lepszy kandydat*	Pracę otrzymali jedynie ....
10. *mały kuzyn*	.... byli oczkiem w głowie babci.
11. *młody piekarz*	.... ogłosili strajk w fabryce chleba.

12. *polski pan*	.... nie zawsze cieszyli się dobrą opinią.
13. *przyjazny hotelarz*	.... ogłosili swoje bankructwo.
14. *wesoły muzykant*	.... zamiast grać tańczyli przy śpiewie.
15. *wyzwolony chłop*	.... cieszyli się krótko swoją wolnością.
16. *zadowolony brat*	.... poszli do restauracji na kolację.

UWAGA

Warto pamiętać o przymiotnikach, których formy mianownika liczby pojedynczej i liczby mnogiej rodzaju męskoosobowego są identyczne. Zobacz poniższe przykłady:

–i –i

	M. / W. l.p.	M. / W. l.m.	M. l.p.	M. / W. l.m.
mi → mi	olbrzymi	olbrzymi	olbrzymi syn	olbrzymi synowie
ni → ni	tani	tani	tani niewolnik	tani niewolnicy
pi → pi	głupi	głupi	głupi człowiek	głupi ludzie

–y –y

	M. / W. l.p.	M. / W. l.m.	M. l.p.	M. / W. l.m.
cy → cy	obcy	obcy	obcy człowiek	obcy ludzie
czy → czy	władczy	władczy	władczy sąsiad	władczy sąsiedzi
dzy → dzy	cudzy	cudzy	cudzy najemnik	cudzy najemnicy
ży → ży	świeży	świeży	świeży pracownik / hoży młodzieniec	świeży pracownicy / hoży młodzieńcy

ZADANIE 5

Wpisz w miejsce kropek właściwe formy podkreślonych przymiotników i łączących się z nimi rzeczowników rodzaju męskoosobowego w miejsce kropek.

WZÓR

obcy mężczyzna	**Najpierw wszedł jeden obcy mężczyzna, potem drugi.** **→ Dwaj obcy mężczyźni weszli do domu bez pozwolenia.**

cudzy **1.** Najpierw wszedł mi w drogę jeden cudzy osobnik płci męskiej, potem drugi.
→ Dwaj .... weszli mi w drogę.

głupi **2.** Najpierw popatrzył na mnie jeden głupi człowiek, potem drugi.
→ Dwaj .... popatrzyli na mnie krzywo.

olbrzymi **3.** Najpierw wyszedł ze skóry jeden olbrzymi władca, potem drugi.
→ Dwaj .... wyszli ze skóry.

świeży **4.** Najpierw potknął się jeden świeży doktor prawa, potem drugi.
→ Dwaj .... prawa potknęli się na udeptanej ziemi.

władczy **5.** Najpierw zginął na polu chwały jeden władczy rycerz, potem drugi.
→ Dwaj .... zginęli na polu chwały.

PRZYMIOTNIKI PODLEGAJĄCE STOPNIOWANIU OPISOWEMU (ANALITYCZNEMU) TYPU: *bardziej chory*, *bardziej opalony*.

• Stopniowanie opisowe (analityczne)

Stopniowaniu opisowemu podlegają następujące przymiotniki (lub wyrazy pełniące funkcje przymiotników):

a. zapożyczone z innych języków

	połączenia wyrazowe
elegancki → bardziej elegancki	*elegancki strój wieczorowy*
interesujący → bardziej interesujący	*interesujący film*
kolorowy → bardziej kolorowy	*kolorowe opakowanie*
typowy → bardziej typowy	*typowy mieszczuch*

b. utworzone za pomocą formantu *-ski*

	połączenia wyrazowe
boski → bardziej boski	*boski trunek*
męski → bardziej męski	*męska decyzja*
niebiański → bardziej niebiański	*niebiańska uroda*
niebieski → bardziej niebieski	*niebieskie oczy*

c. relacyjne

	połączenia wyrazowe
gliniasty → bardziej gliniasty	*gliniasta droga*
jedwabisty → bardziej jedwabisty	*jedwabista sierść*
ognisty → bardziej ognisty	*ognisty trunek*
przezroczysty → bardziej przezroczysty	*przezroczyste szkło*
szklisty → bardziej szklisty	*szklisty wzrok*
żelazny → bardziej żelazny	*żelazne zdrowie*

d. będące imiesłowami z pochodzenia (przymiotnikowymi czynnymi / biernymi)

	połączenia wyrazowe
błyszczący → bardziej błyszczący	*błyszczące gwiazdy*
dorosły → bardziej dorosły	*dorosły syn*
interesujący → bardziej interesujący	*interesujący motyw*
kochany → bardziej kochany	*kochana mama*
opalony → bardziej opalony	*opalony turysta*
umowny → bardziej umowny	*umowne znaki sygnałowe*
zadarty → bardziej zadarty	*zadarty nos*
zadowolony → bardziej zadowolony	*zadowolony głupiec*
zajęty → bardziej zajęty	*zajęty telefon*
znajomy → bardziej znajomy	*znajoma twarz*
znany → bardziej znany	*znana osoba*

e. odczasownikowe

	połączenia wyrazowe
łamliwy → bardziej łamliwy	*łamliwe kości*

malowniczy → bardziej malowniczy	*malowniczy opis*
opłacalny → bardziej opłacalny	*opłacalna produkcja*
ożywczy → bardziej ożywczy	*ożywczy wiatr*
płaczliwy → bardziej płaczliwy	*płaczliwe dziecko*

f. odczasownikowo-imiesłowowe

	połączenia wyrazowe
ogłuchły → bardziej ogłuchły	*ogłuchły dziadek*
oniemiały → bardziej oniemiały	*oniemiały kochanek*
osiwiały → bardziej osiwiały	*osiwiały starzec*
oślepły → bardziej oślepły	*oślepły pies*
skamieniały → bardziej skamieniały	*skamieniałe szczątki zwierząt*
zgniły → bardziej zgniły	*zgniłe owoce*
znieruchomiały → bardziej znieruchomiały	*znieruchomiałe morze*

g. odprzymiotnikowe

	połączenia wyrazowe
głupiutki → bardziej głupiutki	*głupiutki wierszyk*
maleńki → bardziej maleńki	*maleńkie dziecko*
miluśki → bardziej miluśki	*miluśki piesek*

h. odrzeczownikowe

	połączenia wyrazowe
wyboisty → bardziej wyboisty	*wyboista droga*
górzysty → bardziej górzysty	*górzysty teren*

i. jakościowe

	połączenia wyrazowe
chory → bardziej chory	*chory człowiek*
gorzki → bardziej gorzki	*gorzka kawa*
łysy → bardziej łysy	*łysy staruszek*
mokry → bardziej mokry	*mokre spodnie*
płaski → bardziej płaski	*płaski teren*
rudy → bardziej rudy	*rudy lis*
słony → bardziej słony	*słony smak*
śliski → bardziej śliski	*śliska powierzchnia*

PRZYMIOTNIK *zły* I JEGO ODPOWIEDNIK ADWERBIALNY *źle* ZNACZENIA, FORMY I UŻYCIE W ZDANIACH

PODSTAWOWE ZNACZENIA:

1. 'coś, co nie spełnia swoich zadań lub naszych oczekiwań';
przykłady: *Droga była zła, więc jechaliśmy czterdzieści kilometrów na godzinę. / W pracy nie byłem ani dobry, ani zły.*

2. 'coś, co ma niską jakość lub reprezentuje niski poziom';
przykład: *Znowu wydrukowano moją książkę na złym papierze!*

3. 'coś, co zapowiada nieszczęście lub coś niekorzystnego';
przykład: *Z Afryki płyną do nas złe wiadomości.*

4. 'ktoś, kto szkodzi innym, postępuje nieuczciwie i niesprawiedliwie';
przykład: *Mój szef był to człowiek zły, cyniczny, podły i niesprawiedliwy.*

5. 'niegrzeczne dziecko';
przykład: *Dopiero po latach dowiedział się, że był złym dzieckiem.*

FORMY:

liczba pojedyncza	*liczba mnoga*
zły ● zła ● złe	**źli ● złe**

ODMIANA

	liczba pojedyncza rodzaju męskiego żywotnego	*liczba mnoga rodzaju męskoosobowego*
M.	**zły**	**źli**
D.	**złego**	**złych**
C.	**złemu**	**złym**
B.	**złego**	**złych**
N.	**złym**	**złymi**
Msc.	**złym**	**złych**

ZADANIE 6

Proszę wpisać w miejsce kropek właściwe formy liczby pojedynczej i liczby mnogiej wyrazu *zły*.

WZÓR

zły	**Zły wciąż czuwa!**

1. To był .... człowiek.

2. .... ludzie nie powinni nami rządzić.

3. .... diabli nie wezmą.

4. Nie ma .... ludzi, są tylko ludzi niedobrzy.

5. .... wrogowi daj wody i soli.

6. .... ludziom daj spokój!

7. .... szefa należy odwołać.

8. Mamy mniej .... ludzi, a więcej dobrych.

9. Broń się przed .... duchem!

10. .... świadkami są oczy i uszy.

11. Czy łatwiej umierać przy .... aniele?

12. Lepiej myśleć o niczym niż o .... ludziach.

STOPNIOWANIE
liczba pojedyncza

rodzaj	*stopień równy*	*stopień wyższy*	*stopień najwyższy*
męski	**z ł y** dzień	**g o r s z y** dzień	**n a j g o r s z y** dzień
żeński	**z ł a** droga	**g o r s z a** droga	**n a j g o r s z a** droga
nijaki	**z ł e** dziecko	**g o r s z e** dziecko	**n a j g o r s z e** dziecko

liczba mnoga

mos.	**ź l i** lekarze	**g o r s i** lekarze	**n a j g o r s i** lekarze
nmos.	**z ł e** urzędniczki	**g o r s z e** urzędniczki	**n a j g o r s z e** urzędniczki

źle – przysłówek

PODSTAWOWE ZNACZENIA:

1. ‘coś, co nie spełnia swoich zadań lub naszych oczekiwań’;
przykłady: *Silnik w tym samochodzie źle funkcjonuje. / W pracy czuję się źle, ze względu na złą atmosferę.*

2. ‘coś, co ma niską jakość lub reprezentuje niski poziom’;
przykład: *Zobacz, jak źle nakręcono sceny batalistyczne w tym filmie!*

3. ‘coś, co zapowiada nieszczęście lub coś niekorzystnego’;
przykład: *Od pewnego czasu źle się dzieje w Polsce.*

4. ‘ktoś, kto szkodzi innym, postępuje nieuczciwie i niesprawiedliwie’;
przykład: *Mój szef życzy wszystkim źle.*

5. ‘niegrzeczne dziecko’;
przykład: *Mój synek źle zachowuje się w szkole.*

stopień równy	*stopień wyższy*	*stopień najwyższy*
źle	**gorzej**	**najgorzej**

Formy przysłówka *źle* w zdaniach.

- *Silnik w tym samochodzie źle funkcjonuje. / Jeśli nie dokonasz przeglądu kontrolnego, twój silnik będzie działał jeszcze gorzej.*
- *W pracy czuję się źle, ze względu na złą atmosferę. / Najgorzej czuję się podczas zebrań i narad.*
- *Zobacz, jak źle nakręcono sceny batalistyczne w tym filmie! / Widziałem sceny jeszcze gorzej nakręcone.*
- *Od pewnego czasu źle się dzieje w Polsce. / A będzie działo się jeszcze gorzej!*
- *Mój szef życzy wszystkim źle. / Najgorzej życzy tym, którzy czasami mu się sprzeciwiają.*
- *Mój synek źle zachowuje się w szkole. / Są dzieci, które zachowują się jeszcze gorzej.*

PRZYMIOTNIK *dobry* I JEGO ODPOWIEDNIK ADWERBIALNY *dobrze*. ZNACZENIA, FORMY I UŻYCIE W ZDANIACH

PODSTAWOWE ZNACZENIA:

1. 'coś, co spełnia swoje zadanie lub nasze oczekiwanie';
przykłady: *Mam wciąż dobry słuch, węch i dobrą pamięć. / Każdy pretekst jest dobry do zapalenia papierosa.*

2. 'coś, co ma wysoką jakość lub reprezentuje wysoki poziom';
przykład: *Dobra książka powinna być droższa od złej książki. / Skończyłem dobrą uczelnię i wciąż nie mam pracy.*

3. 'coś, co zapowiada jakąś korzyść lub sukces albo wynika z wiary w nie';
przykład: *Podjęcie negocjacji z walczącymi krajami to był dobry znak. / Bez wiary w dobre jutro trudno jest żyć.*

4. 'ktoś, kto jest życzliwy dla innych i gotów im pomagać';
przykład: *Marzyłam o dobrym, ludzkim szefie, u którego mogłabym pracować z przyjemnością.*

5. 'dziecko, które jest grzeczne i nie sprawia kłopotu';
przykład: *Mój syn to dobry, mądry chłopiec.*

FORMY:

liczba pojedyncza	*liczba mnoga*
dobry ● dobra ● dobre	**dobrzy ● dobre**

ODMIANA

	liczba pojedyncza rodzaju męskiego żywotnego	*liczba mnoga rodzaju męskoosobowego*
M.	**dobry**	**dobrzy**
D.	**dobrego**	**dobrych**
C.	**dobremu**	**dobrym**
B.	**dobrego**	**dobrych**
N.	**dobrym**	**dobrymi**
Msc.	**dobrym**	**dobrych**
V.	**dobry**	**dobrzy**

ZADANIE 7

Proszę wpisać w miejsce kropek właściwe formy liczby mnogiej wyrazu *dobry*.

WZÓR

dobry	**Dla dobrych ludzi, dobre słowo.**

1. To byli naprawdę .... ludzie.
2. Nadzieja jest matką również .... ludzi.
3. .... ludziom należy pomagać.
4. Szanuj ludzi ....
5. Jak być .... rodzicami?
6. Historia ciepło się wypowiada o ludziach ...., ale podziwia dzielnych.
7. O .... ludzie! Wiem, że istniejecie.

STOPNIOWANIE

liczba pojedyncza

rodzaj	*stopień równy*	*stopień wyższy*	*stopień najwyższy*
męski	**dobry** uczeń	**lepszy** uczeń	**najlepszy** uczeń
żeński	**dobra** uczennica	**lepsza** uczennica	**najlepsza** uczennica
nijaki	**dobre** dziecko	**lepsze** dziecko	**najlepsze** dziecko

liczba mnoga

męskoosobowy	**dobrzy** rodzice	**lepsi** rodzice	**najlepsi** rodzice
niemęskoosobowy	**dobre** kobiety	**lepsze** kobiety	**najlepsze** kobiety

ZADANIE 8

Korzystając z informacji gramatycznych zawartych w lekcji, wpisz odpowiednie formy antonimu *zły*.

liczba pojedyncza

		stopień równy	*stopień wyższy*	*stopień najwyższy*
rodzaj męski	1.	*zły* uczeń	.... uczeń	.... uczeń
żeński	2.	*zła* uczennica	.... uczennica	.... uczennica
nijaki	3.	*złe* dziecko	.... dziecko	.... dziecko

liczba mnoga

		stopień równy	*stopień wyższy*	*stopień najwyższy*
męskoosobowy	4.	*źli* rodzice	.... rodzice	.... rodzice
niemęskoosobowy	5.	*złe* kobiety	.... kobiety	.... kobiety

dobrze – przysłówek

PODSTAWOWE ZNACZENIA:

1. ‘coś, co spełnia swoje zadanie lub nasze oczekiwania’;

przykłady: *Zegarek jeszcze dobrze chodzi. / Poszło mi dobrze na egzaminie konkursowym. / Szukam dobrze płatnej pracy.*

2. ‘coś, co ma wysoką jakość lub reprezentuje wysoki poziom’;

przykład: *Wszystko co robisz, kochanie, robisz dobrze. / Umiał się dobrze zaprezentować w towarzystwie.*

3. ‘coś, co zapowiada sukces lub coś korzystnego’;

przykład: *Od pewnego czasu dobrze się dzieje w Polsce.*

4. ‘coś, co jest pozytywne, zgodne z przyjętymi normami’;

przykład: *Rodzice uczą nas, jak dobrze i uczciwie żyć.*

5. ‘grzeczne dziecko’;

przykład: *Mój synek zachowuje się i sprawuje się w szkole zupełnie dobrze.*

stopień równy	*stopień wyższy*	*stopień najwyższy*
dobrze	**lepiej**	**najlepiej**

Formy przysłówka *dobrze* w zdaniach.

- *Silnik w tym starym samochodzie ciągle dobrze funkcjonuje. / Jeśli dokonasz przeglądu kontrolnego, silnik będzie działał jeszcze lepiej.*
- *W pracy czuję się dobrze, dzięki dobrej atmosferze. / Najlepiej czuję się podczas zebrań i narad, bo wtedy nie muszę nic robić.*
- *Zobacz, jak dobrze nakręcono sceny batalistyczne w tym fatalnym filmie! / Widziałem sceny jeszcze lepiej nakręcone.*
- *Od pewnego czasu dobrze się dzieje w Polsce. / A będzie działo się jeszcze lepiej!*
- *Mój szef wszystkim dobrze życzy.*
- *Mój synek dobrze zachowuje się w szkole, ale są dzieci, które zachowują się jeszcze lepiej.*

PORÓWNANIE

Konstrukcja semantyczna zwana po polsku *porównaniem* składa się zawsze z dwu członów (**1.** to, co porównujemy, **2.** to, do czego porównujemy), które są połączone nie tylko wyrazem ***jak***, ale również innymi wyrazami i wyrażeniami: *jakby, jak gdyby, na kształt (czegoś), niby, niczym, podobny.*

Przykłady:

jakby	*Wygląda jakby z grobu wstała.*
jak gdyby	*Wyglądał jak gdyby nie spał od kilku dni.*
na kształt (czegoś)	*Czasami mój własny świat mieni się na kształt tęczy.*
niby	*Pływał w wodzie niby szczupak.*
niczym	*Czuł się niczym zbity pies.*
podobny	*Chciałbym mieszkać w mieście podobnym do Krakowa.*

MIEĆ COŚ W JEDNYM PALCU
CIEKAWOSTKI FRAZEOLOGICZNE I CYTATY

UWAGA

W każdej jednostce lekcyjnej podajemy:
1. kilka związków frazeologicznych związanych z tematyką lekcji wraz z ich definicjami słownikowymi, albo:
2. kilka ciekawych cytatów.
Przeczytaj polecenie (poniżej) i wykonaj zadanie.

ZADANIE 9

Przeczytaj poniżej podane związki frazeologiczne i użyj ich w zdaniach.

WZÓR

0. płeć brzydka

DEFINICJA: «żartobliwie o mężczyznach jako o zbiorowości»

PRZYKŁAD: *Coraz częściej mówi się, że płeć brzydka staje się coraz piękniejsza.*

1. ciężki frajer

DEFINICJA: «ktoś uważany za bardzo głupiego, naiwnego, nierozsądnego»

PRZYKŁAD: ....

2. być dalekim *od czegoś*

DEFINICJA: «nie utożsamiać się z danym poglądem, stanem, uczuciem»

PRZYKŁAD: ....

3. mieć giętki umysł

DEFINICJA: «mieć chłonny, sprawny i łatwo działający umysł»

PRZYKŁAD: ....

4. mieć *kogoś, coś* w głębokim poważaniu

DEFINICJA: «pogardzać kimś / czymś; lekceważyć kogoś / coś zupełnie»

PRZYKŁAD: ....

5. płytki człowiek

DEFINICJA: «niemający skłonności do głębszego myślenia»

PRZYKŁAD: ....

6. słodkie słówka

DEFINICJA: «pochlebstwa, przymilanie się»

PRZYKŁAD: ....

7. szybki Bill

DEFINICJA: «o mężczyźnie nadmiernie impulsywnym, robiącym coś bez namysłu»

PRZYKŁAD: ....

8. puszczać się / puścić się na szerokie wody

DEFINICJA: «podejmować się trudnego zadania, z rozmachem rozpoczynać coś»

PRZYKŁAD: ....

9. na bliższą metę

DEFINICJA: «w niedługim czasie, na krótki okres; w nieodległej przyszłości»

PRZYKŁAD: ....

10. siła wyższa

DEFINICJA: «coś, na co nie ma się wpływu; prawa przyrody, konieczność, los»

PRZYKŁAD: ....

ZADANIA SYSTEMOWE

ZADANIE 10

Proszę wpisać w miejsce kropek właściwe formy stopnia wyższego podkreślonych przymiotników.

WZÓR

a. On jest męski!?	**Nie ma nikogo bardziej męskiego niż on!**
b. Kiwi jest smaczne!?	**Nie ma niczego smaczniejszego niż kiwi!**

1. Jacek jest brzydki!? → Nie ma nikogo .... od Jacka!

2. On stał oniemiały!? → Nie widziałam nikogo .... niż on!

3. To jest gorzkie!? → Nie ma niczego ....!

4. To piwo mocne!? → Nigdy nie piłem nic ....!

5. Ona jest zajęta!? → Nie ma nikogo .... niż ona!
6. To jest przyjemne!? → Nie ma nic ....!
7. To był ognisty taniec!? → W życiu nie widziałem .... tańca!
8. To jest świeże!? → Nie ma nic ....!
9. To jest twarde!? → Nie ma nic ....!
10. On jest łysy!? → Nie ma nikogo .... w naszej rodzinie!

ZADANIE 11

Proszę wpisać w miejsce kropek formy stopnia wyższego lub najwyższego przymiotników lub wyrazów pełniących funkcję przymiotnika.

WZÓR

dobry	**Staszek był lepszym gawędziarzem niż Filip.** **Pan Wacek był najlepszym szermierzem w zespole.**

blady	**1.** Już przed rozmową z nim była blada ze strachu, a podczas rozmowy była jeszcze ....
chory	**2.** Od kilku miesięcy narzeczona pana Michała czuła się coraz .... i w końcu umarła w niedzielne popołudnie.
dziki	**3.** Górski pejzaż stawał się z godziny na godzinę coraz ....
elegancki	**4.** Dworki Mazowsza były dawniej o wiele .... niż te na Podkarpaciu.
kolorowy	**5.** Im miała więcej lat, tym ubierała się w coraz .... sukienki.
łysy	**6.** Na balu bogaczy pojawiali się kolejni starcy o coraz .... czaszkach.
malowniczy	**7.** Zimowa Polska wydała mi się krajem .... niż zimowa Syberia.
męski	**8.** Z roku na rok jej mąż stawał się coraz ...., zdecydowany i opiekuńczy.
mokry	**9.** Możemy lepić bałwana, bowiem dzisiaj śnieg jest .... niż wczoraj.

płaski	**10.** Zapamiętała na całe życie tę twarz byłego męża z szerokim, coraz .... nosem i zaciętymi z nienawiści ustami.

ZADANIE 12

Proszę wpisać w miejsce kropek formy <u>stopnia wyższego lub najwyższego</u> przymiotników lub wyrazów pełniących funkcję przymiotnika. Wzór – jak w poprzednim zadaniu.

przezroczysty	**1.** Z wiekiem jej twarz stawała się blada, napięta i coraz ....
schorowany	**2.** Siostro, to ja jestem jedną z .... staruszek w tym domu starców!
słony	**3.** Tonąc, czuł coraz .... smak morskich fal.
stanowczy	**4.** Mój ojciec był bardzo stanowczy i konsekwentny, a matka była ....
śmiały	**5.** Ku radości wszystkich domowników, mały Jacuś, z dnia na dzień stawał się coraz ....
typowy	**6.** Dla polskich miasteczek typowe są wyboiste, pełne dziur ulice. – Ja sądzę, że .... są kościoły pełne wiernych.
wesoły	**7.** Wygłodzony żebrak już na początku darmowego posiłku był wesoły. Kiedy podano pachnący udziec barani, stał się jeszcze ....
wypoczęty	**8.** Po dobrze przespanej nocy obudziłem się .... niż wczoraj rano.
zadowolony	**9.** Dzisiaj nie jestem zadowolona. Może jutro będę .... niż dzisiaj.
zmęczony	**10.** Sekretarka, choć nic nie robiła przez cały dzień, była .... niż jej zapracowany dyrektor.

ZADANIE 13

Wpisz właściwe formy <u>stopnia wyższego</u> podkreślonych przymiotników.

WZÓR

Najpierw naszym oczom ukazała się szeroka panorama morza, a potem jeszcze szersza panorama piaszczystych plaż.

1. Dzisiaj był brzydki, pochmurny, zimny i wietrzny dzień. Jutro będzie jeszcze .... dzień.
2. Ciężkie czasy nastąpiły dla wszystkich obywateli Unii Europejskiej. Niektórzy mówią, że nastąpią jeszcze ...., trudniejsze i bardziej przykre czasy.
3. Karol to mój daleki znajomy, z którym łączą mnie mało zażyłe i niezbyt częste kontakty. Mam mnóstwo takich bliższych i .... znajomych.
4. Daj mi tę giętką gałązkę z wikliny, która się łatwo wygina. – Poczekaj! Dam ci jeszcze .... gałązkę z bambusa.
5. Moja dziewczyna ma gładką, wypielęgnowaną cerę o pięknej karnacji i twarz pozbawioną jakichkolwiek nierówności. – A moja ma jeszcze .... twarz, przypominającą twarz *Damy z gronostajem* Leonarda da Vinci.
6. To bardzo głębokie jezioro. Strach się kąpać. – Kąpałem się wielokrotnie w jeszcze .... jeziorach.
7. Jak krótkie są dni jesienią w tym kraju! – A będą jeszcze .... zimą!
8. Tutaj nie można się kąpać, bo woda jest płytka i sięga tylko do kostek. – Tam dalej jest jeszcze ....
9. Nastawił się na prędką karierę, a nie spodziewał się jeszcze .... jej końca.
10. Zaraz po wyjeździe z Polski dawał rodzinie rzadkie sygnały życia, a z biegiem czasu te sygnały stawały się coraz ....
11. Na początku jesieni owoce były już słodkie, ale z dnia na dzień stawały się coraz ....
12. Kupiliśmy długi i szeroki dywan na korytarz, ale okazało się, że korytarz jest o wiele .... niż nam się wydawało.

ZADANIE 14

Wpisz właściwe formy przymiotników *dobry / zły* i przysłówków *dobrze / źle*.

WZÓR

> **Nie ma tego złego, co by na dobre nie wyszło.**

1. Czasami w tanich restauracjach można .... zjeść.
2. Czy byłaby pani taka .... i opuściła mój gabinet?!
3. Jak .... mieć przynajmniej jednego przyjaciela.
4. Jesteś fotogeniczna i zawsze .... wychodzisz na zdjęciach.
5. Jeszcze jeden łyk koniaku. To ci na pewno .... zrobi.
6. Każdy z nas czuje się raz ...., raz ....
7. Masz .... pomysł, więc musisz go .... opracować.
8. .... z wszystkich wędlin jest wiejska kiełbasa: pachnąca, smaczna i kaloryczna.
9. Nie jesteś zadowolona z tego dobrego lekarza, więc znajdź sobie ....
10. Od pewnego czasu ogarnia mnie jakieś .... przeczucie.
11. Popatrz na tego .... utrzymanego staruszka: jaki żwawy, urodziwy, pełen witalnych sił, krzepki, dorodny; jednym słowem hoży.
12. Potrafię odróżnić ludzi .... od ....
13. Są ludzie .... i .... urodzeni.
14. Ta decyzja nie należy do ....
15. Z Karolem znamy się ....

ZADANIE 15

Wpisz właściwe formy przymiotników *dobry / zły* i przysłówków *dobrze / źle.*

WZÓR

> **Złej baletnicy przeszkadza rąbek spódnicy.**

1. Bieda budzi w ludziach .... instynkty.
2. Ciągle mam .... sny. Ostatnio śniło mi się, że zostałam sama na bezludnej wyspie.
3. Jestem najgorszy w grupie i mam .... oceny.
4. Karolu, ponieważ .... się zachowywałeś, otrzymasz stosowną karę!

5. Nie lubimy filmów, które się .... kończą. Wolimy filmy o szczęśliwym zakończeniu.
6. Niektórzy ludzie wierzą w .... duchy.
7. Po wprowadzeniu euro sytuacja Europejczyków z klas średnich zmieniła się na ....
8. Powodzi nam się znacznie .... niż dawniej.
9. To nie jest lokal numer sześćdziesiąt dziewięć. Trafił pani pod .... adres.
10. Znowu wstała lewą nogą i znów ma .... humor.

ZADANIE 16

Wpisz właściwe formy liczby mnogiej podkreślonych przymiotników wraz z towarzyszącymi im (p. 1–9) rzeczownikami rodzaju męskoosobowego.

WZÓR

Jaki wesoły klaun!?	**Jacy weseli klauni!?**
1. Jaki przyjazny Czech dla Polaków!	Wszyscy .... są .... dla Polaków.
2. Jaki bogaty Polak!	A co? Myślałeś, że .... nie są ....?!
3. Jaki cichy uczeń?!	Wszyscy moi .... są .... i grzeczni.
4. Jaki młody amant!	W tym teatrze są sami ....
5. To jest angielski lotnik?	Wszyscy ci panowie to ....
6. To jest twój daleki krewny?	Nie. Moi .... mieszkają w USA.
7. To jest twój dorosły syn?	Nie. Moi .... już się ożenili.
8. To jest zły człowiek?	Tak. To są ....
9. To twój drogi wujek?	Nie. Moi .... stoją trochę dalej.
10. Kto jest lepszy: Jan, Piotr czy on?	Wszyscy są .... od ciebie.

7. *Ciężko stać się wielkim, dorastając w cieniu*

We śnie

1) Zdecydowałem, że powinienem być chwilę na powietrzu. 2) Po prostu być na dworze, zamiast całymi dniami siedzieć na tapczanie. 3) Zdecydowałem najpierw wyjść na podwórko i rozejrzeć się, czy gdzieś jest trawa. 4) Tak chętnie położyłbym się na trawie. 5) Miałbym na sobie jedynie podkoszulek, a marynarkę zawiesiłbym na jakimś drzewie i, leżąc, patrzyłbym na niebo. 6) Tak jak wtedy, trzy lata temu, kiedy byłem na Mazurach. 7) Pojechałem tam pełen entuzjazmu. 8) Pracowałem na polu, a po południu odpoczywałem. 9) Kiedy przyjechałem na miejsce, było bardzo ciepło. 10) Po wyjściu z autobusu stałem chwilę na deszczu, bo nie wiedziałem dokąd pójść. 11) Wiedziałem tylko, że mój znajomy mieszka w małym, niebieskim domku, którego okna wychodzą na ogród. 12) Skierowałem się więc na północ i po chwili wszedłem na kamienne schody, które prowadziły donikąd. 13) Czas upływał mi na rozglądaniu się. 14) Pomyślałem sobie, że mam dość czasu, ponieważ przyjechałem tutaj aż na miesiąc. 15) Była godzina dziesiąta, a ja umówiłem się z moim znajomym na godzinę trzecią. 16) Wspinając się po schodach, na pierwszy rzut oka wydawało mi się, że nie ma już niczego. 17) Okazało się jednak, że tam gdzie kończyły się schody, był rów głęboki na trzy metry. 18) Przestraszyłem się i stanąłem jak wryty. 19) Nie mogłem jednak czekać tutaj do zmierzchu, gdyż umówiłem się na konkretną godzinę. 20) Spojrzałem na niebo. 21) Na niebie było pełno czarnych chmur i zanosiło się na deszcz. 22) Przed chwilą jeszcze cieszyłem się na to spotkanie... . 23) Zaczynam narzekać na niewygody. 24) Siedząc na omszałych kamiennych schodkach, nie mogę przecież zdać się na przypadek. 25) Nikt tutaj nie pojawi się na zawołanie. 26) Nie mam na co liczyć. 27) Pomyślałem: „Gdybym tak miał fotel na kółkach...”. 28) Nie byłem odporny na upał, a ze strachu nie zauważyłem, że słońce grzeje mnie coraz bardziej w czułe miejsca na głowie, na której było już niewiele włosów. 29) „A może tak zawołałbym kogoś na ratunek?” 30) Byłem przecież od samego rana na czczo. 31) Nic nie jadłem od rana. 32) „To mi wyjdzie na dobre” – pomyślałem. 33) Miałem nadzieję, że nie zostanę tutaj na zawsze, bo przecież przyjechałem na Mazury na krótko, tylko na wakacje, a nie na całe życie. 34) Usiadłem, potem położyłem się na wznak. 35) Znikąd nie było żadnej pomocy. 36) Przede mną widniał rów głęboki na trzy metry. 37) Krzyknąłem: „Ratunku!!!” i szybko przetarłem oczy. 38) To był okropny sen. 39) Wstałem z tapczanu, a potem otworzyłem okno na oścież. 40) Wyszedłem na balkon. 41) Położyłem się na balkonie, na plecach, z rękoma na oczach, żeby zapomnieć ten okropny sen.

Pierwodruk: S. Mędak, *Co z czym?*, Universitas, Kraków 2002 , str. 58–59.

ZADANIE 1

Wypisz z tekstu wstępnego wszystkie konstrukcje składniowe z miejscownikiem i wskaż na funkcje przyimków[1].

---

[1] Przykładowe funkcje przyimków + miejscownik. Przyimki *na, o, po, przy, w* + miejscownik wskazują na: *czas czynności, części ciała w ruchu, część jakiegoś obszaru, formę czegoś, miejsce odbywania się czegoś, nazwy geograficzne, nazwy ulic, placów itd., okoliczności przebiegu czynności, określenie poprzedniego użytkownika czegoś, położenie czegoś, pory roku, daty, nazwy miesięcy, powierzchnię, na której coś się znajduje, rodzaj powierzchni, różne strony czegoś, sposób przebiegu czynności, stany psychiczne i fizyczne człowieka, stronę czegoś (obiektu), środki lokomocji, środki zabawy, upływ czasu itd.*

WZÓR

	konstrukcje składniowe:	**funkcje przyimka:**
zdanie **1:**	*być chwilę na powietrzu*	wskazuje na bycie wystawionym na działanie powietrza
zdanie **2:**	*być na dworze*	wskazuje na miejsce (przestrzeń)
	siedzieć na tapczanie	wskazuje na powierzchnię czegoś
zdanie ....:	....	....
zdanie ....:	....	....
zdanie ....:	....	....
zdanie ....:	....	....
zdanie ....:	....	....
zdanie ....:	....	....
zdanie ....:	....	....
zdanie ....:	....	....
zdanie ....:	....	....
zdanie ....:	....	....
zdanie ....:	....	....
zdanie ....:	....	....
zdanie ....:	....	....
zdanie ....:	....	....
zdanie ....:	....	....
zdanie ....:	....	....
zdanie ....:	....	....
zdanie ....:	....	....
zdanie ....:	....	....
zdanie ....:	....	....
zdanie ....:	....	....
zdanie ....:	....	....
zdanie ....:	....	....
zdanie ....:	....	....
zdanie ....:	....	....
zdanie ....:	....	....
zdanie ....:	....	....

KONSTRUKCJE SKŁADNIOWE MIEJSCOWNIKA I JEGO OSOBLIWOŚCI, cz. I

FUNKCJE PRZYIMKÓW *na*, *o*, *po*, *przy*, *w* W POŁĄCZENIU Z MIEJSCOWNIKIEM

Miejscownik jest jedynym przypadkiem, który w polszczyźnie nie ma bezpośrednich połączeń z czasownikami, charakterystycznych dla innych przypadków, np. dopełniacz l.p. – *uczyć się języka polskiego*, celownik l.p. – *przyglądać się ładnej kobiecie*, biernik l.m. – *kochać rodziców* czy narzędnik l.p. – *opiekować się chorymi i sierotami*. W zdaniach wyrazy mające formę miejscownika są zawsze poprzedzone jednym z pięciu przyimków: ***na***, ***o***, ***po***, ***przy***, ***w***. Konstrukcje składniowe w miejscowniku pełnią najczęściej następujące funkcje:

1. dopełnienia dalszego (*opowiadać o przeszłości, rozmawiać o pogodzie / o kolegach, spacerować po lesie, wzorować się na rodzicach, upierać się przy swoim* itd.);

2. okolicznika miejsca (*mieszkać na wsi, pracować w uniwersytecie, studiować w mieście królewskim Krakowie, zagubić się w nieznanym mieście, zasiadać w komisji etyki* itd.).

Znacznie rzadziej miejscownik w połączeniu z określonymi czasownikami pełni funkcje innych okoliczników, np.:

3. okolicznika czasu (*przespać się po obiedzie, spotkać się po roku, wstawać o świcie*);

4. okolicznika sposobu (*robić coś przy świetle lampy, poruszać się o kulach, przemieszczać się o własnych siłach*) bądź

5. okolicznika warunku (*wystąpić przy pełnej widowni, zrobić coś przy czyimś poparciu, rozwinąć się w sprzyjających warunkach*).

Trzeba pamiętać, że funkcje miejscownika nie ograniczają się do tworzenia wyłącznie wyrażeń adwerbalnych określających miejsce czy też dopełnieniowych konstrukcji składniowych typu: *opowiadać o kłopotach, rozmawiać o życiu, biegać po ogrodzie*.

Aby się o tym przekonać, wystarczy dokonać przeglądu zgromadzonych poniżej konstrukcji składniowych z miejscownikiem oraz wybranych par aspektowych czasowników wymagających wystąpienia różnych wyrażeń przyimkowych z przyimkami: ***na***, ***o***, ***po***, ***przy***, ***w*** zgromadzonych w kolejnej jednostce lekcyjnej (lekcja nr 8).

Pojawienie się tego lub innego połączenia składniowego w wielu przypadkach ma istotny wpływ na semantykę danego czasownika. Można np. *celować z karabinu do kogoś / do czegoś*, by w końcu wycelować i wystrzelić nabój w określonym kierunku; można również *celować w nauce*, *w pływaniu*, *w strzelaniu*. *Celowanie w czymś* nie ma nic wspólnego z czynnością *(wy)celowania z czegoś* lub *do kogoś / do czegoś*. Połączenie tego samego czasownika (*celować*) z przyimkiem *w* oraz miejscownikiem ma wpływ na jego znaczenie: jeśli *celujemy w czymś* (w jakiejś czynności lub umiejętności), to jesteśmy w niej lepsi od innych, 'przewyższamy innych w jakiejś dziedzinie, wyróżniamy się; przodujemy'. Czasownik ***celować*** występujący w tej konfiguracji (przyimek *w* + miejscownik) będzie się pojawiać w polszczyźnie wyłącznie jako czasownik niedokonany, podczas gdy jego formy homonimiczne o łączliwości składniowej: ***do kogoś***, ***do czegoś***, ***w kogoś***, ***w coś – z czegoś***, *rzad.* ***czymś*** będą mieć swój odpowiednik dokonany *wycelować*.

PRZEGLĄD PRZYIMKÓW I ICH FUNKCJE

na

1. wskazuje na powierzchnię czegoś

być zawieszonym na drzwiach
leżeć na trawie
siedzieć na podłodze
stać na stole
wisieć na ścianie

2. wskazuje na płaszczyznę w terenie

coś rośnie na polu / na łące
czekać na dworcu / na postoju taksówek
grać na boisku
gromadzić się na rynku
zatrzymać się na przystanku

3. wskazuje na obiekt rozumiany jako fragment przestrzeni

czekać na korytarzu / w poczekalni
usiąść na łóżku / na fotelu

4. wskazuje na nazwę ulicy, placu, dzielnicy, morza, wyspy, półwyspu, stron świata oraz nazwy niektórych regionów geograficznych i państw

jechać na południe Europy
mieszkać na placu / na ulicy x; pot.
pracować na Śląsku
spędzać wakacje na Cyprze

5. wskazuje na części ciała lub ubioru

mieć obrączkę na palcu
nosić marynarkę na koszuli

6. wskazuje na instytucję

być na poczcie
mieć pieniądze w banku / na koncie
pracować na uczelni
studiować na wydziale lekarskim

7. wskazuje na czas i miejsce czynności

być na kawie / piwie / obiedzie itd.
być na zabawie
poznać się na urlopie (syn. podczas)

8. wskazuje na środek lokomocji lub na rodzaj zabawy

huśtać się na huśtawce
jechać na nartach
latać na paralotni
wspinać się na linie

9. wskazuje na część ciała, która bierze udział w ruchu

chodzić na palcach
leżeć na plecach
skakać na jednej nodze

10. wskazuje na podporę czegoś, na podtrzymywanie czegoś

fotel na biegunach
kieliszek na nóżce
nosić spodnie na szelkach

11. wskazuje na instrument służący do grania

akompaniować na pianinie
grać na skrzypcach

12. wskazuje na narzędzie, za pomocą którego wykonuje się jakąś czynność

ćwiczyć na drążkach
pisać na komputerze
robić na drutach

13. wskazuje na rodzaj podstawy / podłoża, na której / na którym coś robimy

piec coś na oleju
smażyć coś na maśle

14. wskazuje na miejsce, w którym się coś odbywa

być na chrzcie
być na imieninach
być na konferencji

15. wskazuje na bycie wystawionym na działanie deszczu, wiatru, słońca, powietrza itp.

stać na deszczu
być na powietrzu

16. wskazuje na spędzanie czasu na jakichś czynnościach

być na zakupach
coś np. czas mija na nieróbstwie
siedzieć na plotkach

17. wskazuje na coś, co odbywa się na jakichś zasadach lub warunkach

coś działa na zasadzie x, y...
pracować na ryczałcie
reagować na podstawie x, y...
zawierać umowę na warunkach x, y...

18. wskazuje oznakowanie środków transportu

samochód na czeskiej rejestracji

19. wskazuje na zażywanie jakichś lekarstw i podleganie ich wpływom

być na aspirynie
być na środkach uspokajających

ZADANIE 2

Zaznacz właściwe objaśnienie do każdej konstrukcji składniowej z miejscownikiem.

WZÓR

0.1. jestem na aspirynie

- ☐ «siedzę na pudełku z aspiryną»
- ☐ «zażywam aspirynę»

0.2. samochód na czeskiej rejestracji

- ☐ «samochód zarejestrowany w Czechach»
- ☐ «samochód wyprodukowany w Czechach»

1. być na kawie

- ☐ «być odurzonym kawą»
- ☐ «być w kawiarni i pić kawę»

2. poznać się na urlopie

- ☐ «zawrzeć znajomość z kimś podczas urlopu»
- ☐ «spotkać kogoś w pewnym miejscu»

3. chodzić na palcach

- ☐ «zachowywać się cicho»
- ☐ «ćwiczyć palce u nóg»

4. kieliszek na nóżce

- ☐ «kieliszek leżący na małej nodze»
- ☐ «podpora stojącego kieliszka»

5. smażyć coś na maśle

- ☐ «kłaść coś na masło»
- ☐ «używać masła do smażenia czegoś»

6. akompaniować na pianinie

- ☐ «akompaniować, siedząc na pianinie»
- ☐ «grać»

7. stać na deszczu

- ☐ «stać w wodzie deszczowej»
- ☐ «moknąć»

8. siedzieć na plotkach

- ☐ «plotkować»
- ☐ «wypoczywać»

9. pracować na ryczałcie

- ☐ «pracować gdzieś»
- ☐ «pracować i mieć stałą kwotę zapłaty»

10. być na powietrzu

- ☐ «lecieć»
- ☐ «być poza pomieszczeniem zamkniętym»

o

1. wskazuje na to, co jest przedmiotem przekazywania lub przetwarzania informacji

marzyć / pamiętać / wspominać o miłości
mówić / opowiadać / rozmawiać o pogodzie
myśleć / wiedzieć / słyszeć / pisać o artystce

2. wskazuje na temat jakiegoś przekazu informacji

debatować o podatkach
mówić o zamachu / o morderstwie
oglądać film o wojnie / o zdradzie
opowiadać kawały o policjantach
rozmawiać / dyskutować o życiu
zawiadamiać o wypadku

3. wskazuje na porę czasu (kiedy?)

kłaść się o północy
przyjechać o zachodzie słońca
wrócić o dwunastej
wstawać o świcie / o zwykłej godzinie

4. wskazuje na charakterystyczną cechę

chłopiec o rudych włosach
człowiek o stalowych nerwach
narkotyk o silnym działaniu
perfumy o mocnym zapachu
powieść o żywej akcji
prezydent o wielkim sercu

5. wskazuje na okoliczności

iść spać o głodzie
poruszać się o kuli / o lasce
przemieszczać się o własnych siłach
żyć o chlebie i (o) wodzie

6. wskazuje na przedmiot czyjejś wiedzy, czyichś myśli, czyjegoś sądu lub przekonania

być przekonanym o swojej racji
sądzić o czyjejś wiedzy
zapominać o wszystkim

ZADANIE 3

Zaznacz właściwe objaśnienie do każdej konstrukcji składniowej z miejscownikiem.

Wzór – jak w zadaniu 2.

1. zawiadamiać o wypadku
- ❒ «tłumaczyć się z wypadku»
- ❒ «informować kogoś na temat wypadku»

2. wiedzieć o sąsiedzie
- ❒ «mieć dużo informacji na temat sąsiada»
- ❒ «interesować się sąsiadem»

3. wstawać o zwykłej godzinie
- ❒ «wstawać zawsze o tej samej porze»
- ❒ «wstawać od czasu do czasu»

4. dziewczynka o rudych włosach
- ❒ «dziewczynka rumieniąca się»
- ❒ «dziewczynka, która ma rude włosy»

5. narkotyk o silnym działaniu
- ❒ «narkotyk wspomagający»
- ❒ «narkotyk skuteczny»

6. iść spać o głodzie
- ❒ «iść spać bez spożywania posiłku»
- ❒ «nie mieć apetytu»

7. prezydent o wielkim sercu
- ❒ «bardzo zdrowy prezydent»
- ❒ «wspaniały prezydent»

8. poruszać się o lasce
- ❒ «maszerować majestatycznie»
- ❒ «mieć chorobę nóg»

9. żyć o chlebie
- ❒ «mieć dietę»
- ❒ «być bardzo biednym»

10. perfumy o mocnym zapachu
- ❒ «mocne perfumy»
- ❒ «perfumy bezzapachowe»

po

1. wskazuje na przestrzeń ogarnianą nieukierunkowanym (wielokierunkowym) ruchem; w wielu miejscach, w wielu częściach jakiejś całości

rozjechać się po świecie
spacerować po parku / po mieście
kręcić się po kuchni
coś rozchodzi się po kraju / po mieście

2. wskazuje na dzianie się jakiejś czynności, akcji w różnych miejscach

*biegać po sklepach**
*roznosić coś po sąsiadach**
*tułać się po dalekich krewnych**

3. wskazuje na rodzaj powierzchni, na której coś / ktoś się porusza

chodzić po chodniku
chodzić po ścianie
stąpać po ziemi / po trawie
sunąć po piasku

4. wskazuje na rodzaj urządzenia umożliwiającego dotarcie do jakiegoś celu, przemieszczając się po jakiejś powierzchni lub linii

coś ścieka komuś po brodzie
jechać po szynach / po torach
ślizgać się po zamarzniętej rzece / po lodzie
wchodzić po schodach / po drabinie

5. wskazuje na części ciała lub ubioru objęte czynnością dotykania

całować kogoś po rękach
głaskać kogoś po głowie
klepać kogoś po plecach

6. wskazuje na położenie w różnych częściach przedmiotu

posypać / posmarować coś po wierzchu
przypalić coś po brzegach

7. wskazuje na różne strony czegoś

stanąć po lewej / po prawej
zapisać po obu stronach

8. wskazuje na zbiorowiska czegoś / kogoś w różnych miejscach

chodzić po sąsiadach;* zob. rów. p. 2
grzebać po szufladach
szukać po kieszeniach

9. wskazuje na jeden przedmiot lub pojedynczą porcję, część czegoś przypadający /–ącą komuś lub czemuś wskutek podziału

dać komuś po lizaku / po kieliszku wina
podzielić się po połowie
wypić po jednym piwie
zjeść po kawałku tortu

10. wskazuje na zdarzenie(–a) poprzedzające daną czynność

być zmęczonym po zajęciach
przespać się po obiedzie

spotkać się po pracy
wrócić po urlopie

11. wskazuje na upływ czasu dzielący daną czynność od innej, wcześniejszej czynności

obudzić się po godzinie
odezwać się po miesiącu
spotkać się po roku
wyjść po chwili

12. wskazuje na unicestwienie czegoś lub kogoś; zwykle w połączeniach jak poniżej:

już po wszystkim / już po mnie / i po bólu

13. wskazuje na osobę, po której ktoś dziedziczy jakąś rzecz, cechę, funkcję

mieć charakter po ojcu
mieć majątek po rodzicach
mieć ubrania po siostrze
mieć urodę po matce
prowadzić coś, np. firmę po kimś

14. wskazuje na wcześniejsze zastosowanie danego przedmiotu, wcześniej czymś wypełnionego (naczynia, opakowania, pomieszczenia)

butelki po piwie
pudełko po ciastkach
puszka po piwie
worek po ziemniakach

15. wskazuje na punkt odniesienia w relacji hierarchii, kolejności, następstwa lub skali

być pierwszym po Bogu
mieć znaczenie po kimś

16. wskazuje na kryterium rozpoznawania lub oceny zjawisk; *syn.* na podstawie

poznawać kogoś po akcencie
rozpoznawać kogoś po chodzie
rozróżniać coś, np. drzewa po liściach
widzieć coś po czyichś oczach

17. wskazuje na odcinek czasu w sytuacji, kiedy to samo zdarzenie powtarza się przez wiele takich odcinków

spać po całych dniach
uczyć się po nocach

18. wskazuje na czas

dwadzieścia pięć (minut) po piątej
kwadrans po szóstej
pięć po siódmej

19. wskazuje na następstwo czynności wykonanej wcześniej przez kogoś innego

poprawiać coś po kimś
sprzątać po kimś

20. wskazuje na rozpacz kogoś po utracie kogoś

płakać po stracie kogoś (po matce)
rozpaczać po mężu

21. wskazuje na to, że spodziewamy się czegoś po kimś / po czymś

obiecywać sobie po kimś / po kimś, że...

22. wskazuje na pożytek lub jego brak, zwykle w pytaniach retorycznych

co komuś po kimś / po czymś

---

* W tym połączeniu po przyimku *po* wprowadzamy rzeczownik w liczbie mnogiej.

ZADANIE 4

Zaznacz właściwe objaśnienie do każdej konstrukcji składniowej z miejscownikiem.
Wzór – jak w zadaniu 2.

1. rozjechać się po świecie
- ☐ «wyruszyć do różnych punktów świata»
- ☐ «wyruszyć wcześnie»

2. nosić ubrania po siostrze
- ☐ «wykonywać coś zamiast siostry»
- ☐ «korzystać z ubrań siostry»

3. chodzić po sąsiadach
☐ «dokuczać sąsiadom»
☐ «odwiedzać często sąsiadów»

4. dać gościom po kieliszku wina
☐ «zaproponować tylko jeden kieliszek wina»
☐ «zaproponować każdemu z gości jeden kieliszek wina»

5. «wypić po jednym piwie»
☐ «wypić jedno piwo»
☐ «wypić po piwie kolejny napój»

6. rozpaczać po mężu
☐ «rozpaczać wraz z mężem»
☐ «desperować po stracie męża»

7. poprawiać coś po kimś
☐ «poprawiać coś w pewnej kolejności»
☐ «poprawiać błędy kogoś innego»

8. co mi po życiu
☐ «życie już mnie nie interesuje»
☐ «spotkamy się po śmierci»

9. pięć po szóstej
☐ «godzina szósta pięć»
☐ «najpierw pięć, potem sześć»

10. spać po całych dniach
☐ «kłaść się do łóżka po zmierzchu»
☐ «nie wstawać»

11. już po wszystkim
☐ «coś zostało zakończone»
☐ «wszyscy odeszli»

12. mieć charakter po ojcu
☐ «mieć charakter gorszy od ojca»
☐ «mieć charakter jak ojciec»

13. spotkać się po roku
☐ «spotkać się w nowym roku»
☐ «spotkać się, kiedy minie rok»

14. puszka po piwie
☐ «piwo w puszce»
☐ «puszka, w której było piwo»

przy

1. wskazuje na położenie w pobliżu czegoś lub kogoś; *syn.* obok, blisko

coś jest przy ulicy x, y...
coś zatrzymuje się przy hotelu
mieć coś, np. paszport przy sobie
mieszkać przy ulicy x, y...
odpowiadać przy tablicy
siedzieć przy stole / przy biurku
umówić się przy kościele

usiąść przy obcej kobiecie
założyć dzwonek przy drzwiach

2. wskazuje na obecność osób lub zwierząt związanych z daną czynnością

chwalić się przy wszystkich
czuwać przy chorym
lubić pracę przy zwierzętach
pracować przy budowie / przy kasie
rozmawiać przy świadkach
spędzać czas przy dzieciach
zachowywać się dziwnie przy żonie
zapominać przy kimś o świecie

3. wskazuje na całość, której coś jest uzupełnieniem; *syn.* u

coś wisi (jest) przy kapeluszu

4. wskazuje na obiekt czynności; *syn.* koło

krzątać się przy kolacji
majstrować przy samochodzie
robić coś przy rowerze

5. wskazuje na określony odcinek czasu; *syn.* podczas

rozmawiać o czymś przy obiedzie
skaleczyć się przy krojeniu chleba
ulec wypadkowi przy pracy

6. wskazuje na określone okoliczności towarzyszące

coś udaje się komuś przy odrobinie szczęścia
robić coś przy świetle lampy
występować przy pełnej widowni
zrobić coś przy poparciu rodziny

7. wskazuje na kontrastujący przedmiot porównania lub zestawienia

być skąpym przy całym swym bogactwie
mieć jasną cerę przy ciemnych włosach

8. wskazuje na posiadanie jakiejś rzeczy; *pot.*

być przy władzy

9. wskazuje na przyporządkowanie kogoś / czegoś innej osobie lub rzeczy

coś jest przy czymś (przypięte, dołączone)
zaczynać coś przy kimś

ZADANIE 5

Zaznacz właściwe objaśnienie do każdej konstrukcji składniowej z miejscownikiem.
Wzór – jak w zadaniu 2.

1. ktoś zatrzymał się przy hotelu
- ☐ «wzdłuż hotelu»
- ☐ «obok hotelu»

2. chwalić się przy wszystkich
- ☐ «chwalić się w obecności wszystkich»
- ☐ «chwalić wszystkich wokół»

3. lubić pracę przy chorych
- ☐ «zabawiać chorych»
- ☐ «opiekować się chorymi i lubić to»

4. zapomnieć przy niej o świecie
- ☐ «zgubić ją gdzieś»
- ☐ «myśleć tylko o osobie, z którą się jest»

5. majstrować przy samochodzie
- ☐ «robić coś tam, gdzie stoi samochód»
- ☐ «naprawiać, sprzątać itd. samochód»

6. zrobić coś przy poparciu rodziny
- ☐ «robić coś razem z rodziną»
- ☐ «zrobić coś, mając wsparcie najbliższych»

7. być przy władzy
- ☐ «mieć znajomych w rządzie»
- ☐ «pełnić jakieś wysokie stanowisko»

8. mieć jasną cerę przy ciemnych włosach
- ☐ «mieć jasne czoło»
- ☐ «być szatynem o jasnej twarzy»

w

1. wskazuje na położenie (gdzie)

a. wskazuje na obiekt mający trójwymiarowe granice przestrzenne;
być w pociągu / w kawiarni, w domu
coś jest w kieszeni
coś stoi w korytarzu
coś wisi w szafie
coś jest w koszu na śmieci

b. wskazuje na ograniczoną część jakiegoś obszaru;
mieszkać w mieście
pracować w ogrodzie
stać w drzwiach

c. wskazuje na nazwy miejscowości, państw, regionów geograficznych, niektórych pasm górskich;
mieszkać w Polsce / w Krakowie
spędzić ferie w Alpach

d. wskazuje na tekst lub inny rodzaj nośnika informacji;
czytać coś w dzienniku
podawać coś w radiu
widzieć coś w telewizji

e. wskazuje na bezkształtną substancję otaczającą coś / kogoś;
latać w powietrzu
pływać w wodzie
pojawić się w świetle
stać w cieniu
ugrzęznąć w błocie

f. wskazuje na grupę społeczną, środowisko, instytucję;
grać w orkiestrze
pracować w biurze
służyć w wojsku
śpiewać w zespole
uczyć w drugiej klasie

g. wskazuje na dziedzinę działalności ludzkiej;
coś dzieje się w polityce / w gospodarce
coś panuje w nauce / w medycynie
coś pojawia się w sztuce

2. wskazuje na część ubioru, wystroju
chodzić w kapeluszu / w okularach
paradować w garniturze / w garsonce

3. wskazuje na charakterystyczne, zewnętrzne elementy

mieć twarz w krostach
mieć ręce we krwi

4. wskazuje na sposób przyrządzonych dań

jeść śledzia w oleju
przygotować jajka w koszulkach
zamówić schab w sosie czosnkowym

5. wskazuje na części ciała trzymające coś, w które coś jest wetknięte

nosić coś w rękach
trzymać kogoś w ramionach
mieć coś w palcach
zmiąć coś w dłoniach

6. wskazuje na stany psychiczne opanowujące człowieka

być w złym nastroju
bywać w złości / w gniewie
pogrążyć się w bólu / w rozpaczy
zatopić się w marzeniach / w myślach
żyć w gniewie / w nienawiści

7. wskazuje na stany, procesy i czynności przebiegające równocześnie z danym działaniem

jeść w milczeniu / w skupieniu
przywitać się w biegu / w locie
rozmyślać w samotności
zapomnieć coś w roztargnieniu
popełnić coś w zamieszaniu
żyć w nędzy / w biedzie

8. wskazuje na motyw lub przyczynę

działać w dobrych / złych zamiarach
zrobić coś we własnym interesie

9. wskazuje na formę, kształt, postać, liczbę, kolor czegoś

mieć coś, np. cukier w kostkach,
np. mleko w proszku
np. trylogię w kilku tomach,
np. ubrania w jasnych kolorach,
np. witaminy w granulkach

10. wskazuje na ograniczenie zakresu treści zdania; *syn.* co do, w zakresie, jeśli chodzi o

być dobrym w skokach / w pływaniu
być oszczędnym w życiu / w wydawaniu
coś jest łatwe w obsłudze
coś pasuje w ramionach

11. wskazuje na czas czynności (kiedy?)

a. wskazuje na porę roku, na nazwę miesiąca, datę (dzień, rok);
robić coś w tym momencie / w tej chwili
spotkać się w dwudziestym roku
urodzić się w jesieni / w marcu
wyjechać w zeszłym miesiącu

b. wskazuje na fazy życia lub momenty historyczne;
chorować w dzieciństwie
dziać się w średniowieczu
przeżywać coś w młodości

c. wskazuje na zdarzenia przebiegające równolegle; *syn.* podczas;
być w podróży
polec w bitwie
pomagać komuś w chorobie
walczyć w powstaniu
wygrywać w dyskusji

Opracowano na podstawie: 1. *Współczesny słownik języka polskiego* pod red. B. Dunaja, Langenscheidt, Warszawa 2007, 2. *Inny słownik języka polskiego* pod red. M. Bańki, Wydawnictwo Naukowe PWN, Warszawa 2000.

ZADANIE 6

Zaznacz właściwe objaśnienie do każdej konstrukcji składniowej z miejscownikiem. Wzór – jak w zadaniu 2.

1. służyć w wojsku
☐ «współpracować z wojskiem»
☐ «pracować dla wojska»

2. chodzić w kapeluszu
☐ «nosić kapelusz»
☐ «kręcić się w kółko»

3. mieć ręce we krwi
☐ «być zranionym»
☐ «włożyć ręce do krwi»

4. być w złym nastroju
☐ «złościć się na kogoś»
☐ «być niezadowolonym»

5. zatopić się w marzeniach
☐ «przestać marzyć»
☐ «usilnie marzyć»

6. żyć w gniewie
☐ «gniewać się na kogoś / na coś»
☐ «kłócić się ze wszystkimi»

7. jeść w milczeniu
☐ «jeść, nic nie mówiąc»
☐ «trawić coś»

8. przywitać się w locie
☐ «witać kogoś w czasie lotu»
☐ «witać kogoś, szybko się mijając»

9. być oszczędnym w życiu
☐ «oszczędzać»
☐ «odchudzać się»

10. być w podróży
☐ «być poza domem, jechać»
☐ «marzyć»

MIEĆ COŚ W JEDNYM PALCU
CIEKAWOSTKI FRAZEOLOGICZNE I CYTATY

UWAGA

W każdej jednostce lekcyjnej podajemy:
1. kilka związków frazeologicznych związanych z tematyką lekcji wraz z ich definicjami słownikowymi, albo:
2. kilka ciekawych cytatów.
Przeczytaj polecenie (poniżej) i wykonaj zadanie.

ZADANIE 7

Przeczytaj poniżej podane związki frazeologiczne i użyj ich w zdaniach.

WZÓR

0. w czepku urodzony

DEFINICJA: «ten, który ma zawsze szczęście, któremu wszystko się udaje w życiu»

PRZYKŁAD: *Była w czepku urodzona, skoro wyszła z tej opresji cało.*

1. rozmawiać na boku
DEFINICJA: «rozmawiać o kimś na stronie, z dala od innych, w tajemnicy przed innymi»
PRZYKŁAD: ....

2. pracować na cudzym
DEFINICJA: «pracować dla kogoś obcego, nie dla siebie»
PRZYKŁAD: ....

3. spotykać się na neutralnym gruncie
DEFINICJA: «spotykać się w miejscu niezależnym od żadnej ze stron (dotyczy przeciwników)»
PRZYKŁAD: ....

4. być w powijakach
DEFINICJA: «być w stadium początkowym»
PRZYKŁAD: ....

5. żyć z kimś na wojennej stopie
DEFINICJA: «żyć z kimś w niezgodzie, stale się z kimś kłócić»
PRZYKŁAD: ....

6. być na najlepszej drodze *do czegoś*
DEFINICJA: «robić coś, co przyniesie określone skutki»
PRZYKŁAD: ....

7. jechać na jednym wózku
DEFINICJA: «być w takiej samej sytuacji (zwykle niekorzystnej) jak inna osoba; dzielić z kimś ten sam los»
PRZYKŁAD: ....

8. stać w miejscu
DEFINICJA: «nie robić postępów»
PRZYKŁAD: ....

9. zapominać / zapomnieć o całym [bożym] świecie
DEFINICJA: «koncentrować się na jednym i nie zwracać uwagi na nic innego»
PRZYKŁAD: ....

10. [coś] idzie w parze *z czymś*
DEFINICJA: «coś występuje równocześnie z czymś, współgra z czymś»
PRZYKŁAD: ....

ZADANIA SYSTEMOWE

ZADANIE 8

Wyobraź sobie kobietę lub mężczyznę, która(-y) ma na sobie różne przedmioty (części ubioru). Opisz ich wygląd.

WZÓR

palec i obrączka	**On ma obrączkę na palcu.**

1. jeden but i lewa noga	On ma ....
2. drugi but i prawa noga	On ma ....
3. głowa i kapelusz	Ona ma ....
4. nos i okulary	On ma ....
5. palec wskazujący i sygnet	On ma ....
6. plecy i plecak	Ona ma ....
7. prawe ucho i kolczyk	On ma ....
8. szyja i naszyjnik	Ona ma ....
9. zegarek i ręka	Ona ma ....
10. opaska i czoło	On ma ....

ZADANIE 9

Wykorzystaj informacje podane w kolumnie A (opis potrawy) i wpisz w kolumnie B nazwy potraw.

WZÓR

A. *opis potrawy*	**B.** *nazwa potrawy*
w środku jajko, a dookoła jajka plaster szynki	**jajko w szynce.**

A. *opis potrawy*	**B.** *nazwa potrawy*
1. jabłko, a dookoła jabłka ciasto	....
2. karp, a dookoła karpia galareta	....
3. kluski ugotowane przy pomocy pary wodnej	....
4. kotlet schabowy, a dookoła kotleta panierka	....
5. królik i sos z królika, zwany sosem własnym	....
6. raki gotowane, śmietana	....
7. śledzie i zalewa octowa albo marynata	....
8. śledzie przyrządzone na bazie oleju	....
9. wołowina, a na niej sos chrzanowy	....
10. żeberka zalane piwem i ugotowane razem	....

ZADANIE 10

Zapisz w kolumnie B informacje wskazujące na stany, procesy i czynności przebiegające równocześnie z danym działaniem inaczej, biorąc za podstawę przekształceń podany wzór.

WZÓR

można jeść i milczeć	→ **można jeść w milczeniu**

A.	**B**
1. można osłupieć i patrzeć na coś	→ ....
2. można pisać i skupić się	→ ....
3. można ukłonić się komuś, poruszając się biegiem	→ ....
4. można zamyślić się i coś robić	→ ....
5. można żyć i borykać się z nędzą	→ ....
6. można żyć i być samotnym	→ ....
7. można żyć i nienawidzić	→ ....
8. można żyć i uwielbiać coś / kogoś	→ ....
9. zapomnieć coś, będąc roztargnionym	→ ....
10. tankować paliwo bez przerywania lotu	→ ....

ZADANIE 11

Przekształć zdania z kolumny A, wskazujące na charakterystyczne cechy kogoś / czegoś według wzoru.

WZÓR

Był chłopcem i miał czarne włosy.	**Był chłopcem o czarnych włosach.**

A.	B
1. Był to człowiek, który miał stalowe nerwy.	Był to człowiek ....
2. Jaka jest piękna ta samica, która ma złociste futerko!	Ta samica .... może okazać się bardzo groźna.
3. Kupiłem perfumy, które mają ładny zapach.	Kupiłem perfumy ....
4. Mam żonę, która ma artystyczną duszę.	Mam żonę ....
5. Masz wielkie serce, kochanie!	Wszyscy wiedzą, że jestem kobietą ....
6. Mógł się pochwalić wielką wiedzą.	Był człowiekiem ....
7. Obserwował mnie mężczyzna, który miał dziwny wygląd.	Obserwował mnie mężczyzna ....
8. Ta powieść ma bardzo żywą akcję.	Tak. Jest to powieść ....
9. Zamknięto odcinek autostrady, który ma długość 10 kilometrów.	Zamknięto odcinek autostrady ....
10. Zażyłem lekarstwo, które silnie działało.	Zażyłem lekarstwo ....

ZADANIE 12

Przekształć zdania z kolumny A, wskazujące na osobę, po której ktoś dziedziczy jakąś rzecz, cechę, funkcję zgodnie z podanym wzorem.

WZÓR

Piotr ma taki sam charakter, jak ojciec.	**Piotr ma charakter po ojcu.**

A.	B.
1. Ania i jej mama miały zielone oczy.	Ania ma zielone oczy ....

2. Do kogo jest podobna Maria? Do babci?	Tak. Maria ma wygląd ....
3. Hrabia Omoruski umarł.	Na pogrzebie wdowa .... nie uroniła ani jednej łzy.
4. Krystyna jest tak piękna, jak jej przodkowie.	Krystyna ma urodę ....
5. Mama odeszła od nas. Pozostawiła długi.	Ojciec musiał spłacać długi ....
6. Miałem starszego brata.	Będąc dzieckiem, chodziłem w ubraniach ....
7. Rodzice umarli i zostawili olbrzymią fortunę.	Ona ma fortunę ....
8. Umarł jeden dyktator i natychmiast pojawił się kolejny.	.... władzę w kraju objął drugi, jeszcze większy dyktator.
9. Umarła bogata ciocia z Ameryki.	Dostałem .... duży spadek.
10. Właściciel firmy przeszedł na emeryturę.	Firmę .... prowadzi teraz syn właściciela.

ZADANIE 13

Wpisz w kolumnie B właściwe połączenia składniowe w miejscowniku (przyimek + rzeczownik) do okoliczności przedstawionych w zdaniach (kolumna A).

WZÓR

Miał w ręku laskę, którą się podpierał.	**Szedł o lasce.**

A.	**B.**
1. Ranny żołnierz ułatwiał sobie chodzenie przy pomocy dwóch kuli.	Po operacji uczył się chodzić ....
2. Nie było nic do jedzenia, więc chłopiec poszedł spać, chociaż był głodny.	Chłopiec poszedł spać ....
3. Jednym pomagało wojsko, a inni, by dotrzeć do brzegu wykorzystywali własne siły.	Część poszkodowanych przemieszczała się z podtopionych terenów ....

4. Mieli do jedzenia wyłącznie konserwy i suchary.	W czasie przeprawy przez pustynię żyli wyłącznie .... i ....
5. Uwielbiał deszcz i nie bał się stać na dworze, kiedy padał deszcz.	Uwielbiał stać ....
6. Wyłączono prąd, więc ojciec korzystał ze światła lampy.	Kiedy wyłączono prąd, ojciec pracował ....

ZADANIE 14

Wpisz w kolumnie B połączenia składniowe w miejscowniku (przyimek + rzeczownik), stosowne do informacji zawartych w zdaniach (kolumna A).

WZÓR

Lubił zwierzęta i pracował w zoo.	**Lubił pracować przy zwierzętach.**

A.	B.
1. Dziecko było ciężko chore. Jego mama nie odchodziła od łóżka nawet na chwilę.	Mama cały czas czuwała ....
2. Tutaj są młodzi ludzie, więc nie możesz opowiadać tak strasznych historii!	Nie można tego opowiadać ....
3. Kiedy opowiadał o tym, w pokoju byli świadkowie.	Opowiadał o tym ....
4. Nic nie mógł załatwić, chociaż miał wyjątkową pozycję w rządzie.	.... nie udało mu się niczego załatwić.
5. Kiedy był z żoną, zapominał o świecie.	.... zapominał o świecie.
6. Chciała być tylko ze swoimi pupilami i zajmować się nimi od rana do wieczora.	Cały czas chciała spędzać ....
7. Zatrudniono go, bowiem zaczynają budować autostradę.	On będzie pracować .... autostrady.

8. Miała urodziwą siostrę. A sama była brzydka.	.... czuła się jeszcze bardziej brzydka.
9. Mam odpowiedzieć na to pytanie w obecności mojej dziewczyny?!	Nie mogę odpowiedzieć na to pytanie ....
10. Agata nie lubi dowcipów. Nie opowiadaj ich, kiedy ona będzie na przyjęciu.	Proszę cię, nie opowiadaj .... tych swoich dowcipów!

ZADANIE 15

Wpisz w kolumnie B połączenia składniowe w miejscowniku (przyimek + rzeczownik), stosowne do informacji wskazujących na stany psychiczne, które opanowują człowieka (kolumna A).

WZÓR

Jego nastrój można określić jako zły.	**Często bywał w złym nastroju.**

A.	B.
1. Ojca znowu opanował gniew.	Ojciec nie brał odpowiedzialności za słowa wypowiedziane ....
2. Kiedy ją opanowywała złość, wypowiadała słowa, które mogły ranić.	Słowa powiedziane .... zastawiają w sercu ślady.
3. Mówi się, że ból to bardzo przykre odczucie fizyczne lub psychiczne.	Mówi się również, że wszystko, co piękne rodzi się ....
4. Długo rozpaczała po stracie męża.	Po stracie męża Zosia pogrążyła się ....
5. Karol na nic nie zwraca uwagi, tylko myśli.	Karol zatopił się ....
6. Karolina na nic nie zwraca uwagi, tylko marzy.	Karolina zatopiła się w ....
7. On ciągle się czegoś boi; strach nigdy go nie opuszcza.	On żyje ...., jakby był niewolnikiem tego uczucia.
8. Niektórzy walczą ze sobą, inni się ze sobą przyjaźnią.	Jedni żyją ze sobą jak pies z kotem, inni żyją ze sobą ....

9. Większość Polaków obawia się utraty pracy.	Polacy .... przed utratą pracy zgadzają się na złe traktowanie ich przez szefów.
10. Napad lub atak jakiejś choroby to jej gwałtowne nasilenie się, występujące okresowo.	.... / .... furii chory mógł zaatakować zarówno pacjentów, jak lekarzy.

ZADANIE 16

Wpisz w miejsce kropek <u>właściwe przyimki</u> w konstrukcjach składniowych z miejscownikiem.
PRZYIMKI DO WYBORU: ***na, o, po, przy, w(e)***

WZÓR

0. być <u>w</u> dobrym humorze	**0.1. być <u>przy</u> nadziei**

1. akompaniować ..... fortepianie
2. całować żonę ..... rękach
3. chodzić cicho ..... palcach
4. chorować ..... młodości
5. dać dzieciom ..... lizaku
6. działać ..... złych zamiarach
7. grać ..... orkiestrze narodowej
8. koncertować ..... pełnej widowni
9. mieć całą rękę ..... krwi
10. grać ..... gitarze
11. pogłaskać dziecko ..... głowie
12. poklepać szefa ..... plecach
13. poznać kogoś ..... głosie
14. robić szalik ..... drutach
15. rozpaczać ..... stracie przyjaciela
16. służyć ..... wojsku polskim
17. sprzedawać butelki ..... piwie
18. trzymać muchę ..... dłoni
19. uczyć się polskiego ..... nocach
20. wypić ..... jednym piwie

8. *Czy warto chodzić po ziemi, mając głowę w chmurach?*

na ochronie czy w ochronie? / w oddziale czy na oddziale?

pytanie 1

Od ponad dwóch lat pracuję... i tu właśnie jest problem. Czy pracuję ***na***, czy ***w ochronie***? Wszyscy moi koledzy używają formy ***na ochronie*** dla pracy ochroniarza, natomiast *w ochronie* pracują np. panie z administracji firmowej, koordynatorzy etc. Chciałbym wiedzieć, czy taki podział jest dopuszczalny? Czy jest poprawny językowo?

pytanie 2

Nurtuje mnie pytanie, jaka jest poprawna forma – zapobieganie zakażeniom ***w oddziale*** czy ***na oddziale***? Zawsze wydawało mi się, że prawidłowo jest ***na***, ale promotorka mojej pracy powiedziała, że to błąd. Jestem więc troszkę zdezorientowana i proszę o pomoc.

odpowiedź

Przysłał Pan ciekawą dla mnie informację. Zdarza się, że różnym znaczeniom rzeczownika towarzyszy różna łączliwość składniowa, np. urzędnicy bankowi mogą pracować ***w oddziale jakiegoś banku***, a lekarze ***na oddziale szpitalnym***. Równie łatwo jednak przytoczyć przykłady wyrazów, których łączliwość składniowa jest taka sama mimo różnicy znaczeń. Jeśli przekona Pana porównanie do policji, to proszę zauważyć, że niektórzy policjanci pracują *w oddziałach prewencyjnych*. Nie jest więc tak, że – mówiąc w uproszczeniu – cywile ***w***, a mundurowi ***na***.

Jeśli chodzi o oddział szpitalny, to odpowiednia jest konstrukcja ***na oddziale***. Sformułowanie ***zakażenia w oddziale*** mogłoby sugerować, że chodzi o część banku lub jednostki wojskowej.

Mirosław Bańko

Źródło – http://poradnia.pwn.pl

KONSTRUKCJE SKŁADNIOWE MIEJSCOWNIKA I JEGO OSOBLIWOŚCI, cz. II

KONSTRUKCJE SKŁADNIOWE I TRWAŁE ZWIĄZKI SKŁADNIOWE Z MIEJSCOWNIKIEM

Wspomnieliśmy w poprzedniej jednostce zadaniowej o roli połączeń składniowych w zakresie semantyki na przykładzie leksemu *celować*. W procesie uczenia się i nauczania języka polskiego obcokrajowców nie sposób pominąć tej ważnej charakterystyki czasowników. Jeśli zamierzamy użyć w akcie wypowiedzi ustnej lub pisemnej czasownika *rozchodzić się* musimy dokonać właściwego wyboru elementów, których – w zależności od znaczenia – będzie wymagał ten wyraz. Poniżej – wybrane połączenia składniowe dla pary aspektowej czasowników *rozchodzić się / rozejść się*.

ktoś **rozchodzi się** *gdzie (dokądś) / po czymś*
znaczenie: 'iść, udawać się w różne strony; o grupie'
przykład zdania: *Studenci rozchodzą się do domów po zajęciach.*

ktoś **rozchodzi się** *z kimś*
znaczenie: 'brać rozwód'
przykład zdania: *Moja siostra rozchodzi się z mężem.*

coś **rozchodzić się** *po czymś*
znaczenie: 'rozpowszechniać jakąś informację wśród ludzi lub w przestrzeni'
przykład zdania: *Plotka o romansie prezydenta miasta rozeszła się szybko po mieście.*

coś **rozchodzi się** *na coś*
znaczenie: 'coś, np. pieniądze, oszczędności itd. będzie / zostanie wydane'
przykład zdania: *Cała pensja rozeszła się na spłatę długów.*

WYBRANE KONSTRUKCJE SKŁADNIOWE W MIEJSCOWNIKU W POŁĄCZENIACH Z PRZYIMKAMI *na, o, po, przy, w.*

I. Czasowniki	II. Wyrażenia przyimkowe	III. Znaczenie konstrukcji składniowych (I +II)
brać / wziąć udział	w czymś	uczestniczyć w czymś
celować / –	w czymś	wyróżniać się, przewyższać innych w jakiejś dziedzinie, przodować, być lepszym od innych
chodzić	po czymś	wspinać się po czymś
czytać	w czymś	domyślać się
donosić / donieść	o czymś	przekazywać informacje
dowiadywać się / dowiedzieć się	o kimś / o czymś	uzyskiwać informacje na temat kogoś / czegoś
grzebać	w czymś	przeszukiwać coś dokładnie
gubić się / zgubić się	w czymś	przestawać orientować się w czymś
koncentrować się / skoncentrować się	na czymś	wytężać uwagę, skupiać swoje wysiłki, działania w jakimś celu
krążyć	po czymś	poruszać się po jakieś przestrzeni, wracając wielokrotnie do tych samych miejsc
kręcić się *(pot.)*	po czymś	przemieszczać się z miejsca na miejsce na jakiejś przestrzeni, w jakimś celu
maczać usta / wargi	w czymś	pić jakiś płyn powoli, małymi łykami
mieścić się; coś mieści się	w czymś	coś zawiera
mówić / powiedzieć	przy kimś	mówić coś w obecności drugiej osoby
obstawać / –	przy czymś	upierać się przy czymś, nie dawać się przekonać, nie zmieniać swego zdania
odnajdywać się / odnaleźć się	w czymś	poczuć się dobrze w jakiejś sytuacji
opierać się / oprzeć się	na czymś	być podstawą czegoś
polegać	na kimś / na czymś	kierować się czymś, posługiwać się czymś do kogo / do czego mamy zaufanie
pomagać / pomóc	w czymś	ułatwiać komuś wykonanie czegoś

przygotowywać / przygotować coś	na czymś	używać czegoś do przygotowania czegoś
przypominać / przypomnieć	o czymś / o kimś	uświadamiać / uświadomić sobie coś, istnienie kogoś
rozchodzić się / rozejść się	po kimś / po czymś	rozpowszechniać jakąś informację wśród ludzi lub w przestrzeni
sądzić / –	o kimś / o czymś	myśleć coś o jakiejś rzeczy lub osobie i wydawać na jej temat opinię; opiniować coś / kogoś
siedzieć	przy kimś; *pot.*	opiekować się kimś, kto tej opieki potrzebuje / wymaga
słyszeć / usłyszeć	o czymś	dowiedzieć się czegoś z czyichś słów, z radia lub telewizji
smażyć / usmażyć coś	na czymś	używać jakiegoś tłuszczu, by przygotować jakiś produkt do spożycia
spędzać / spędzić czas	przy kimś / przy czymś	przebywać gdzieś jakiś czas w towarzystwie kogoś lub czegoś, np. rodziców, muzyki
sprawdzać się / sprawdzić się	w czymś	poradzić sobie dobrze w jakiejś sytuacji, a nawet lepiej niż inni
ślizgać się	po czymś	przesuwać się po czymś (jakiejś powierzchni) bez zatrzymania
świadczyć; coś świadczy	o kimś / o czymś	coś potwierdza jakiś fakt
tkwić	przed czymś	trwać (siedzieć, stać) nieruchomo wpatrując się w coś, np. w telewizor
uczestniczyć	w czymś	prowadzić coś (działania) razem z innymi
upierać się / uprzeć się	przy czymś	nie ustępować, nie dawać się przekonać do zmiany zdania / decyzji
upływać / upłynąć; coś upływa	na czymś	coś mija, przemija w trakcie wykonywania jakiejś czynności
widnieć; coś widnieje	na czymś	coś znajduje się gdzieś i jest tam widoczne
wiedzieć	o kimś / o czymś	być świadomym tego, że się nie mylimy
wspierać się / wesprzeć się	w czymś	pomagać sobie wzajemnie
wspominać / wspomnieć	o kimś / o czymś	nadmieniać, napomykać o czymś, robić wzmiankę o czymś (zwłaszcza mimochodem)

wychowywać się / wychować się	w czymś *a.* na czymś	podlegać wpływowi kształtującemu pogląd, charakter, wrażliwość
występować / wystąpić; coś występuje	w czymś	coś się znajduje
wzorować się / –	na czymś / na kimś	brać wzór albo przykład z kogoś, naśladować kogoś lub coś, iść za czyimś przykładem
zapewniać / zapewnić	o czymś	utwierdzać o czymś, upewniać
zapominać / zapomnieć	o kimś	nie interesować się dłużej kimś
zapominać / zapomnieć	o czymś	przestać sobie coś uświadamiać
zatrzymywać się / zatrzymać się	przy czymś	rozważać coś dokładniej
zawiadamiać / zawiadomić	o czymś	przekazać wiadomość na jakiś temat
znajdować *a.* ~ywać / znaleźć coś	w czymś	zobaczyć coś lub przekonać się o istnieniu czegoś
zostawać / zostać; coś zostało	po kimś	coś przetrwało po czyjejś śmierci; stało się spadkiem lub spuścizną

ZADANIE 1

Połącz konstrukcje syntaktyczne z miejscownikiem (kolumna A) z właściwymi definicjami podanymi w kolumnie B.

WZÓR

0. brać / wziąć udział w czymś	**o. uczestniczyć w czymś**

A.	B.
1. celować / – w czymś	**a.** wyróżniać się, przewyższać innych w jakiejś dziedzinie, przodować, być lepszym od innych
2. chodzić po czymś	**b.** uzyskiwać informacje na temat kogoś / czegoś
3. czytać w czymś	**c.** przestawać orientować się w czymś

4. donosić / donieść o czymś

5. dowiadywać się / dowiedzieć się o kimś / o czymś

6. grzebać w czymś

7. gubić się / zgubić się na czymś

8. koncentrować się / skoncentrować się na czymś

9. krążyć po czymś

10. kręcić się po czymś *(pot.)*

11. mieścić się; coś mieści się w czymś

d. poruszać się po jakieś przestrzeni, wracając wielokrotnie do tych samych miejsc

e. przeszukiwać coś dokładnie

f. przemieszczać się z miejsca na miejsce na jakiejś przestrzeni, w jakimś celu

g. zawierać coś

h. wytężać uwagę, skupiać swoje wysiłki, działania w jakimś celu

i. zdobywać informacje

j. wspinać się po czymś

k. przekazywać informacje

Miejsce do wpisania właściwych połączeń:
[1 ....] [2 ....] [3 ....] [4 ....] [5 ....] [6 ....] [7 ....] [8 ....] [9 ....] [10 ....] [11 ....]

ZADANIE 2

Połącz konstrukcje syntaktyczne z miejscownikiem (kolumna A) z właściwymi definicjami podanymi w kolumnie B.

WZÓR

0. przygotowywać / coś na czymś	**o. używać czegoś do przygotowania czegoś**

A.

1. maczać usta / wargi w czymś

2. mówić / powiedzieć przy kimś

3. obstawać / – przy czymś

4. odnajdywać się / odnaleźć się w czymś

B.

a. pić jakiś płyn powoli, małymi łykami

b. używać jakiegoś tłuszczu, by przygotować jakiś produkt do spożycia

c. rozpowszechniać jakąś informację wśród ludzi lub w przestrzeni

d. mówić coś w obecności drugiej osoby

5. polegać na kimś / na czymś	**e.** kierować się czymś, posługiwać się czymś do kogo / do czego mamy zaufanie
6. pomagać / pomóc w czymś	**f.** ułatwiać komuś wykonanie czegoś
7. przypominać / przypomnieć o czymś / o kimś	**g.** (po)czuć się dobrze w jakiejś sytuacji
8. rozchodzić się / rozejść się po kimś / po czymś	**h.** dowiedzieć się czegoś z czyichś słów, z radia lub telewizji
9. sądzić o kimś / o czymś	**i.** upierać się przy czymś, nie dawać się przekonać, nie zmieniać swego zdania
10. słyszeć / usłyszeć o czymś	**j.** uświadamiać / uświadomić sobie coś, istnienie kogoś
11. smażyć / usmażyć coś na czymś	**k.** myśleć coś o jakiejś rzeczy lub osobie i wydawać na jej temat opinię; opiniować coś / kogoś

Miejsce do wpisania właściwych połączeń:
[1 ....] [2 ....] [3 ....] [4 ....] [5 ....] [6 ....] [7 ....] [8 ....] [9 ....] [10 ....] [11 ....]

ZADANIE 3

Połącz konstrukcje syntaktyczne z miejscownikiem (kolumna A) z właściwymi definicjami podanymi w kolumnie B.

WZÓR

0. siedzieć przy kimś	**o. opiekować się kimś, kto tej opieki potrzebuje / wymaga**

A.	B.
1. spędzać / spędzić czas przy kimś / przy czymś	**a.** poradzić sobie dobrze w jakiejś sytuacji, a nawet lepiej niż inni
2. sprawdzać się / sprawdzić się w czymś	**b.** przesuwać się po czymś (jakiejś powierzchni) bez zatrzymania
3. ślizgać się po czymś	**c.** być świadomym tego, że się nie mylimy

4. świadczyć; coś świadczy o kimś / o czymś
5. tkwić przed czymś
6. uczestniczyć w czymś
7. upierać się / uprzeć się przy czymś
8. upływać / upłynąć; coś upływa na czymś
9. wiedzieć o kimś / o czymś
10. wspierać się / wesprzeć się w czymś

d. coś mija, przemija w trakcie wykonywania jakiejś czynności
e. prowadzić coś (działania) razem z innymi
f. przebywać gdzieś jakiś czas w towarzystwie kogoś lub czegoś, np. rodziców, muzyki
g. nie ustępować, nie dawać się przekonać się do zmiany zdania / decyzji
h. pomagać sobie wzajemnie
i. coś potwierdza jakiś fakt
j. trwać (siedzieć, stać) nieruchomo wpatrując się w coś, np. w telewizor

Miejsce do wpisania właściwych połączeń:
[1 ....] [2 ....] [3 ....] [4 ....] [5 ....] [6 ....] [7 ....] [8 ....] [9 ....] [10 ....]

ZADANIE 4

Połącz konstrukcje syntaktyczne z miejscownikiem (kolumna A) z właściwymi definicjami podanymi w kolumnie B.

WZÓR

0. widnieć; coś widnieje na czymś	**o. coś znajduje się gdzieś i jest tam**

A.
1. wspominać / wspomnieć o kimś / o czymś
2. wychowywać / wychować się w czymś *a.* na czymś
3. występować / wystąpić; coś występuje w czymś
4. wzorować się / – na czymś / na kimś

B.
a. utwierdzać o czymś, upewniać
b. nie interesować się dłużej kimś
c. przestać sobie coś uświadamiać
d. rozważać coś dokładniej

5. zapewniać / zapewnić o czymś	**e.** przekazać wiadomość na jakiś temat
6. zapominać / zapomnieć o kimś	**f.** zobaczyć coś lub przekonać się o istnieniu czegoś
7. zapominać / zapomnieć o czymś	**g.** podlegać wpływowi kształtującemu pogląd, charakter, wrażliwość
8. zatrzymywać się / zatrzymać się przy czymś	**h.** nadmieniać, napomykać o kimś / o czymś, robić wzmiankę o kimś / o czymś (zwłaszcza mimochodem)
9. zawiadamiać / zawiadomić o czymś	**i.** coś się znajduje
10. znajdować *a.* ~ywać / znaleźć coś w czymś	**j.** brać wzór albo przykład z kogoś, naśladować kogoś lub coś, iść za czyimś przykładem
11. zostawać / zostać; coś zostało po kimś	**k.** coś przetrwało po czyjejś śmierci; stało się spadkiem lub spuścizną

Miejsce do wpisania właściwych połączeń:
[1 ....] [2 ....] [3 ....] [4 ....] [5 ....] [6 ....] [7 ....] [8 ....] [9 ....] [10 ....] [11 ....]

TRWAŁE ZWIĄZKI SKŁADNIOWE Z MIEJSCOWNIKIEM

• ***bujać / – w obłokach***	«marzyć, pogrążać się w marzeniach»
• ***być [znajdować się] w powijakach***	«być w stadium początkowym czegoś»
• ***być w błędzie***	«mylić się, nie wiedzieć, jak jest naprawdę»
• ***być w proszku***	«być jeszcze niegotowym, nieprzygotowanym»
• ***być w siódmym niebie***	«być bardzo szczęśliwym»
• ***chodzić / – z głową w chmurach***	«być oderwanym od rzeczywistości, marzyć, być roztargnionym»
• ***dawać / dać znać po sobie***	«wyrażać/~ić coś swoim zachowaniem, mimiką»
• ***grać komuś na nerwach***	«świadomie kogoś denerwować»
• ***konać / skonać w mękach***	«kończyć życie, umierać, cierpiąc»
• ***mieć kogoś / coś na oku***	«mieć kogoś / coś upatrzonego, wiązać z czymś / z kimś swoje plany, zamierzenia»
• ***mieć w małym palcu***	«być w czymś doskonale zorientowanym»

• *mieć w nosie*	«lekceważyć kogoś»
• *mieć źle w głowie*	«być lekkomyślnym, nierozsądnym»
• *oszukiwać / oszukać przy każdej okazji*	«oszukiwać w sytuacji, kiedy pojawiają się sprzyjające warunki, okoliczności, korzystna sytuacja, odpowiedni moment»
• *poznawać / poznać kogoś po chodzie*	«poznawać kogoś, kiedy idzie na podstawie charakterystycznego sposobu poruszania się krokami»
• *siedzieć komuś na karku*	«zamęczać kogoś swoją obecnością, naprzykrzać się komuś»
• *siedzieć na dwóch stołkach*	«być dwulicowym, prowadzić grę na dwa fronty, czerpiąc z tego korzyści, zyski»
• *siedzieć na walizkach*	«niecierpliwie oczekiwać podróży»
• *siedzieć / – w kieszeni u kogoś*	«być zależnym finansowo od kogoś»
• *zapominać / zapomnieć o bożym świecie*	«nie zwracać na nikogo i na nic uwagi»
• *– / zostać na lodzie*	«zostać czegoś pozbawionym, zostać pominiętym, zlekceważonym»
• *żyć / – na wysokiej stopie*	«żyć wystawnie, mieć dużo pieniędzy, pozwalać sobie na rzeczy luksusowe»

ZADANIE 5

Podkreśl właściwe konstrukcje składniowe z miejscownikiem.

WZÓR

0. «marzyć, pogrążać się w marzeniach»
- ☐ **bujać w obłoku**
- ☐ **<u>bujać w obłokach</u>**
- ☐ **bujać o obłoku**

1. «być w stadium początkowym czegoś»
- ☐ być [znajdować] się przy powijakach
- ☐ być [znajdować się] w powijakach
- ☐ być [znajdować] się na powijakach

2. «mylić się, nie wiedzieć, jak jest naprawdę»
- ☐ być przy błędzie
- ☐ być o błędzie
- ☐ być w błędzie

3. «być jeszcze niegotowym, nieprzygotowanym»
☐ być w proszku
☐ być na proszkach
☐ być po proszku

4. «być bardzo szczęśliwym»
☐ być na siódmym niebie
☐ być przy siódmym niebie
☐ być w siódmym niebie

5. «być oderwanym od rzeczywistości, roztargnionym; marzyć»
☐ chodzić na głowie w chmurach
☐ chodzić na głowie po chmurach
☐ chodzić z głową w chmurach

6. «wyrażać coś swoim zachowaniem, mimiką itp.»
☐ dawać znać przy sobie
☐ dawać znać po sobie
☐ dawać znać na sobie

7. «świadomie kogoś denerwować, dokuczać komuś»
☐ grać komuś na nerwie
☐ grać komuś na nerwach
☐ grać komuś w nerwach

8. «kończyć życie, umierać, cierpiąc»
☐ konać o mękach
☐ konać na mękach
☐ konać w mękach

9. «mieć coś upatrzonego, wiązać z czymś swoje plany, zamierzenia»
☐ mieć coś w oku
☐ mieć coś na oku
☐ mieć coś przy oku

10. «być w czymś doskonale zorientowanym»
☐ mieć (coś) w małym palcu
☐ mieć (coś) na małym palcu
☐ mieć (coś) przy małym palcu

ZADANIE 6

Podkreśl właściwe konstrukcje składniowe z miejscownikiem.

WZÓR

0. «lekceważyć coś»
☐ **mieć coś w nosie**
☐ **mieć coś na nosie**
☐ **mieć coś przy nosie**

1. «być lekkomyślnym, nierozsądnym»
☐ mieć źle przy głowie
☐ mieć źle na głowie
☐ mieć źle w głowie

2. «oszukiwać w sytuacji, kiedy pojawiają się sprzyjające warunki»
☐ oszukiwać przy każdej sposobności
☐ oszukiwać o każdej sposobności
☐ oszukiwać w każdej sposobności

3. «poznawać kogoś, kiedy idzie na podstawie charakterystycznego sposobu poruszania się krokami»
☐ poznawać kogoś po chodzie
☐ poznawać kogoś w chodzie
☐ poznawać kogoś na chodzie

4. «zamęczać kogoś swoją obecnością, naprzykrzać się»
☐ siedzieć komuś przy karku
☐ siedzieć komuś na karku
☐ siedzieć komuś w karku

5. «być dwulicowym, prowadzić grę na dwa fronty, czerpiąc z tego korzyści, zyski»
☐ siedzieć w dwóch stołkach
☐ siedzieć przy dwóch stołkach
☐ siedzieć na dwóch stołkach

6. «niecierpliwie oczekiwać podróży, być do niej przygotowanym»
☐ siedzieć w walizkach
☐ siedzieć na walizkach
☐ siedzieć przy walizkach

7. «być zależnym finansowo od kogoś, być zadłużonym u kogoś»
☐ siedzieć w kieszeni u kogoś
☐ siedzieć na kieszeni u kogoś
☐ siedzieć po kieszeni u kogoś

8. «nie zwracać na nikogo i na nic uwagi»
☐ zapomnieć przy bożym świecie
☐ zapomnieć w bożym świecie
☐ zapomnieć o bożym świecie

9. «zostać czegoś pozbawionym, zostać pominiętym, zlekceważonym»
☐ zostać w lodzie
☐ zostać na lodzie
☐ zostać przy lodzie

10. «żyć wystawnie, mieć dużo pieniędzy, pozwalać sobie na rzeczy luksusowe»
☐ żyć na wysokiej stopie
☐ żyć przy wysokiej stopie
☐ żyć o wysokiej stopie

ZADANIA SYSTEMOWE

ZADANIE 7

Przy pomocy słownika języka polskiego sprawdź, jakie znaczenia mają następujące czasowniki z dopełnieniami w miejscowniku. Połącz je z właściwymi definicjami zawartymi w kolumnie B.

WZÓR

ktoś dostał coś **po kimś**	odziedziczył

A.	B.
1. coś **mieszka w kimś**	**a.** ktoś rozpoznał kogoś
2. coś **siedzi w kimś**	**b.** stale myśleć o czymś lub doznawać czegoś
3. coś **widać po kimś**, że...	**c.** ktoś prawidłowo ocenił kogoś
4. coś **zniknęło w czymś**	**d.** coś stało się bardzo ważne dla kogoś
5. ktoś **mieszka przy kimś**, *pot.*	**e.** ktoś osiągnął zysk czyimś kosztem
6. ktoś **poznał kogoś po czymś**, np. po głosie	**f.** ktoś potrafi trafnie ocenić innych
7. ktoś **poznał się na kimś**	**g.** ktoś nie odszedł, nie opuścił drugiej osoby
8. ktoś **zakochał się w czymś**	**h.** coś zostało po kimś
9. ktoś **zarobił na kimś**	**i.** jest obecne
10. ktoś **zna się na czymś**	**j.** ktoś ma dużą wiedzę lub duże umiejętności w jakimś zakresie
11. ktoś **zna się na kimś**	**k.** można wyciągnąć wniosek, że...
12. ktoś **został przy kimś**	**l.** coś przestało być widoczne
13. ktoś **zostawił** coś **po sobie**	**ł.** ktoś nie ma własnego mieszkania

Miejsce do wpisania właściwych połączeń:

[1 ....] [2 ....] [3 ....] [4 ....] [5 ....] [6 ....] [7 ....] [8 ....] [9 ....] [10 ....] [11 ....] [12 ...] [13 ....]

ZADANIE 8

Przy pomocy słownika języka polskiego sprawdź, jakie znaczenia mają następujące czasowniki z dopełnieniami w miejscowniku. Połącz je z właściwymi definicjami zawartymi w kolumnie B.

WZÓR

być na cenzurowanym	być obiektem krytyki, oceny, obserwacji

A.

1. **być na dobrej drodze**
2. **być na ostatnich nogach**
3. **być na poziomie**
4. **być** z kimś **na wojennej ścieżce**
5. **być nie na miejscu**
6. **być nie w sosie**
7. **być przy forsie**; *pot.*
8. **być przy nadziei**
9. **być przy zdrowych zmysłach**
10. **być w jednym kawałku**

B.

a. toczyć z kimś spór
b. być uważanym za nieodpowiednie
c. mieć dużo pieniędzy
d. o człowieku – być dobrze wychowanym
e. mieć zły humor
f. stanowić całość
g. być bardzo wyczerpanym
h. o kobiecie – spodziewać się dziecka
i. zachowywać pełnię władz umysłowych
j. coś idzie / toczy się dobrze

Miejsce do wpisania właściwych połączeń:
[1 ....] [2 ....] [3 ....] [4 ....] [5 ....] [6 ....] [7 ....] [8 ....] [9 ....] [10 ....]

ZADANIE 9

Przy pomocy słownika języka polskiego sprawdź, jakie znaczenia mają następujące czasowniki z dopełnieniami w miejscowniku. Połącz je z właściwymi definicjami zawartymi w kolumnie B. Wzór – jak w zadaniu 8.

A.

1. **być** z czymś **w lesie**
2. **być w proszku**
3. **być w zwyczaju**
4. **być w dobrych rękach**
5. **być w kropce**
6. **mieć** coś **w głowie**
7. **mieć** kogoś / coś **w cenie**
8. **mieć w czubie**; *pot.*
9. **mieć** kogoś / coś **na myśli**
10. **mieć** coś **na końcu języka**

B.

a. znajdować się pod dobrą opieką
b. być powszechnie uznawanym
c. być w trudnej sytuacji
d. zajmować się tylko jednym
e. nie móc sobie czegoś przypomnieć
f. myśleć o kimś / o czymś
g. być opóźnionym w jakiejś pracy
h. być jeszcze niegotowym, nieprzygotowanym
i. być pijanym
j. doceniać kogoś / coś, szanować kogoś / coś

Miejsce do wpisania właściwych połączeń:
[1 ....] [2 ....] [3 ....] [4 ....] [5 ....] [6 ....] [7 ....] [8 ....] [9 ....] [10 ....]

MIEĆ COŚ W JEDNYM PALCU
CIEKAWOSTKI FRAZEOLOGICZNE I CYTATY

UWAGA

W każdej jednostce lekcyjnej podajemy:
1. kilka związków frazeologicznych związanych z tematyką lekcji wraz z ich definicjami słownikowymi, albo:
2. kilka ciekawych cytatów.
Przeczytaj polecenie (poniżej) i wykonaj zadanie.

ZADANIE 10

Przeczytaj poniżej podane związki frazeologiczne i użyj ich w zdaniach.

WZÓR

0. brać / wziąć (sobie) *kogoś / coś* na głowę

DEFINICJA: «brać na siebie jakiś obowiązek, odpowiedzialność za kogoś / za coś»

PRZYKŁAD: *Miała wiele kłopotów i wzięła sobie na głowę psa na wychowanie.*

1. chodzić po prośbie

DEFINICJA: «żebrać, utrzymywać się z jałmużny»

PRZYKŁAD: ....

2. chodzić na rzęsach

DEFINICJA: «starać się bardzo, żeby coś się udało»

PRZYKŁAD: ....

3. czytać *w czyimś* sercu

DEFINICJA: «odgadywać czyjeś pragnienia»

PRZYKŁAD: ....

4. gubić się w domysłach
DEFINICJA: «bezskutecznie starać się coś zrozumieć»
PRZYKŁAD: ....

5. *komuś* się kręci / zakręciło się w głowie
DEFINICJA: «ktoś ma zawroty głowy»
PRZYKŁAD: ....

6. maczać *w czymś* palce
DEFINICJA: «potajemnie w czymś uczestniczyć, być jednym ze sprawców czegoś ocenianego negatywnie»
PRZYKŁAD: ....

7. coś rozchodzi się / rozejdzie się / rozeszło się po kościach
DEFINICJA: «coś kończy się / skończyło się bez przykrych skutków, mija / minęło bez konsekwencji»
PRZYKŁAD: ....

8. siedzieć *komuś* na karku
DEFINICJA: «zamęczać kogoś swoją obecnością, naprzykrzać się»
PRZYKŁAD: ....

9. smażyć się we własnym sosie
DEFINICJA: «zajmować się stale tym samym»
PRZYKŁAD: ....

10. ślizgać się po powierzchni *czegoś*
DEFINICJA: «nie wnikać w istotę czegoś, traktować coś bardzo powierzchownie»
PRZYKŁAD: ....

9. *Czasami głuchy lepiej cię wysłucha niż bliski*

pytanie rodzimego użytkownika języka

Czy odmieniać nazwiska?

Złości mnie maniera nieodmieniania nazwisk. Dziecko przyniosło ze szkoły pięknie wypisany dyplom. Cóż z tego, skoro wstyd mi go pokazać. Na dyplomie bowiem imię jest odmienione, nazwisko zaś nie. Całość sprawia wrażenie co najmniej dziwne. Nikt nie zadał sobie trudu opracowania tekstu, by nazwisko występowało w mianowniku. Nieśmiała uwaga rzucona w towarzyskiej rozmowie wywołała burzę. Podobno niepotrzebnie się czepiam drobiazgów, skoro nawet w sądzie protokoły zawierają takie konstrukcje i nikomu to nie przeszkadza. Mnie przeszkadza! Na dowód, że nie mam racji, pokazano mi taki dokument. (...) Pokusiłam się nawet o uwagę, że nie podpisałabym takiego sądowego dokumentu, bo nazwisko nieodmienione uznałabym za obce. Śmiech rozmówców mnie ogłuszył. Podobno z sądem się nie dyskutuje. Uważam, że mam rację. Proszę o poradę, jak postąpić w sytuacji, gdy urzędowo ktoś przekręca moje nazwisko i czyni to w majestacie prawa.

odpowiedź poradni językowej

Szanowna Pani!

Przyjemnie byłoby sądzić, że instytucje, które nie próbują odmieniać nazwisk budzących jakiekolwiek wątpliwości (bo jednak nazwiska pana Nowaka czy pana Kwiatkowskiego odmieniają), czynią tak z delikatności i z obawy, by odmianą nie urazić nosiciela nazwiska. Niestety bardziej prawdopodobne jest, że wynika to z wygodnictwa i nieuctwa, a w najlepszym razie z dogmatyzmu urzędniczego. Sam, choć z oporami, na czeku, nad kreską, pod którą znajduje się słowo komu, piszę Jerzy Bralczyk zamiast, jak chciałbym, Jerzemu Bralczykowi. Boję się, że bank mi nie wypłaci pieniędzy.

Jednakże na dokumentach, w szczególności na dyplomach i innych pismach o funkcji honorującej, na których nasze (i inne) nazwiska mają się ze względów gramatycznych pojawiać w przypadku zależnym, odmiana jest konieczna! Niewiele mamy nazwisk mężczyzn, które brzmią tak samo w każdym przypadku gramatycznym, ogromna większość to nazwiska poddające się odmianie. Życzę dalszej stanowczości i nieulegania presjom wyśmiewających.
Pozdrawiam serdecznie
Jerzy Bralczyk

Źródło – http://poradnia.pwn.pl

Prof. Miodek: Nazwiska trzeba odmieniać!
Ludzie mówią do siebie normalnie, język sztywnieje w oficjalnych dokumentach – mówi profesor Jan Miodek.

Panie profesorze, dlaczego ludzie nie chcą odmieniać nazwisk?
Krąży jakaś fałszywa opinia, że w tekstach oficjalnych nazwisk się nie odmienia. Bo w życiu codziennym, w mowie żywej nie jest źle. Ludzie chodzą do Nowaka, przyglądają się Nowakowi, podchodzą do Widery, Pietraszki i Widerze albo Pietraszce coś dają. Ale jak teraz trzeba temu Nowakowi, Widerze albo Pietraszce dać dyplom, nagle następuje jakieś zdumiewające usztywnienie postaw gramatycznych i dyplom uznania jest „dla Jana Nowak". Ja to widzę na dyplomach, ja to widzę w dedykacjach uczniowskich, ja to widzę i słyszę w intencjach mszalnych!

W kościele na każdej mszy odczytywane są nazwiska w intencjach, z reguły nieodmienione.
Ja kiedyś usłyszałem, że to jest msza koncelebrowana: jedna intencja w 10. rocznicę śmierci Jana Kowalczyka, a druga w 5. rocznicę śmierci Stanisława Pawełczyk. Ja wiem, skąd się to wzięło. Rodzina tego pierwszego na kartce z intencją po ludzku to nazwisko odmieniła, druga podyktowała proboszczowi formę nieodmienioną.

Proboszcz mógł poprawić na ambonie, ale zazwyczaj nazwiska w intencjach są nieodmienione.
Ja się raz na kolędzie zapytałem księdza, dlaczego to tak wygląda w kościele. Proboszcz mi odpowiedział, że ludzie się obrażają, jak nazwiska są odmienione. (...)

Nazwisk nie odmieniają także niektórzy nauczyciele.
W zeszłym tygodniu dowiedziałem się, jak to jedna nauczycielka powiedziała, że nie należy odmieniać nazwisk znaczących. Trudno mi było zachować spokój, bo nie ma ani jednego nazwiska etymologicznie nieznaczącego! (...)

A nazwiska obce?
Też się odmieniają, zwłaszcza te, które takiej prostej odmianie podlegają. (...)

Pisaliśmy o jubileuszach złotych godów. Jeden z Czytelników zapytał mnie, czy pytałem pary małżeńskie o zgodę na odmienianie ich nazwisk.

Wiadomo, że jest 50-lecie małżeństwa państwa Nowaków, chociaż oczywiście 95 procent ludzi napisze w oficjalnym tekście, że to złote gody „państwa Nowak". To jest błąd!

Kłopot jest w tym, że wiele osób nie życzy sobie odmieniania ich nazwiska.
Genialny matematyk i świetny aforysta Hugo Steinhaus powiedział takim, którzy nie życzyli sobie odmieniania ich nazwiska: „Pan jest właścicielem swojego nazwiska tylko w mianowniku liczby pojedynczej. Pozostałymi przypadkami rządzi gramatyka!". To tak samo, jakbym ja zażyczył sobie, że w telewizji ma być plansza „Był to program pana Miodek". To jest przecież nonsensowna prośba! **Przypominam wszystkim – w języku polskim nazwiska należy odmieniać.**

www.nto.pl/apps/pbcs.dll/article?

OSOBLIWOŚCI W ODMIANIE RZECZOWNIKÓW. PRZYMIOTNIKOWA ODMIANA IMION, NAZWISK. ODMIANA MIESZANA RZECZOWNIKÓW

O osobliwościach w odmianie rzeczowników polskich pisaliśmy już wcześniej (zob. wykład o odmianie supletywnej w lekcji numer 4, a zwłaszcza załączone w niej przykłady rzeczowników i ich formy). Czas wspomnieć teraz o tak zwanej odmianie mieszanej rzeczowników odmieniających się jak przymiotniki, tworzących dość duże grupy (klasy). Podlegają jej przede wszystkim: 1. rodzime nazwy osobowe (łac. *nomina propria*), 2. nazwy zawodów, jak np. *leśniczy*, *motorniczy*, 3. wyrazy takie, jak: *garbaty*, czyli 'człowiek mający garb', *niewierny* 'człowiek niewyznający religii mahometańskiej, giaur', *oskarżony* 'człowiek postawiony w stan oskarżenia przed sądem'; *pieszy* 'człowiek poruszający się pieszo', *ranny* 'osoba, która odniosła obrażenia ciała, zwłaszcza poważne' itd.

Niektóre rzeczowniki męskoosobowe należące do klasy leksemów o mieszanej odmianie (przykłady: *leśniczy*, *motorniczy*) charakteryzują się rzeczownikowymi końcówkami mianownika liczby mnogiej *–owie*, inne zaś (przykłady: *Andrzejewski*, *Kowalski*, *bliski*, *bliźni*, *głuchy*) końcówkami przymiotnikowymi *–y* lub *–i*. Nieliczne z nich (przykłady: *bliźni*, *niewierzący*, *przewodniczący*, *służący*, *śledczy*) mają formy mianownika liczby mnogiej identyczne z formami mianownika liczby pojedynczej.

Poniżej zamieszczamy kompletne listy rzeczowników osobliwych, wzory odmian, praktyczne rady i różnorodne ćwiczenia, dotyczące:
1. przymiotnikowej odmiany imion typu: *Antoni*, *Jerzy, Konstanty*;
2. przymiotnikowej odmiany nazwisk zakończonych na : *–ski*, *–cki*, *–ska*, *–cka*, *–dzka*;
3. odmiany mieszanej rzeczowników typu: *bliźni*, *chory*, *leśniczy*, *podróżny*, *woźny*.

PRZYMIOTNIKOWA ODMIANA IMION TYPU: *Antoni*, *Jerzy*, *Konstanty*

Imiona męskie zakończone na *–y* lub *–i* również odmieniają się jak przymiotniki. Poniżej ich lista:

	wzór odmiany		wzór odmiany		wzór odmiany
Achacy*	003	Afrodyzy*	003	Alojzy	003
Afanazy*	003	Aleksy	003	Ambroży	003

Anastazy	003	Gerwazy	003	Marceli	002
Anatoli	002	Glicery*	003	Maurycy	003
Antoni	001	Hilary	003	Metody	003
Apolinary	003	Hipacy*	003	Nazary*	003
Arkady	003	Horacy*	003	Onufry	003
Atanazy*	003	Idzi	001	Pafnucy*	003
Austelli*	002	Ignacy	003	Pankracy	003
Bazyli	002	Innocenty*	003	Paschazy*	003
Bonifacy	003	Jacenty*	003	Patrycy*	003
Cezary	003	January*	003	Protazy	003
Dezydery*	003	Jeremi	001	Serwacy*,	003
Dionizy	003	Jerzy	003	Teodozy*	003
Epifani*	001	Konstanty	003	Walenty	003
Eustachy	003	Korneli	002	Walery	003
Florenty*	003	Krescenty*	003	Wicenty	003
Gaudenty*	003	Ksawery	003	Wincenty	003
Gaudiozy*	003	Laurenty*	003	Zachary*	003
Gelazy*	003	Makary	003		

* Bardzo rzadko używane.

WZÓR ODMIANY IMION (ODMIANA PRZYMIOTNIKOWA)

	Imiona zakończone na –i **001**	*Imiona zakończone na –i* **002**	*Imiona zakończone na –y* **003**
M.	Antoni	Marceli	Jerzy
D.	Antoniego	Marcelego	Jerzego
C.	Antoniemu	Marcelemu	Jerzemu
B.	Antoniego	Marcelego	Jerzego
N.	(z) Antonim	(z) Marcelim	(z) Jerzym
Msc.	(o) Antonim	(o) Marcelim	(o) Jerzym
W.	Antoni	Marceli	Jerzy

to warto zapamiętać I

praktyczne rady ułatwiające zapamiętanie procesów zachodzących w języku polskim i osobliwości polszczyzny

Jeśli masz kolegę, znajomego, przyjaciela lub szefa o jednym z wyżej wymienionych imion, pamiętaj, że:

1. formy wołacza imion tego typu są równe formom mianownika;
przykład: *Jerzy, Antoni → panie Jerzy!, panie Antoni!*;

2. imiona kończące się na *–li* tracą literę *i* w całym paradygmacie;
przykład: *Marceli → Marcelego.*

ZADANIE 1

Wpisz właściwe formy imion znajdujących się w nawiasach.

WZÓR
Antoni szedł z Marcelim i rozmawiali o Jerzym. *(Jerzy).*

1. Jerzy szedł z Marcelim i rozmawiali o .... *(Antoni).*
2. Jerzy lubił .... *(Marceli)*, ale nie lubił .... *(Antoni).*
3. Antoni skończył studia dzięki .... *(Jerzy).*
4. Jerzy nigdy nie mówił źle o .... *(Antoni)* przy .... *(Marceli).*
5. Antoni nie wiedział czy .... *(Jerzy)* lubi .... *(Marceli).*
6. Marceli ufał .... *(Antoni)*, a .... *(Antoni)* nie ufał .... *(Marceli).*
7. Marceli wolał spędzać czas z .... *(Jerzy)* niż z .... *(Antoni).*

PRZYMIOTNIKOWA ODMIANA NAZWISK ZAKOŃCZONYCH NA *–ski, (–ska) / cki, (cka) / –dzki, (–dzka)*

ZADANIE 2

Określ formy przypadków, w których pojawiają się podkreślone w części A nazwiska i wpisz je w części B.

A.

1. Od rana czekam na pana Ksawerego Prószyńskiego i na panią Anabelę Prószyńską.

2. Jutro o jedenastej mam spotkanie z panią Różą Różańską, a potem z panem Jerzym Różańskim.

3. Po obiedzie opowiem wam wszystko o panu Janie Kowalskim, a moja żona opowie wam o pani Janinie Kowalskiej.
4. Dowiedziałem się, że policja kryminalna dokonała o świcie rewizji u pana Piotra Siedleckiego, a w godzinę później pojawiła się u pani Kasi Siedleckiej.
5. Słyszeliście, że konkurs na lektora języka polskiego wygrał pan Antoni Piotrowski – mąż Aliny Piotrowskiej?
6. Podobno szukała mnie pani Helena Malinowska – wdowa po kamerdynerze Władysławie Malinowskim?
7. Zaprosiliśmy na kolację pana Jana Wróblewskiego, ale nie zaprosiliśmy jego żony pani Wisławy Wróblewskiej.
8. Wczoraj wręczyłem wypowiedzenie z pracy Jerzemu Zawadzkiemu, drugiemu mężowi Kunegundy Zawadzkiej.
9. Oddałem pieniądze panu Wojciechowi Wojewódzkiemu, a pani Wiesławie Wojewódzkiej pożyczyłem kolejny milion.
10. Kiedy ich widzę, mam ochotę krzyczeć: „O, panie Brunonie Toruński! O, prześliczna pani Estero Toruńska!”.

WZÓR

Zdanie 0:	
Znam Antoniego Chmurskiego.	– imię i nazwisko w formie **biernika**
Lubię Antoninę Chmurską.	– imię i nazwisko w formie **biernika**

B.
Zdania:

1.	Ksawerego Prószyńskiego	– imię i nazwisko w formie ....
	Anabelę Prószyńską	– imię i nazwisko w formie ....
2.	Różą Różańską	– imię i nazwisko w formie ....
	Jerzym Różańskim	– imię i nazwisko w formie ....
3.	Janie Kowalskim	– imię i nazwisko w formie ....
	Janinie Kowalskiej	– imię i nazwisko w formie ....
4.	Piotra Siedleckiego	– imię i nazwisko w formie ....
	Kasi Siedleckiej	– imię i nazwisko w formie ....
5.	Antoni Piotrowski	– imię i nazwisko w formie ....
	Aliny Piotrowskiej	– imię i nazwisko w formie ....
6.	Helena Malinowska	– imię i nazwisko w formie ....
	Władysławie Malinowskim	– imię i nazwisko w formie ....
7.	Jana Wróblewskiego	– imię i nazwisko w formie ....
	Wisławy Wróblewskiej	– imię i nazwisko w formie ....

8.	Jerzemu Zawadzkiemu	– imię i nazwisko w formie ....
	Kunegundy Zawadzkiej	– imię i nazwisko w formie ....
9.	Wojciechowi Wojewódzkiemu	– imię i nazwisko w formie ....
	Wiesławie Wojewódzkiej	– imię i nazwisko w formie ....
10.	Brunonie Toruński	– imię i nazwisko w formie ....
	Estero Toruńska	– imię i nazwisko w formie ....

POCHODZENIE NAZWISK POLSKICH

Polskie nazwiska zakończone na *–ski, –cki* lub rzadziej *–dzki* mogą pochodzić od:

◆ nazw miejscowości, na przykład: *Krakowski* – od nazwy miasta Kraków;

◆ imion: *Wojciechowski* → Wojciech, *Piotrowski* → Piotr, *Janowski* → Jan;

◆ cech fizycznych, charakteru człowieka: *Wysocki* → wysoki, *Małecki* → mały;

◆ nazw zwierząt, ptaków, ryb: *Kozłowski* → kozioł, *Gawroński* → gawron;

◆ od nazw roślin (kwiaty, drzewa, krzewy itd.): *Dąbrowski* → dąb, *Jabłoński* → jabłoń;

◆ od nazw miesięcy lub dni tygodnia: *Majewski* → maj, *Niedzielski* → niedziela.

Pierwotnie nazwiska o tym zakończeniu rezerwowano wyłącznie dla szlachty. Z biegiem czasu mieszczanie i bogate chłopstwo mogli cieszyć się z otrzymania tak pięknie brzmiącego po polsku nazwiska. Poniżej – kilkanaście nazwisk tego typu. Ustal ich pochodzenie i wpisz informacje zgodne z podanym wzorem.

ZADANIE 3

Określ pochodzenie nazwisk.

WZÓR

nazwisko Kowalski	**– pochodzi od nazwy zawodu kowal**

1. Cichocki	– pochodzi od ....
2. Kaczyński	– pochodzi od ....
3. Kwiatkowski	– pochodzi od ....

4. Lubelski – pochodzi od ....
5. Malinowski – pochodzi od ....
6. Michalski – pochodzi od ....
7. Niedzielski – pochodzi od..
8. Pawłowski – pochodzi od ....
9. Rybicki – pochodzi od ....
10. Tomaszewski – pochodzi od ....
11. Wesołowski – pochodzi od ....
12. Wiśniewski – pochodzi od ....
13. Wróblewski – pochodzi od ....
14. Wrzesiński – pochodzi od ....

WZÓR ODMIANY NAZWISK ZAKOŃCZONYCH NA *–ski, –cki, –dzki*

	rodzaj męski – l.p.	*rodzaj żeński – l.p.*	*liczba mnoga*
M.	pan Rybicki	pani Rybicka	państwo Rybiccy
D.	pana Rybickiego	pani Rybickiej	państwa Rybickich
C.	panu Rybickiemu	pani Rybickiej	państwu Rybickim
B.	pana Rybickiego	panią Rybicką	państwa Rybickich
N.	(z) panem Rybickim	(z) panią Rybicką	(z) państwem Rybickimi
Msc.	(o) panu Rybickim	(o) pani Rybickiej	(o) państwu Rybickich
W.	panie Rybicki	pani Rybicka	państwo Rybiccy

Przykłady nazwisk zakończonych na *–ski, –cki, –dzki.*

–ski	***–cki***	***–dzki***
Andrzejewski	Górecki	Bieszczadzki
Baczyński	Kubicki	Rudzki
Cybulski	Nidecki	Sąsiedzki
Kochanowski	Paprocki	Wojewódzki
Kowalski	Potocki	Zawadzki
Wyspiański	Wiśniowiecki	

ZADANIE 4

Wpisz odpowiednie formy nazwisk zakończonych na *–ski, –cki, –dzki.*

WZÓR

Andrzejewski / Cybulski

Myślałam o panu mecenasie Andrzejewskim, a pomyliłam go z panem Cybulskim.

Kubicki / Andrzejewski

1. Państwo .... przyjaźnili się z państwem .... od lat.

Andrzejewski / Kubicki

2. Państwo .... dzięki państwu .... poznali wielu innych przyjaciół.

Wyspiański / Wyspiańska

3. Pewnego dnia poznali podczas spaceru pana .... i panią ....

Zawadzki / Rudzki

4. Na tym samym osiedlu mieszkała rodzina .... i ....

Andrzejewski / Wiśniowiecka

5. Umówili się z państwem ...., że wkrótce odwiedzą panią ....

Wiśniowiecka / Potocki

6. Pani .... była wdową i pochodziła ze znanej rodziny ....

Kowalski

7. Jej szwagrem był syn pana ...., człowieka o jednym z najbardziej popularnych nazwisk w Polsce.

Kowalski / Wiśniowiecki

8. Wśród tysiąca najpopularniejszych nazwisk polskich .... jest około stu czterdziestu tysięcy osób, a .... około stu dziesięciu tysięcy.

to warto zapamiętać II

praktyczne rady ułatwiające zapamiętanie procesów zachodzących w języku polskim i osobliwości polszczyzny

We wszystkich nazwiskach tego typu (zob. przykłady na str. 180) zachodzi typowa dla języka polskiego alternacja ***k*** → ***c***. A zatem nazwiska zakończone na ***–ski*** / ***–ska*** w liczbie pojedynczej otrzymają w mianowniku liczby mnogiej zakończenie ***–scy***.

przykład: Andrzejew**ski** / Andrzejew**ska** → Andrzejw**scy**

Nazwiska zakończone na ***–cki*** / ***–cka*** w liczbie pojedynczej otrzymają w mianowniku liczby mnogiej zakończenie ***–ccy***.

przykład: Rybi**cki** / Rybi**cka** → Rybi**ccy**

Nazwiska zakończone na ***–dzki*** / ***–dzka*** w liczbie pojedynczej otrzymają w mianowniku liczby mnogiej zakończenie ***–dzcy***.

przykład: Ru**dzki** / Ru**dzka** → Ru**dzcy**

PRZYMIOTNIKOWA ODMIANA RZECZOWNIKÓW TYPU: *bliźni, chory, leśniczy, podróżny, woźny*

W polszczyźnie współczesnej istnieje niewielka grupa rzeczowników męskoosobowych wskazujących na nazwy zawodów, stanowisk, funkcji, stopni wojskowych (np. *motorniczy, duchowny, leśniczy, chorąży*), które odmieniamy jak przymiotniki. Pośród nich odnajdziemy wyrazy postrzegane jako archaiczne (np. *odźwierny, podkomorzy, podstoli*), wyrazy rzadko używane (np. *budowniczy, krojczy, poddany, przetokowy*), wyrazy wychodzące z użycia (*ładowniczy, służący, zwrotniczy*), jak również rzeczowniki często używane (*chory, motorniczy, oskarżony, podróżny* itd.).

Ze względu na ich charakterystyki (zakończenia na *–i*, *–y* w mianowniku liczby pojedynczej, stałą przynależność wyrazów tego typu do rodzaju męskożywotnego w liczbie pojedynczej i męskoosobowego w liczbie mnogiej) wyróżnimy w odmianie poniżej (tabela, str. 183) paradygmaty: **001** dla rzeczowników zakończonych na *–y* i **002**, **003** dla zakończonych na *–i*.

Analizując tabele zamieszczone na następnej i kolejnych stronach (184–187), nietrudno zauważyć, że w mianowniku liczby mnogiej rodzaju męskoosobowego mamy do czynienia z różnymi zakończeniami rzeczowników. Z tego względu warto im się przyjrzeć, by odmiana leksemów tego typu nie zawsze oczywista dla rodzimego użytkownika języka polskiego, nie budziła wątpliwości w obcojęzycznym użytkowniku.

Wzory odmiany rzeczowników o końcówkach przymiotnikowych

	liczba pojedyncza			liczba mnoga		
	001	**002**	**003**	**001**	**002**	**003**
M.	**skazany**	**bliski**	**podstoli**	zob. inf. na str. 186	zob. inf. na str. 184	zob. inf. na str. 186
D.	skazanego	bliskiego	podstolego[1]	skazanych	bliskich	podstolich
C.	skazanemu	bliskiemu	podstolemu	skazanym	bliskim	podstolim
B.	skazanego	bliskiego	podstolego	skazanych	bliskich	podstolich
N.	skazanym	bliskim	podstolim	skazanymi	bliskimi	podstolimi
Msc.	skazanym	bliskim	podstolim	skazanych	bliskich	podstolich
W.	skazany	bliski	podstoli	= M. l.m.	= M. l.m.	= M. l.m.

ĆWICZENIE 5

Wpisz odpowiednie formy liczby mnogiej rzeczownika męskoosobowego *bliski* wraz z formami mu towarzyszącymi.

WZÓR

0. ***mój, bliski*** — **W ciągu ostatnich lat odeszło wielu moich bliskich.**

1. ***nasz, bliski*** — Ludzie, z którymi łączą nas więzy pokrewieństwa lub serdeczne uczucia to ....

2. ***swój, bliski*** — Święta kościelne Polacy lubią spędzać ze ....

3. ***mój, bliski*** — Znowu jestem z moją rodziną i z ....

4. ***jego bliski*** — Martwiła się o męża i ....

5. ***jej bliski*** — Martwił się o nią i ....

6. ***twój, bliski*** — Piotrze, ... są dla mnie tak samo ważni, jak moi.

7. ***wasz, bliski*** — Kochani, ... są dla nas tak samo ważni, jak nasi.

8. ***ich bliski*** — .... byli niemniej ważni dla mnie niż twoi.

[1] Zobacz uwagę w części *To warto zapamiętać*, str. 177, p. 2.

9. ***żaden bliski***	Nie mam już ....; zostałam sama.
10. ***każdy bliski***	Cieszy mnie każdy bliski; cieszą mnie ...., którzy spotykają się u mnie w domu.

Słowniczek rzeczowników pospolitych zakończonych na –y / –i

hasło	*wzór*	*M. lm*	*definicja*
1. bliski	002	*bliscy*	człowiek spokrewniony, związany więzami rodzinnymi lub serdecznymi uczuciami
2. bliźni	002	*bliźni*	według nauki chrześcijańskiej – każdy człowiek w stosunku do drugiego człowieka
3. budowniczy*	001	*~owie*	**1.** człowiek opracowujący plany budowli lub zespołu budowli, **2.** przodownicy pracy oraz zasłużeni politycy, naukowcy, artyści w okresie istnienia Polskiej Rzeczypospolitej Ludowej (PRL)
4. celowniczy	001	*~owie*	żołnierz obsługujący przyrządy celownicze działa
5. chorąży	001	*~owie*	żołnierz mający stopień wyższy od podoficera, a niższy od oficera
6. chory	001	*chorzy*	osoba, u której stwierdzono chorobę, pacjent
7. duchowny	001	*~ni*	osoba pełniąca funkcje w Kościele, np. ksiądz, pastor, zakonnik
8. dyżurny	001	*~ni*	osoba pełniąca dyżur (w szkole, szpitalu)
9. gajowy	001	*~wi*	człowiek zajmujący się ochroną lasu; strażnik lasu
10. garbaty	001	*~ci*	człowiek mający garb, czyli wypukłość na plecach
11. głuchy	001	*głusi*	człowiek nieodbierający dźwięków, niesłyszący
12. horodniczy*	001	*~owie*	urzędnik czuwający nad stanem fortyfikacji zamku; klucznik
13. koniuszy*	001	*~owie*	przełożony nad stajniami królewskimi lub książęcymi
14. krajczy*	001	*~owie*	urzędnik zajmujący się krojeniem i próbowaniem potraw w czasie uczt królewskich

15. krojczy	001	*~czowie*	pracownik zakładu krawieckiego zajmujący się krojeniem materiałów, skór itp. na ubrania
16. kulawy	001	*~wi*	człowiek kaleki, utykający, powłóczący nogą, kulejący; chromy
17. leśniczy	001	*~owie*	administrator wydzielonego obszaru leśnego
18. ładowniczy	001	*~owie*	żołnierz ładujący (wkładający) pociski do działa
19. łowczy	001	*~owie*	osoba zajmująca się organizowaniem polowań
20. manewrowy	001	*~wi*	pracownik kolei zajmujący się przetaczaniem wagonów; *zob.* przetokowy
21. mierniczy	001	*~owie*	fachowiec zajmujący się pomiarami i wykonaniem planów terenu; geometra
22. motorniczy	001	*~owie*	osoba kierująca tramwajem; motorowy
23. motorowy	001	*~wi*	to samo co motorniczy; *zob.* motorniczy
24. myśliwy	001	*~wi*	człowiek polujący na zwierzynę
25. najbliższy	001	*~żsi*	krewny lub przyjaciel, którego / których obdarzamy najserdeczniejszymi odczuciami
26. niemy	001	*~mi*	osoba, która jest niema (pozbawiona zdolności mówienia); niemowa
27. niewidomy	001	*~mi*	osoba, która nie widzi z powodu wady lub utraty wzroku; ociemniały, ślepy
28. niewierny	001	*~ni*	człowiek niewyznający religii mahometańskiej (mahometan); giaur
29. niewierzący	001	*~ący*	osoba niewierząca w boga; *zob.* niewierny
30. ociemniały	001	*~ali*	to samo co niewidomy
31. odźwierny*	001	*~ni*	osoba pełniąca służbę u drzwi
32. oskarżony	001	*~żeni*	człowiek postawiony w stan oskarżenia przed sądem; ten, przeciwko któremu wszczęto postępowanie sądowe; podsądny
33. pieszy	001	piesi	człowiek poruszający się pieszo
34. podchorąży	001	*~owie*	kandydat na oficera uczący się w szkole oficerskiej
35. podczaszy*	001	*~owie*	urzędnik królewski i książęcy sprawujący pieczę nad trunkami w czasie uczt i piwnicami władcy

36. poddany	001	*~ni*	człowiek podlegający feudalnemu władcy; także obywatel królestwa albo księstwa
37. podkomorzy*	001	*~owie*	urzędnik królewski i książęcy, sprawujący pieczę nad komnatami władcy
38. podkoniuszy*	001	*~owie*	urzędnik dworski zarządzający stajnią księcia
39. podróżny	001	*~ni*	człowiek, który właśnie odbywa podróż, zwykle jakimś środkiem komunikacji zbiorowej
40. podsądny	001	*~ni*	osoba pociągnięta do odpowiedzialności karno-sądowej; oskarżony
41. podskarbi*	002	*~biowie*	urzędnik zarządzający skarbem, finansami państwa lub króla
42. podstoli*	003	*~lowie*	urzędnik królewski i książęcy sprawujący pieczę nad stołami w czasie uczt
43. podwładny	001	*~ni*	człowiek będący pod czyimś zwierzchnictwem, podlegający komuś
44. poszkodowany	001	*~ni*	osoba, która doznała krzywdy lub obrażeń ciała, poniosła szkodę materialną
45. prawosławny	001	*~ni*	osoba wyznająca prawosławie
46. przełożony	001	*~żeni*	osoba będąca czyimś zwierzchnikiem
47. przetokowy	001	*~wi*	pracownik kolei zajmujący się przetaczaniem wagonów; manewrowy
48. przewodniczący	001	*~cy*	osoba kierująca obradami, posiedzeniem
49. rabbi	002	*~bbiowie*	honorowy tytuł żydowskiego nauczyciela prawa, uczonego
50. ranny	001	*~ni*	osoba, która odniosła obrażenia ciała, zwłaszcza poważne
51. salowy**	001	*~wi*	pracownik szpitala obsługujący chorych i sprzątający pomieszczenia szpitalne; w użyciu – częściej rodzaj żeński
52. skazany	001	*~ni*	osoba skazana na ciężką karę, zwłaszcza na śmierć; skazaniec
53. służący	001	*~y*	osoba usługująca komuś odpłatnie, wykonująca u kogoś uciążliwe prace domowe; pomoc domowa
54. starozakonny	001	*~ni*	człowiek wyznający religię mojżeszową

55. **szeregowy**	001	*~wi*	żołnierz niemający stopnia podoficerskiego lub oficerskiego; szeregowiec
56. **śledczy**	001	*~czy*	oficer śledczy (prokurator, policjant) prowadzący śledztwo
57. **ślepy**	001	*~pi*	człowiek, który nie widzi, niewidomy, ślepiec
58. **uczony**	001	*~eni*	człowiek wykształcony zajmujący się nauką, wyróżniający się wśród innych swoim dorobkiem, dokonaniami, odkryciami itp.; naukowiec z dorobkiem
59. **wierny**	001	*~ni*	osoba wyznająca jakąś religię; wierzący
60. **wiertniczy**	001	*~owie*	robotnik pracujący przy wykonywaniu odwiertów w skorupie ziemskiej; wiertacz
61. **wierzący**	001,	*~cy*	osoba wierząca w boga; *zob.* wierny
62. **wikary**; *pot.*	001	*~rzy* a. *~rowie*	ksiądz, który jest pomocnikiem proboszcza w Kościele katolickim; wikariusz
63. **winny**	001	*~ni*	osoba, która jest sprawcą czegoś złego i ponosi odpowiedzialność za coś
64. **woźny**	001	*~ni*	pracownik szkoły lub innej instytucji, pełniący funkcje pomocnicze, zwykle porządkowe
65. **znajomy**	001	*~mi*	osoba, którą znamy osobiście lub z widzenia
66. **zwrotniczy**	001	*~owie*	pracownik obsługujący zwrotnicę kolejową, tj. urządzenie do przestawiania rozjazdu kolejowego lub tramwajowego

* Punkty: 3 (w zn. 1), 12–14, 31, 35, 37–38, 41–42 – wyrazy przestarzałe.
** W użyciu rodzaj żeński – *salowa (–e)*; rodzaj męski – rzadko.

ĆWICZENIE 6

Wpisz właściwe <u>formy mianownika liczby mnogiej</u> rzeczowników męskoosobowych.

WZÓR

0. ***osoby, które znamy osobiście lub z widzenia to*** *znajomi*

1. ***osoby, które wierzą w Boga to*** ....

2. ***osoby, zajmujące się nauką to*** ....

3. ***osoby, które są naszymi zwierzchnikami to*** ....

4. ***osoby poruszające się pieszo, np. w mieście to*** ....

5. ***osoby, które polują na zwierzęta to*** ....

6. ***osoby, które nie słyszą to*** ....

7. ***osoby pełniące funkcje w kościołach to*** ....

8. ***osoby spokrewnione z nami to*** ....

9. ***osoby wyznający prawosławie to*** ....

10. ***osoby, które kierują tramwajem to*** ....

ĆWICZENIE 7

Wpisz właściwe formy liczby mnogiej podkreślonych rzeczowników męskoosobowych.

WZÓR

0. Jestem <u>uczonym</u> i sam znam wielu uczonych.

1. On jest <u>śledczym</u> i zna wielu innych ....
2. Był <u>rannym</u> wśród innych ....
3. Był <u>skazanym</u> wśród innych ....
4. On jest najlepszym <u>służącym</u> spośród wszystkich ....
5. On jest najmłodszym <u>niewidomym</u> spośród wielu ....
6. Był <u>poddanym</u>, jak miliony innych .... w tym kraju.
7. Był <u>niemym</u>, ale nie chciał przebywać w środowisku ....
8. Był <u>leśniczym</u> – najlepszym z wszystkich znanych mi ....
9. Był <u>budowniczym</u> – najbardziej znanym z .... w tym kraju.
10. Był najbardziej <u>poszkodowanym</u> w grupie dwunastu ....

ZADANIE 8
DRYL FLEKSYJNY

Wpisz w miejsce kropek właściwe formy mianownika i dopełniacza liczby mnogiej rzeczowników męskoosobowych zgodnie z poniższym wzorem.

WZÓR

0. szeregowy	**<u>W języku polskim można powiedzieć:</u>** **są dwaj szeregowi** ***lub*** **jest dwóch (dwu) szeregowych.**

	<u>W języku polskim można powiedzieć:</u>
1. śledczy	są dwaj .... *lub* jest dwóch (dwu) ....
2. ślepy	są dwaj .... *lub* jest dwóch (dwu) ....
3. uczony	są dwaj .... *lub* jest dwóch (dwu) ....
4. wierny	są dwaj .... *lub* jest dwóch (dwu) ....
5. wikary	są dwaj .... *lub* jest dwóch (dwu) ....

6. wierzący są dwaj .... *lub*
jest dwóch (dwu) ....

7. winny są dwaj .... *lub*
jest dwóch (dwu) ....

8. woźny są dwaj .... *lub*
jest dwóch (dwu) ....

9. znajomy są dwaj .... *lub*
jest dwóch (dwu) ....

PRZYKŁADOWE KONSTRUKCJE SKŁADNIOWE Z RZECZOWNIKAMI MĘSKOOSOBOWYMI ODMIENIANYMI JAK PRZYMIOTNIKI

bliski	**1.** Najbardziej boimy się rzeczy, których nasi bliscy mogą nie zaakceptować.
bliźni	**2.** Człowiek jest całością, chyba że bliźni postanowią inaczej.
chory	**3.** Kilkunastu chorych patrzyło ze smutkiem w kierunku drzwi wyjściowych.
duchowny	**4.** Duchowni katoliccy odbywają często podróże do Stolicy Apostolskiej.
garbaty	**5.** Garbaci nie lubią garbatych, bo ich brzydkimi widzą.
motorniczy	**6.** Dwaj motorniczowie dyskutowali o lotach w kosmos.
niemy	**7.** Trzej niemi rozmawiają ze sobą spokojnie językiem migowym.
niewidomy	**8.** Dwaj niewidomi pomagali innym niewidomym przejść przez ruchliwą ulicę.
oskarżony	**9.** Czterej przystojni oskarżeni wyszli z sądu z podniesionymi głowami.
pieszy	**10.** Niektórzy kierowcy twierdzą, że piesi sami wpadają pod koła samochodów.
przełożony	**11.** Moi przełożeni w pracy byli zwykle ludźmi o kilku twarzach.
służący	**12.** Król małego państwa powinien mieć co najmniej kilkunastu służących.
uczony	**13.** Polska szczyci się wieloma uczonymi, którzy osiągnęli sukces za granicą.
wierny	**14.** Oburzeni wierni tygodniami demonstrowali przed pałacem prezydenckim.
winny	**15.** Jaki to paradoks, kiedy winni czują się niewinnymi.
znajomy	**16.** To zaskakujące, jak szybko starzy znajomi stają się nowymi obcymi.

ĆWICZENIE 9

Przekształć wypowiedzi w liczbie mnogiej na zdania w liczbie pojedynczej, zwracając uwagę na wyrazy podkreślone.

WZÓR

0. Najbardziej boimy się rzeczy, których nasi bliscy mogą nie zaakceptować.

→ Najbardziej boimy się rzeczy, których nasz bliski może nie zaakceptować.

1. Człowiek jest całością, chyba że bliźni postanowią inaczej.

→ Człowiek jest całością, chyba że .... inaczej.

2. Kilkunastu chorych patrzyło ze smutkiem w kierunku drzwi wyjściowych.

→ .... ze smutkiem w kierunku drzwi wyjściowych.

3. Duchowni katoliccy odbywają często podróże do Stolicy Apostolskiej.

→ .... często podróże do Stolicy Apostolskiej.

4. Garbaci nie lubią garbatych, bo ich brzydkimi widzą.

→ .... nie .... garbatych, bo ich brzydkimi ....

5. Dwaj motorniczowie dyskutowali o lotach w kosmos.

→ .... z kolegami o lotach w kosmos.

6. Trzej niemi rozmawiają ze sobą spokojnie językiem migowym.

→ .... z kolegą spokojnie językiem migowym.

7. Dwaj niewidomi pomagali innym niewidomym przejść przez ruchliwą ulicę.

→ .... przejść przez ruchliwą ulicę.

8. Czterej przystojni oskarżeni wyszli z sądu z podniesionymi głowami.

→ .... z sądu z ....

9. Niektórzy kierowcy twierdzą, że piesi sami wpadają pod koła samochodów.

→ Ten kierowca twierdzi, że .... pod koła samochodu.

10. Moi przełożeni w pracy byli ludźmi o kilku twarzach.
→ .... w pracy .... o kilku twarzach.

11. Król małego państwa powinien mieć co najmniej kilkunastu służących.
→ Król małego państwa powinien mieć co najmniej ....

12. Szczycimy się wieloma uczonymi, którzy osiągnęli sukces za granicą.
→ Szczycimy się zwłaszcza ...., ... sukces za granicą.

13. Oburzeni wierni tygodniami demonstrowali przez pałacem prezydenckim.
→ .... tygodniami .... przez pałacem prezydenckim.

14. Jaki to paradoks, kiedy winni czują się niewinnymi.
→ Jaki to paradoks, kiedy............ ....

15. To zaskakujące, jak szybko starzy znajomi stają się nowymi obcymi.
→ To zaskakujące, jak szybko ....

to warto zapamiętać III

praktyczne rady ułatwiające zapamiętanie procesów zachodzących w języku polskim i osobliwości polszczyzny

1. Rzeczowniki zakończone na *–czy*, *–szy*, *–rzy*, *–ży* (*motorniczy*, *koniuszy*, *podkomorzy*, *chorąży*) w mianowniku liczby mnogiej przyjmują zawsze końcówki *~owie*, z wyjątkiem wyrazu *śledczy*, którego forma mianownika liczby pojedynczej jest identyczna z formą mianownika liczby mnogiej (*jeden miły* ***śledczy*** → *dwaj, trzej, czterej mili* ***śledczy***).

jest jeden śledczy
→ są dwaj śledczy

2. Rzeczowniki kończące się na ***–ący*** (*przewodniczący, służący, (nie)wierzący*) mają formy mianownika liczby pojedynczej identyczne z formami mianownika liczby mnogiej: *jeden przewodniczący, mój służący, ten (nie)wierzący* → *dwaj, trzej, czterej przewodniczący, moi służący, ci (nie)wierzący.*

jest jeden służący
→ są dwaj służący

3. Rzeczownik *podstoli* (podobnie jak imiona typu *Marceli, Korneli*; zob. powyżej odmianę imion) tracą w formach liczby pojedynczej i w mianowniku liczby mnogiej samogłoskę *–i* (zob. wzór odmiany 003, str. 183):

jest jeden podstoli → nie ma podstolego

4. W rzeczownikach typu *oskarżony* podobnie jak we wszystkich imiesłowach przymiotnikowych biernych o zakończeniu *–ony* zachodzi alternacja samogłoskowa – *o:–e* (***jeden oskarżony*** / ***uczony*** ale: ***dwaj*** [***trzej, czterej***] ***oskarżeni*** / ***uczeni***).

jest jeden oskarżony → są dwaj oskarżeni

5. W wyrazie *głuchy* zachodzi analogiczna alternacja, jak w wyrazach *Włoch, Wołoch* → *Włosi, Wołosi*, czyli *głuchy* → *głusi*.

jest jeden głuchy → są dwaj głusi

6. Wyrazy zgromadzone w tabeli na str. 184–187 w mianowniku liczby pojedynczej (*duchowny, oskarżony, ranny*, itd.) lub mnogiej (*duchowni, oskarżeni, ranni*) wymagają od formy czasownika, pełniącego funkcję orzeczenia odpowiedniej osoby, liczby i rodzaju (podmiot i orzeczenie podporządkowują się sobie wzajemnie).
Przykłady: *duchowny przybył do świątyni, duchowni zakończyli ceremonię; oskarżony wstawił się na rozprawę, oskarżeni opuścili salę rozpraw; ranny zmarł na skutek odniesionych ran, ranni zostali odwiezieni do szpitala.*

MIEĆ COŚ W JEDNYM PALCU
CIEKAWOSTKI FRAZEOLOGICZNE I CYTATY

UWAGA

W każdej jednostce lekcyjnej podajemy:
1. kilka związków frazeologicznych związanych z tematyką lekcji wraz z ich definicjami słownikowymi, albo:
2. kilka ciekawych cytatów.
Przeczytaj polecenie (poniżej) i wykonaj zadanie.

ĆWICZENIE 10

Zinterpretuj w dwu – trzech zdaniach każdy z poniższych cytatów.

1.

CYTAT:	*Garbaty nie lubi garbatego, bo go brzydkim widzi.*

2.

CYTAT:	*Charakter człowieka poznaje się dopiero wtedy, gdy staje się on przełożonym.*

3.

CYTAT:	*Piesi mają chodzić po ziemi.*

4.

CYTAT:	*Liczy się każda chwila, którą można spędzić z bliskimi.*

5.

CYTAT:	*Najbardziej ranią nas najbliżsi.*

6.

CYTAT:	*Niewidomi śnią, niemi myślą, głusi czują, a wy?*

ZADANIA SYSTEMOWE

ZADANIE 11

Wpisz właściwe formy imion i nazwisk polskich zgodnie z podanym wzorem.

WZÓR

Nie mogę się porozumieć z panem Wincentym Poliglotowskim (Wincenty Poliglotowski), chociaż ten pan zna pięć języków słowiańskich.

1. Za najsłynniejszego architekta i budowniczego miasta Łodzi uważa się .... (Hilary Majewski).
2. Czy widzisz pana .... (Makary Kowalski), który w tej chwili przelatuje na naszym domem na paralotni?

3. Studentki rozmawiały o koledze .... (Ambroży) zamiast słuchać wykładu o słynnym polskim poecie .... (Konstanty) Ildefonsie .... (Gałczyński).
4. W Krakowie widzieliśmy pomnik poświęcony .... (Ignacy Paderewski), znanemu pianiście i kompozytorowi polskiemu.
5. Znakomite książki, takie jak: *Rytm życia*, *Schizofrenia*, *Z psychopatologii życia seksualnego* .... (Antoni Kępiński) należą do kanonu literatury z zakresu psychopatologii.
6. Kto dzisiaj pamięta nazwisko .... (Makary Antiocheński) – prawosławnego patriarchy Antiochii?
7. Postać .... (Cezary) w powieści *Przedwiośnie* Stefana .... (Żeromski) należy do najlepiej skonstruowanych postaci w twórczości tego pisarza.
8. Czesław Miłosz sportretował znanego pisarza .... (Jerzy Andrzejewski) w paraboli literackiej *Zniewolony umysł* jako Alfę.
9. Uwielbiam Jana .... (Onufry) Zagłobę z *Pana* .... *(Wołodyjowski)* – znakomitej powieści historycznej autorstwa Henryka Sienkiewicza.

ZADANIE 12

Wpisz właściwe formy podanych nazwisk w połączeniu z wyrazem *państwo*.

WZÓR

0. Kaczyński	**Dzięki państwu Kaczyńskim poznaliśmy lepiej siebie.**

1. Cichocki	Rozmawiałem z obojgiem państwem ....
2. Kwiatkowski	Przed chwilą przyszli państwo ....
3. Lubelski	Państwo .... są zajęci rozmową z adwokatem.
4. Malinowski	O państwu .... krążą po mieście legendy.
5. Michalski	Oboje państwo .... opuścili salę obrad.
6. Niedzielski	Ci państwo .... wyglądają na podejrzanych.
7. Pawłowski	Nigdy nie lubiłem państwa ....
8. Rybicki	Zaprosimy na pogrzeb również państwa ....

9. Tomaszewski	O, państwo ....! – jakże się cieszymy z waszego przybycia.
10. Wesołowski	Tych państwa .... nikt nie może rozbawić.

ZADANIE 13

Wpisz właściwe formy wołacza imion.

WZÓR

0. Dionizy	**Dionizy, czy jesteś głuchy?! Wołam na ciebie już od kilku minut.**

A.	**B.**
Aleksy	**1.** ....! Czy wciąż uważasz, że rzeczy doczesne, takie jak przedmioty, zasługi, pieniądze są nietrwałe i nie mają żadnego znaczenia?!
Antoni	**2.** ....! Czy wiesz, że Tony Blair – były premier Wielkiej Brytanii jest twoim imiennikiem?
Arkady	**3.** ...., czy twój dziadek był autorem słynnej książki *Dywizjon 303*?
Gerwazy	**4.** ....! Czy wiesz, że twoje imię pełni ważną rolę w poemacie Adama Mickiewicza *Pan Tadeusz*?
Horacy	**5.** ...., czy masz coś wspólnego z rzymskim poetą lirycznym, autorem *Satyr*?
Idzi	**6.** ...., czy zwiedziłeś już zabytkowy Kościół św. Idziego znajdujący się przy ulicy Grodzkiej 67 w Krakowie, obok Wawelu?
Ignacy	**7.** ....! Czy wiesz, że twoje imię ma pochodzenie łacińskie i oznacza coś ognistego?!
Jerzy	**8.** ....! Czy wiesz, jak brzmi żeński odpowiednik twojego imienia?!
Ksawery	**9.** ...., jak brzmi zdrobnienie od twojego imienia?
Maurycy	**10.** ....! Czy ty jesteś tym znanym energicznym, żądnym władzy, stale zajętym człowiekiem?
Walery	**11.** ....! Czy żeńskim odpowiednikiem twego imienia jest Waleria?

ZADANIE 14

Wpisz w miejsce kropek właściwe formy mianownika liczby mnogiej rzeczowników męskoosobowych.

WZÓR

0. budowniczy
Order Orła Białego zastąpił order Budowniczego Polski Ludowej. Górnik Wincenty Pstrowski i włókniarka Wanda Gościmińska otrzymali ordery Budowniczych Polski Ludowej.
Pstrowski i Gościmińska to znani budowniczowie Polski Ludowej.

1. bliski
Na święta przyjadą do nas: mój bliski krewny Jan i mój bliski kolega Paweł. Nasi .... spędzą z nami Święta Bożego Narodzenia.

2. bliźni
Każdy bliźni to mój brat. .... – to moi bracia.

3. chorąży
Moim oddziałem dowodził tylko jeden chorąży. W wojsku nigdy nie zdarza się sytuacja, by jednym oddziałem dowodzili dwaj ....

4. chory
Jeden chory w domu, to wielki kłopot. Dwaj .... to już katastrofa.

5. duchowny
Duchowny to człowiek o dużej wiedzy z zakresu teologii. Już w średniowieczu .... byli ludźmi wykształconymi, potrafili pisać i czytać.

6. dyżurny
W szkole podstawowej lubił pełnić funkcję dyżurnego. .... *(l.m.)* mieli dbać o porządek w salach lekcyjnych.

7. gajowy

Z prawej strony szedł gajowy ze strzelbą, z lewej drugi gajowy. Dwaj .... prowadzili kłusownika na posterunek policji.

8. głuchy

Jeden głuchy szedł ulicą i krzyczał na drugiego głuchego, który śpiewał. Dwaj .... nie mogli się porozumieć.

9. leśniczy

Z prawej strony szedł leśniczy ze strzelbą, z lewej drugi leśniczy. Dwaj .... prowadzili gajowego-kłusownika na posterunek policji.

10. motorniczy

Każdy motorniczy prowadzący tramwaj wita pasażerów wchodzących do tramwaju. Prawie wszyscy .... w Polsce to ludzie bardzo grzeczni i mili w stosunku do pasażerów.

11. myśliwy

Ten pan to doskonały myśliwy. – Hieny to również doskonali ....

ZADANIE 15

Wpisz w miejsce kropek (kolumna B) właściwe formy rzeczowników męskoosobowych z kolumny A.

WZÓR

0. najbliższy	Na Święta Bożego Narodzenia przyjadą do mnie: ojciec, matka i ukochana siostra. Cieszę się, że spędzę święta z **najbliższymi**.

A.	**B.**
1. niemy	Komunikowanie się za pomocą kamer na podczerwień to nowa szansa dla wszystkich ....
2. niewidomy	Louis Braille (1809–1852) był wynalazcą pisma punktowego dla ....

3. niewierny	Ojciec Rydzyk: w kazaniu wygłaszanym w radio powiedział, że tsunami było karą boską na ....
4. niewierzący	Ktoś mądry powiedział, że nie ma podziału na wierzących i ...., bo: nie ma ludzi zupełnie niewierzących, jak również nie ma ludzi wierzących bez cienia wątpliwości.
5. ociemniały	Towarzystwo Opieki nad .... ma swoją siedzibę w Laskach pod Warszawą.
6. oskarżony	Jeden oskarżony przyznał się do winy, drugi też. Wszyscy .... przyznali się do winy.
7. pieszy	Z policyjnych statystyk wynika, że co trzeci wypadek drogowy z udziałem pieszego ma miejsce na oznakowanym przejściu. Coraz częściej sprawcami wypadków są ....
8. podchorąży	W uczelniach cywilnych studiują studenci, a w uczelniach wojskowych ....
9. poddany	Przez kilkaset lat Irlandczycy byli .... brytyjskiej korony.
10. podróżny	Policja schwytała groźnego zbiega w poczekalni dla .... na dworcu Euston Station w Londynie.

ZADANIE 16

Wpisz w miejsce kropek (kolumna B) właściwe formy rzeczowników męskoosobowych z kolumny A. Wzór – jak w ćwiczeniu numer 15.

A.	B.
1. podwładny	Żaden z dyrektorów nie godzi się na tolerowanie sprzeciwów swoich .... w miejscu pracy.
2. poszkodowany	Najbardziej .... w czasie powodzi otrzymali od władz miasta jednorazowe zasiłki.
3. prawosławny	W okresie panowania komunizmu w Europie Wschodniej zniszczono wiele cerkwi ....
4. przełożony	Moi .... w pracy są bardzo wymagający i surowi.

5. przewodniczący	Dwaj ...., którzy prowadzili obrady nie chcieli siedzieć obok siebie.
6. rabbi	Dwóch .... otrzymało honorowy tytuł nauczyciela myśliciela, przywódcy duchowego społeczności żydowskiej z rąk szefa kahału.
7. ranny	Wszyscy .... w wypadku drogowym zostali odwiezieni do najbliższych w regionie szpitali.
8. salowy	W tym szpitalu pracowali trzej .... i dwie leniwe salowe.
9. skazany	Żołnierze prowadzili kilku .... na egzekucję, które odbywały się na placu Bazarnym.
10. służący	Do służby domowej zaliczano następujących ....: majordoma, kamerdynera, lokaja, hajduka, gosposię, pokojówkę, klucznika, odźwiernego, kucharza, praczkę, sprzątaczkę.

10. *Roztropność nakazuje nie ufać nawet przyjaciołom*

Bywają takie dni...

- *Ból bywa paciorkiem w różańcu życia.*
- *Bywają takie dni, kiedy nawet marzenia zadają ból.*
- *Bywają dni, kiedy człowiek przytuliłby się nawet do jeża...*
- *Czasem bywają dni, że nawet tęcza wydaje się czarno-biała.*
- *Tak to już w życiu bywa, że ludzie przychodzą i odchodzą....*
- *Czasami nawet głupiec miewa rozsądną myśl, tylko tego nie zauważa.*
- *Bywa również tak, że nie chce się odejść, ale zostać też nie można.*
- *Bywają takie dni, kiedy życie jest piękne i bywają takie, kiedy jest piękniejsze.*
- *Tak to często w życiu bywa, że na czyichś ruinach ktoś inny buduje dom.*
- *Z wiedzą czasem tak bywa, że jej brak bywa kłopotliwy i ona sama bywa kłopotliwa.*

Źródło – http://szukaj.cytaty.info/mysli/bywają+dni–2.htm

CZASOWNIKI WIELOKROTNE. GNIAZDA SŁOWOTWÓRCZE. WYRAZ *się* W POŁĄCZENIU Z CZASOWNIKAMI

CZASOWNIKI WIELOKROTNE (wtórnie niedokonane) UTWORZONE ZA POMOCĄ PRZYROSTKA *–ywa–*

W języku polskim spotykamy się z czasownikami, które oznaczają czynności powtarzane i wykonywane często. W gramatyce określamy je jako czasowniki wielokrotne, częstotliwe lub iteratywne. Należą do nich czasowniki typu:

1. *bywać*, *miewać*, *ukrywać*, *zszywać* [przyrostek *–wa–*],
2. *dobijać*, *pijać*, *podwajać* [przyrostek *–ja–*],
3. *chadzać*, *jadać*, *mawiać*,
4. *czytywać*, *grywać*, *pisywać*, *siadywać*, *widywać* [przyrostek *–ywa–*].

Interesujące nas, a wymienione w punkcie 4 czasowniki tworzone są od odpowiednich czasowników niedokonanych;

przykład: *pisać* (ndk) ← *pisywać* (ndk).

W funkcji iteratywnej (częstotliwej) występują również w polszczyźnie czasowniki wtórne niedokonane (patrz – tabela poniżej). Tego typu czasowniki tworzymy od podstaw czasowników dokonanych (*dopisać*, *ukryć*, *zszyć* itd.) za pomocą przyrostka ***–ywa***.

Przykłady: *dopisać* (dk) → *dopisywać* (ndk), *ukryć* (dk) → *ukrywać* (ndk), *zszyć* (dk) → *zszywać* (ndk).

GNIAZDO SŁOWOTWÓRCZE

pisać*; *pisywać

		czasowniki z wyrazem *się*	
NDK	DK	NDK	DK
pisać	napisać	pisać się	–
	↓		
dopisywać	←dopisać	dopisywać się	dopisać się
nadpisywać	←nadpisać	–	–
odpisywać	←odpisać	–	–
opisywać	←opisać	–	–
podpisywać	←podpisać	podpisywać się	podpisać się
–	–	popisywać się	popisać się
przepisywać	←przepisać	–	–
przypisywać	←przypisać	–	–
rozpisywać	←rozpisać	rozpisywać się	rozpisać się
spisywać	←spisać	spisywać się	spisać się
wpisywać	←wpisać	wpisywać się	wpisać się
wypisywać	←wypisać	wypisywać się	wypisać się
zapisywać	←zapisać	zapisywać się	zapisać się

ZADANIE 1
DRYL FLEKSYJNY

Wpisz w miejsce kropek właściwe formy czasu teraźniejszego czasowników niedokonanych.

WZÓR

odpisywać	**0. Jedni ludzie zawsze odpisują na listy, inni nigdy nie odpisują.**
wypisywać	**1.** Jedne dzieci szybko .... długopisy, inne nie.
podpisywać	**2.** Jedni pracownicy stale .... listę obecności, inni nie.
wypisywać	**3.** Policjanci .... setki mandatów w ciągu dnia.
podpisywać	**4.** Dyrektorzy firm codziennie .... dziesiątki dokumentów.
przepisywać	**5.** Sekretarki .... teksty redagowane przez dyrektorów.
zapisywać	**6.** Oszczędni rodzice systematycznie .... wydatki miesięczne.
rozpisywać	**7.** Władze uniwersytetu .... rocznie wiele konkursów.

PARA ASPEKTOWA

(NDK)	**(DK)**
opisywać	*opisać*

	OPISYWAĆ	**OPISAĆ**
czas teraźniejszy	opisuję, opisujesz	–
czas przyszły złożony i prosty	będę opisywał	opiszę, opiszesz
czas przeszły	opisywałem	opisałem (–am)
tryb rozkazujący	opisuj!	opisz!
imiesłów przymiotnikowy czynny	opisujący	–
imiesłów przymiotnikowy bierny	opisywany	opisany, –a, –e
imiesłów przysłówkowy współczesny	opisując	–
imiesłów przysłówkowy uprzedni	–	opisawszy
forma bezosobowa	opisywano	opisano
rzeczownik odczasownikowy	opisywanie	(opisanie), opis

ZNACZENIA CZASOWNIKA ***opisywać / opisać***

1. 'charakteryzować, przedstawiać kogoś lub coś, pisząc o nim lub mówiąc; kreślić czyjąś sylwetkę, dokonywać opisu, relacjonować, odmalowywać, opowiadać'

PRZYKŁADY:
Opisywać coś dokładnie, pobieżnie.
Opisywać najważniejsze wydarzenia ze swojego życia.
Opisywać przebieg kariery.
Opisywać uroki wsi.

2. 'opatrywać rysunek, rycinę, mapę itp. podpisem i objaśnieniem'

3. *praw.* 'dokonywać spisu czyjegoś majątku'

Oprac. na podstawie *Język polski. Współczesny słownik języka polskiego* pod red. B. Dunaja, op. cit., str. 1120.

ZADANIE 2

Wstaw odpowiednie formy koniugacyjne czasownika niedokonanego *opisywać* (punkt A) i dokonanego *opisać* (punkt B) w różnych znaczeniach.

WZÓR

czas teraźniejszy

0. Jeśli *(my)* opisujemy jakąś osobę, sytuację, rzecz, to pisząc bądź mówiąc, przedstawiamy jej cechy.

czas przyszły złożony i prosty

1. A. *(ja)* Nie .... tego wypadku, bo nie byłem jego naocznym świadkiem.

1. B. Ona nie .... napastnika, gdyż napastnik zaatakował ją z tyłu.

czas przeszły

2. A. Za każdym razem babcia szczegółowo .... wygląd swojego wnuczka.

2. B. Była to wyjątkowa walka dwu bokserów. Komentator .... ją krótko i barwnie.

tryb rozkazujący

3. A. Babciu, nie .... po raz drugi twojego spotkania z duchem!

3. B. Mamo, nie opowiadaj nam twojego życia, ale je .... w kolejnej książce!

imiesłów przymiotnikowy czynny

4. A. Autor .... tę tragedię musiał być jej świadkiem.

imiesłowy przymiotnikowe bierne

5. A. Spotkania tej aktorki z prezydentem USA było wielokrotnie .... w gazetach.

5. B. Ostatnie spotkanie prezydenta USA zostało .... na krótko przed jego śmiercią.

imiesłów przysłówkowy współczesny

6. A. Płakała rzewnymi łzami, ... swe przeżycia z przeszłości.

imiesłów przysłówkowy uprzedni

7. B. .... pierwsze spotkanie z ukochanym, opuściła głowę i na długo się zamyśliła.

formy bezosobowe

8. A. Zdrady małżeńskie .... w wielu powieściach i melodramatach.

8. B. Objawy tej groźnej choroby .... po raz pierwszy już w XVII wieku.

rzeczowniki odczasownikowe

9. A. .... uroków wsi było pasją wielu miernych pisarzy.

9. B.1. Mam wrażenie, że .... całego mojego życia zajmie mi kilka miesięcy.

9. B.2. Ten .... był doskonały: krótki, treściwy i na temat.

WYBRANE CZASOWNIKI Z PRZYROSTKIEM *–ywa–*

bezokolicznik	*podstawowe połączenie składniowe*	*znaczenie / synonimy*
czytywać	coś	czytać od czasu do czasu, zwykle
dobudowywać	coś – do czegoś	budować dodatkowe segmenty budynku
dochowywać	czegoś – komuś	dotrzymywać tajemnicy, wierności
doczytywać	coś	kończyć czytanie
dodrukowywać	coś	drukować dodatkową liczbę egzemplarzy

dofinansowywać	coś / kogoś	przeznaczać dodatkowe pieniądze na określony cel
dogadywać się; *pot.*	z kimś	dochodzić do porozumienia w spornej sprawie
dokazywać	gdzieś	bawić się, baraszkować, płatać figle
dokupywać (~pować)	czegoś	kupować dodatkowo
dopytywać się	o coś	pytać usilnie o coś
dorównywać	komuś – czymś	stawać się równym pod względem osiągnięć
dosypywać	czegoś – do czegoś	sypiąc, uzupełniać zawartość czegoś
dowartościowywać się	gdzieś (w czymś)	utwierdzać w sobie poczucie własnej wartości
nadeptywać	komuś – na coś	przygniatać coś lub kogoś stopą
nakazywać	komuś – coś (zrobić)	wydawać komuś rozkaz, zlecać coś
obcałowywać	kogoś / coś; komuś – coś	całkować kogoś lub coś ze wszystkich stron
obdarowywać	kogoś – czymś	hojnie obdzielać kogoś podarunkami
obgadywać; *pot.*	kogoś	obmawiać kogoś, opowiadać o kimś niepochlebne rzeczy
obsypywać	kogoś – czymś	dawać komuś dużo czegoś
odczytywać	coś	czytać treść jakiegoś tekstu
odnotowywać	coś	zapisywać coś w formie notatki
odpakowywać	coś	zdejmować opakowanie z czegoś
odpytywać	kogoś	sprawdzać czyjś stan wiedzy
odwoływać	coś	ogłaszać, że coś zapowiedziane wcześniej nie odbędzie się
ofiarowywać	komuś – coś	dawać coś komu bezinteresownie
okazywać	komuś – coś	ujawniać swe uczucia wobec kogoś
okłamywać	kogoś	wprowadzać w błąd, oszukiwać kogoś
opatrywać	coś – komuś	zakładać opatrunek na ranę

opracowywać	coś	zgłębiać jakiś problem, zajmować się szczegółowo jakimś problemem
otrzymywać	coś – od kogoś / skądś	dostawać coś, odbierać coś
podpatrywać	coś – kogoś	oglądać coś ukradkiem
porównywać (się)	z kimś – z czymś	zestawiać coś z czymś i zwracać uwagę na ich cechy wspólne i/lub różne
przekupywać	kogoś – czymś	zjednywać kogoś, by uzyskać jego poparcie za pieniądze lub łapówkę
rozczytywać się	w czymś	czytać dużo i chętnie, zgłębiać lekturę
rozpatrywać	coś	wnikliwie zajmować się jakąś sprawą
widywać	kogoś	spotykać kogoś
wychwytywać	coś (kogoś) – (gdzieś)	łapać coś / kogoś po kolei
wyczytywać	coś – z czegoś	czytając, dowiadywać się czegoś
wynajdywać	coś – (w czymś)	wykrywać, zauważać coś
wypytywać	kogoś – o coś	zadawać komuś wiele pytań
zakazywać	komuś – czegoś	zabraniać czegoś, nie pozwalać czegoś robić
zasypywać	coś – czymś	**1.** przykrywać jakąś powierzchnię czegoś czymś, np. piaskiem, śniegiem itp. **2.** dostarczać komuś bardzo dużo czegoś w jedno miejsce (np. listów, próśb, prezentów itp.) lub wypytywać kogoś o coś bardzo często, czasami aż do znużenia, zadawać komuś wiele pytań za każdym razem
zatrzymywać	coś	przerywać ruch
zawiązywać	komuś – coś (czymś)	łączyć końce czegoś
zażegnywać	coś	nie dopuszczać do czegoś złego
zjednywać	kogoś	pozyskiwać czyjeś poparcie
zwoływać	kogoś – na coś	gromadzić wiele osób w jedno miejsce

ZADANIE 3

Do wyrażeń z kolumny B dopisz właściwe czasowniki z listy czasowników z przyrostkiem *–ywa–* z tabeli zamieszczonej na stronach 205–207.

WZÓR

dorównywać / dorównać	**bratu poziomem w pływaniu**

A.	B.
1.	błędy w tekście
2.	dodatkową ilość egzemplarzy
3.	dzieciom kąpieli w jeziorze
4.	kolegom z pracy sympatię
5.	krytyczne uwagi swoich przełożonych
6.	o zdrowie bliskich i dalekich kuzynów
7.	oczy skazanym przepaską
8.	ojcu siłą i pracowitością
9.	publikację pod względem edytorskim
10.	rany poszkodowanym w wypadku

ZADANIE 4

Do wyrażeń z kolumny B dopisz właściwe czasowniki z listy czasowników z przyrostkiem *–ywa–* z tabeli zamieszczonej na stronach 205–207. Wzór – jak w zadaniu numer 3.

1.	rodziców pytaniami
2.	piętro do parterowego domu
3.	milczenie w czasie trwania ceremonii
4.	szkolnictwo ze środków państwa
5.	spory z krajami ościennymi
6.	zgromadzenie akcjonariuszy banku
7.	uczniów z gramatyki
8.	ukochaną drogimi prezentami

9.	w powieściach historycznych Sienkiewicza
10.	wierności królowi

ZADANIE 5

Do wyrażeń z kolumny B dopisz właściwe czasowniki z listy czasowników z przyrostkiem *-ywa-* z tabeli zamieszczonej na stronach 205–207. Wzór – jak w zadaniu numer 3.

1.	z oczu, z zachowania stan psychiczny człowieka
2.	z trudem z konserwatystami
3.	ruch kołowy z powodu manifestacji
4.	zachowanie ptaków i dzikich zwierząt
5.	zajęcia, wykłady z powodu wyjazdu służbowego
6.	systematycznie kogoś na ulicy
7.	skargi i zażalenia klientów
8.	w domu pod nieobecność rodziców
9.	swoją sytuację z sytuacją innych kolegów
10.	trucizny do podawanych napojów
11.	świeże groby ziemią

ZADANIE 6

Wpisz w kolumnie B właściwe formy dokonane wraz z właściwymi połączeniami składniowymi.

WZÓR

dochowywać czegoś – komuś	**<u>dochować czegoś komuś</u>**

A.	**B.**
1. dodrukowywać coś	....
2. dofinansowywać coś / kogoś – z czegoś	....
3. dogadywać się z kimś	....
4. dopytywać się o coś	....

5. dorównywać komuś czymś ....
6. odpytywać kogoś ....
7. odwoływać coś ....
8. okazywać komuś coś ....
9. okłamywać kogoś ....
10. opatrywać coś komuś ....

ZADANIE 7

Wpisz w kolumnie B właściwe formy dokonane wraz z właściwymi połączeniami składniowymi. Wzór – jak w zadaniu numer 6.

1. opracowywać coś – pod jakimś względem ....
2. podpatrywać coś / kogoś ....
3. porównywać się z kimś / z czymś ....
4. przekupywać kogoś ....
5. rozczytywać się w czymś ....
6. rozpatrywać coś ....
7. wychwytywać coś – w czymś ....
8. wyczytywać coś – z czegoś ....
9. wypytywać kogoś o coś ....
10. zakazywać komuś czegoś ....
11. zasypywać kogoś czymś ....
12. zawiązywać komuś coś – czymś ....
13. zwoływać kogoś – na coś ....

WYRAZ *się* W POŁĄCZENIU Z CZASOWNIKAMI

W procesie uczenia się języka polskiego należy zwrócić szczególną uwagę na różne funkcje wyrazu *się*, bowiem często od tego wyrazu zależy znaczenie danego czasownika. Przyjrzyjmy się wspólnie czasownikom *odwoływać / odwołać* i *odwoływać się / odwołać się*. Czasownik *odwoływać* oznacza *'usuwać kogoś ze stanowiska, posady, na które ten ktoś wcześniej został mianowany, powołany'*. Jeśli jeden z ambasadorów Rzeczypospolitej Polskiej został oskarżony np. o korupcję na wielką skalę, właściwy minister rządu polskiego odwoła go ze stanowiska ambasadora i nakaże mu powrót do Polski. Ów oskarżony ambasador może się nie zgodzić z zarzutami i odda sprawę do sądu. Prasa krajowa napisze wówczas, że rzeczony ambasador Polski odwołał się do odpowiedniego sądu, czyli *zwrócił się do sądu jako instancji rozstrzygającej z prośbą o wyjaśnienie pomówienia.*

Poniżej sześć par aspektowych czasowników z przyrostkiem *–ywa–* i ich znaczenia.

1. rozpisywać ← rozpisać

2. rozpisywać się ← rozpisać się

3. spisywać ← spisać

4. spisywać się← spisać się

5. zapisywać← zapisać

6. zapisywać się← zapisać się

rozpisywać / rozpisać

1. 'pisemnie i oficjalnie zawiadamiać o rozpoczęciu czegoś, podać do ogólnej wiadomości';

przykład: *Za dwa tygodnie rozpiszę konkurs na stanowisko dyrektora Centrum Języka i Kultury Polskiej.*

2. 'parokrotnie coś przepisywać, przeznaczając każdy fragment dla innej osoby';

przykład: *Reżyser już rozpisał tekst dramatu na role, a ja – jak zwykle – nie dostałam żadnej roli.*

3. 'pisemnie coś interpretować, dodając inne informacje, systematyzować;

przykład: *Muszę jeszcze raz rozpisać całość dochodów firmy.*

rozpisywać się / rozpisać się

1. 'opisywać coś bardzo szczegółowo, dokładnie i wnikliwie';

przykład: *Wszystkie gazety rozpisują się o skandalu w rodzinie królewskiej.*

2. 'zapamiętywać się w pisaniu, rozkręcać się w trakcie pisania, nabierać werwy w pisaniu';

przykład: *Ale się Pan rozpisał panie Havranek. Zamiast dwu stron wypracowania, napisał pan aż osiemnaście!*

spisywać / spisać

1. 'sporządzać wykaz, listę czegoś';

przykład: *Ornitolodzy spisywali wszystkie przylatujące do Polski bociany.*

2. 'układać tekst z luźnych zapisków, notatek';

przykład: *Po każdych zajęciach na uniwersytecie, wracał do domu, siadał i spisywał wrażenia z przeprowadzonych przez siebie ćwiczeń.*

3. ‘układać tekst według określonego wzorca, schematu, zamieszczając w nim niezbędne dane’;
przykład: *Umierający marzył tylko o jednym. Chciał przed śmiercią spisać testament.*

spisywać się / spisać się

1. ‘zachowywać się, postępować w określony sposób, zwykle poprawny, wyróżniający; osiągać wyniki zasługujące lub niezasługujące na uznanie’;
przykład: *Nasza drużyna piłkarska spisała się nieźle na Mistrzostwach Świata. Zawodnicy wygrali dwa mecze z najgroźniejszymi rywalami.*
2. *pot.* ‘funkcjonować w określony sposób, zwykle zadawalający’;
przykład: *Moje serce – choć sztuczne – spisuje się nieźle.*

zapisywać / zapisać

1. ‘zapełniać coś tekstem pisanym’;
przykład: *Podczas konferencji zapisałem prawie trzy kartki w moim notesie.*
2. ‘pisząc, utrwalać jakiś tekst, notować;
przykład: *Codziennie zapisywała wydatki na jedzenie. / Muszę zapisać pana nazwisko, aby go nie zapomnieć.*
3. ‘wciągać kogoś na listę; włączać do grona uczestników, zgłaszać kogoś jako uczestnika w czymś’;
przykład: *Od jutra będziemy zapisywać chętnych na wycieczkę do Włoch.*
4. dokonywać zapisu (na rzecz kogoś), ofiarowywać coś w testamencie;
przykład: *Babcia zapisała mi willę i część swojego majątku.*
5. ‘wypisywać receptę, zalecać pacjentowi przyjmowanie jakiegoś lekarstwa’;
przykład: *Lekarz zapisał mi antybiotyki przeciwko anginie.*
6. ‘utrwalać coś na komputerze, nośnikach elektronicznych itp.’;
przykład: *Muszę zapisać ten plik na twardym dysku komputera.*

zapisywać się / zapisać się

1. ‘wpisać swoje nazwisko na listę’;
przykład: *Muszę zapisać się na kurs tańca.*
2. ‘zostawać członkiem czegoś’;
przykład: *Mój brat zapisał się do partii neoliberalnej.*
3. ‘zasłynąć czymś’
przykład: *Wielu Polaków zapisało się pięknie w dziejach historii USA.*
4. ‘bardzo dobrze coś zapamiętać’;
przykład: *Tsunami w Japonii zapisało się w pamięci ludzi całego świata.*

ZADANIE 8

Wpisz właściwe formy czasowników wieloznaczeniowych z wyrazem *się* w czasie przeszłym.

WZÓR
Poprzedni samochód, choć był stary, spisywał się zupełnie dobrze.

1. Jerzy, ale ....! Zamiast dwu stron wypracowania, napisałeś aż osiemnaście!
2. Jego serce choć było sztuczne, ... przez wiele lat nieźle.
3. Rok temu mój brat .... do partii neoliberalnej.
4. Przed ślubem musiałem .... na kurs tańca.
5. Miesiąc temu nasza drużyna piłkarska .... nieźle na Mistrzostwach Świata.
6. Tsunami w Japonii z roku 2011 .... w pamięci ludzi całego świata.
7. Wielu Polaków w czasie II wojny światowej .... pięknie w dziejach historii Wielkiej Brytanii.
8. Cieszę się, bo wszyscy studenci w zeszłym roku .... świetnie podczas egzaminów.

MIEĆ COŚ W JEDNYM PALCU
CIEKAWOSTKI FRAZEOLOGICZNE I CYTATY

UWAGA

W każdej jednostce lekcyjnej podajemy:
1. kilka związków frazeologicznych związanych z tematyką lekcji wraz z ich definicjami słownikowymi, albo:
2. kilka ciekawych cytatów.
Przeczytaj polecenie (poniżej) i wykonaj zadanie.

ZADANIE 9

Zinterpretuj w dwu – trzech zdaniach każdy z poniższych cytatów.

1.

<u>CYTAT</u>:	***Mężczyzna ściślej dochowuje tajemnicy cudzej niż własnej, kobieta czyni wręcz przeciwnie.***

2.

<u>CYTAT</u>:	***Kto się nie dopytuje, nie usłyszy kłamstwa.***

3.

<u>CYTAT</u>:	***Nie ma powodu, dla którego nie powinieneś żyć tak, jak nakazuje ci serce.***

4.

<u>CYTAT</u>:	***Nienawiść okrada, miłość obdarowuje.***

5.

<u>CYTAT</u>:	***Dzieciństwo jest wielkim darem. Tyle, że nie każdy je otrzymuje.***

6.

<u>CYTAT</u>:	***Poezja zatrzymuje przemijalność czasu.***

7.

<u>CYTAT</u>:	***Mowa zjednuje ludzi.***

8.

<u>CYTAT</u>:	***Przyjaciół nie zjednuje się sałatką.***

ZADANIA SYSTEMOWE

ZADANIE 10

Wpisz właściwy czasownik z gniazda słowotwórczego *pisać* w czasie gramatycznym wynikającym z sensu zdań.
CZASOWNIKI DO WYBORU:
dopisywać (się) / dopisać (się), odpisywać / odpisać, opisywać / opisać, podpisywać (się) / podpisać (się), popisywać się / popisać się, przepisywać / przepisać.

WZÓR

Jeśli coś spełniło nasze oczekiwania, mówimy, że szczęście nam dopisało.

1. Jeśli ktoś jest analfabetą, to .... krzyżykiem albo innym znakiem graficznym.
2. Jeśli nie skończyliśmy pisać do ustalonego miejsca, bo ktoś nam przerwał proces pisania, mówimy, że nie .... do końca strony.
3. Jeśli komuś odpowiedzieliśmy listem lub e-mailem na jego list, to mówimy, że wreszcie .... na list / na e-mail kolegi.
4. Jeśli nasza babcia ma wciąż dobry słuch, mimo, że jest już w podeszłym wieku (ma np. 88 lat), mówimy, że jej .... słuch.
5. Jeśli ktoś skopiował tekst na temat Brazylii z Wikipedii i uważa, że to jest tekst jego autorstwa, myli się. O takim człowieku powiemy, że jest nieuczciwy, bo .... ten tekst z Internetu.
6. Jeśli przedstawiliśmy cechy koleżanki pisemnie lub ustnie, to znaczy, że ją ....
7. Jeśli ktoś napisał tekst, a my dodaliśmy coś do tego tekstu od siebie, mówimy, że .... do tekstu napisanego przez inną osobę.
8. Jeśli niektórzy uczniowie nie piszą prac domowych sami, a korzystają z tekstów, odpowiedzi, rozwiązań, projektów innych uczniów, i kopiują je do swoich zeszytów, mówimy, że .... od kogoś.
9. Jeśli zobaczyliśmy spadającą na ziemię kometę z długim, migotliwym ogonem, to z dumą .... jej wygląd.
10. Jeśli opowiadamy o jakimś wypadku, którego byliśmy świadkiem, to znaczy, że .... to wydarzenie.

ZADANIE 11

Wpisz właściwy czasownik z gniazda słowotwórczego *pisać* w czasie gramatycznym wynikającym z sensu zdań. Wzór – jak w zadaniu numer 10.

CZASOWNIKI DO WYBORU:

dopisywać (się) / dopisać (się), odpisywać / odpisać, opisywać / opisać, podpisywać (się) / podpisać (się), popisywać się / popisać się, przepisywać / przepisać.

1. O niektórych chłopcach, którzy w obecności dziewcząt zachowują się tak, aby wydać się im atrakcyjnymi mówimy, że ....
....

2. O znajomym, który zrobił coś szczególnie źle, kompromitując się, mówimy ironicznie: „O Boże, ale ....”.

3. Antybiotyki może .... pacjentowi wyłącznie lekarz.

4. Sekretarki notują na brudno protokół zebrania, a potem .... go na czysto.

5. Zdarza się, że prezydenci krajów nie .... niektórych ustaw proponowanych przez rząd.

6. O kimś, kto zrobił coś niezgodnego z naszymi oczekiwaniami, mówimy, że ...... nie ....

7. Ktoś, kto napisał wypracowanie w sposób nieczytelny, powinien je ....

8. Ktoś, kto akceptuje coś, kto zgadza się z tym, aprobuje to, może powiedzieć, że .... pod czymś obiema rękami.

9. O matce, która chwali się przed swoimi znajomymi umiejętnościami swych dzieci, możemy powiedzieć, że .... swoimi dziećmi i ich umiejętnościami.

10. Aby nadać jakiemuś dokumentowi ważność należy go ....
....

ZADANIE 12

Wpisz właściwy czasownik z gniazda słowotwórczego *pisać* w czasie gramatycznym wynikającym z sensu zdań.
CZASOWNIKI: *przypisywać / przypisać*, *rozpisywać (się) / rozpisać (się)*, *spisywać (się) / spisać (się)*. Wzór – jak w zadaniu numer 10.

1. *Hamleta* napisał Szekspir. Niektórzy .... autorstwo tego arcydzieła Baconowi.

2. Po raz pierwszy zespół sportowy .... na medal. Chłopcy wygrali mecz cztery do jednego.

3. Proszę dokumenty do kontroli – powiedział policjant. Muszę .... pana dane.

4. Dawniej panowie .... chłopów do ziemi, co oznaczało, że bez zgody pana chłopi nie mogli opuszczać wsi.

5. Władze uczelni muszą .... konkursy na wszystkie wakujące stanowiska.
6. Przed rozpoczęciem prób w teatrze, każdy reżyser musi .... tekst sztuki na role.
7. Chyba tusz w długopisie zamarzł, bo długopis nie pisze. Muszę go .... na jakiejś twardej kartce.
8. Dziadek przed śmiercią .... swój majątek między trzech wnuczków. Każdy z nich otrzymał po dwa pola naftowe.
9. Ale ..... pani ....! Zamiast dwóch stron tekstu, napisała pani aż dwanaście stron!
10. Skoro zdecydowała się pani na to mieszkanie, musimy .... umowę najmu.

ZADANIE 13

Wpisz właściwy czasownik z gniazda słowotwórczego *pisać* w czasie gramatycznym wynikającym z sensu zdań. Wzór – jak w zadaniu numer 1.
CZASOWNIKI DO WYBORU:
wpisywać (się) / wpisać (się), wypisywać (się) / wypisać (się), zapisywać (się) / zapisać (się).

1. Chłopiec ma talent i znakomity słuch, więc trzeba go .... na lekcje muzyki.
2. Honorowi goście .... do księgi pamiątkowej po zakończeniu zwiedzania Zamku Królewskiego w Warszawie.
3. Dane do pamięci komputera można wprowadzać; można je też ....
4. Możemy również .... jedną figurę geometryczną w drugą figurę, np. kwadrat w koło lub koło w kwadrat.
5. Jeśli chcemy, aby nasze nazwisko figurowało na jakiejś liście, musimy .... na tę listę ....
6. Leżałem w szpitalu dwa tygodnie. Po dwóch tygodniach .... ze szpitala na własną prośbę i wróciłem do domu.
7. Długopis przestał pisać, co oznacza, że ....
8. Przez dwa lata należałam do organizacji charytatywnej, a po dwu latach .... z niej .... ze względu na brak czasu.

9. Znowu Janku, zapomniałeś .... numer telefonu twojej nowej sympatii.
10. W szkole podstawowej mieliśmy dzienniczki szkolne, do których nauczycielka .... uwagi i oceny.
11. Mamo, kup mi nowe zeszyty, bo już .... wszystkie, które mi kupiłaś.
12. Ma pani ostrą anginę. Muszę pani .... silny antybiotyk – powiedział lekarz.
13. Jak dobrze, że babcia .... mi w testamencie wszystko, co miała.
14. Tragedia, która wydarzyła się na Ukrainie w roku 2014 .... głęboko w pamięci wszystkich telewidzów.

ĆWICZENIA UTRWALAJĄCE
Czasowniki wielokrotne z przyrostkiem *–ywa–*

ZADANIE 14

Połącz czasowniki z kolumny A z właściwymi wyrażeniami z kolumny B.

WZÓR

0. okazywać coś komuś	**0. szacunek rodzicom**

A.	B.
1. dochowywać czegoś	**a.** o szczegóły zamachu
2. dodrukowywać coś *a.* czegoś	**b.** z mężem
3. dofinansowywać coś / kogoś – z czegoś	**c.** przysięgi, obietnicy
4. dogadywać (się) z kimś	**d.** pieniędzy w czasie inflacji
5. dopytywać się o coś	**e.** uczelnię z budżetu państwa
6. dorównywać / komuś czymś	**f.** uczniów z geografii
7. odwoływać coś	**g.** swoją wizytę kolejny raz
8. odpytywać kogoś / z czegoś	**h.** inteligencją żonie

Miejsce na wpisanie odpowiedzi:

1 / ...,	2 / ...,	3 / ...,	4 / ...,	5 / ...,	6 / ...,	7 / ...,	8 / ...

ZADANIE 15

Połącz czasowniki z kolumny A z właściwymi wyrażeniami z kolumny B. Wzór – jak w zadaniu numer 14.

A.

1. okłamywać kogoś
2. opatrywać coś komuś
3. opracowywać coś do czegoś
4. podpatrywać coś / kogoś
5. porównywać coś z kimś / z czymś
6. przekupywać kogoś czymś
7. rozczytywać się w czymś
8. rozpatrywać coś
9. wychwytywać coś w czymś
10. wyczytywać coś z czegoś

B.

a. w powieściach J. Conrada
b. urodę matki z urodą córki
c. sam siebie *a.* samego siebie
d. dziecku poparzoną dłoń
e. styl wybitnego malarza
f. świadków dużymi sumami pieniędzy
g. sprawę zabójstwa premiera
h. nienawiść w oczach kata
i. tajemnice z pamiętnika Zosi
j. dekoracje do nowej sztuki

Miejsce na wpisanie odpowiedzi:

1 / ...,	2 / ...,	3 / ...,	4 / ...,	5 / ...,	6 / ...,	7 / ...,	8 / ...,	9 / ...,	10 / ...

ZADANIE 16

Połącz czasowniki z kolumny A z właściwymi wyrażeniami z kolumny B. Wzór – jak w zadaniu numer 14.

A.

1. wypytywać kogoś / o coś
2. zakazywać komuś czegoś
3. zasypywać kogoś czymś
4. zawiązywać komuś coś / pod coś
5. zwoływać kogoś na coś

B.

a. ciężko choremu serwetkę pod brodę
b. brata o jego dziewczyny
c. rodziców pytaniami
d. klientom wprowadzania psów do sklepów mięsnych
e. współpracowników na naradę

Miejsce na wpisanie odpowiedzi:

1 / ...,	2 / ...,	3 / ...,	4 / ...,	5 / ...

11. *Nie ma nic złego w dobru*

WARIANTYWNOŚĆ KOŃCÓWEK FORM FLEKSYJNYCH RZECZOWNIKÓW

Nie tylko filozofowie myślą i piszą o *dobru* i *pięknie* – dwóch pojęciach zestawianych od tysiącleci, rozumianych jako dwie wartości występujące obok siebie. Regularną formą miejscownika liczby pojedynczej rzeczownika *dobro* jest *dobrze*. Nietrudno zauważyć, że forma ta przypomina swym brzmieniem często używany w polszczyźnie przysłówek *dobrze*, i zapewne z tego powodu jest rzadko używana. Oboczną formą miejscownika tego rzeczownika jest *dobru* – częstszy wariant wspomnianego, regularnego *dobrze*.

Zjawisko wariantywności końcówek rzeczowników w różnych przypadkach nie należy do rzadkości w języku polskim. Pojawia się ono już we wstępnym etapie uczenia (się) języka polskiego jako obcego. Już przy opisie mieszkania, domu adresat wypowiedzi w języku polskim musi liczyć się z istnieniem w dopełniaczu liczby mnogiej dwóch końcówek obocznych rzeczownika *pokój*; przykład: *W moim mieszkaniu jest kilka pokoi / pokojów*. Ten i wiele innych przykładów (zob. pytania internautów do poradni językowej i listę rzeczowników o końcówkach alternatywnych poniżej) powoduje kolejne odczucie niepewności wśród obcojęzycznych adeptów polszczyzny. Z myślą o nich podajemy poniżej listę stu wybranych rzeczowników o końcówkach alternatywnych we wszystkich rodzajach gramatycznych ze wskazaniem na konkretny przypadek, w którym owa wariantywność występuje, ich formy oraz stosowny komentarz normatywny.

pytanie 1
Proszę o wskazanie i uzasadnienie poprawnej formy spośród: profili/profilów.

odpowiedź
Obie formy są poprawne – wariantywność końcówki dopełniacza liczby mnogiej męskich rzeczowników jest nierzadkim zjawiskiem, jeśli rzeczownik ten kończy się na –l bądź –cz, –sz, –rz/–ż, np. profili/profilów, żurnali/żurnalów, koszy/koszów. Także niektóre rzeczowniki zakończone na –j mogą przybierać alternatywne końcówki, np. pokoi/pokojów.

pytanie 2
Czy w wypadku czarodzieja i czarodziejki liczbą mnogą może być czarodzieje?

odpowiedź
Tak. Mianownik liczby mnogiej od rzeczownika czarodziej to właśnie czarodzieje i możemy tę formę stosować także w odniesieniu do grupy złożonej jednocześnie z czarodziejów płci męskiej i czarodziejów płci żeńskiej. Proszę też spojrzeć na podobny przykład – o nauczycielce i nauczycielu powiemy, że razem są nauczycielami (czyli że są to nauczyciele).

pytanie 3
W jaki sposób odmienia się słowo salezjanie: salezjan czy salezjanów? A jeśli salezjanów, to dlaczego odmienia się inaczej niż Rosjan?

odpowiedź
Zasady wyboru końcówki dopełniacza l.m. dla rzeczowników męskich z formantem –anin są następujące:
1) końcówkę zerową mają nazwy mieszkańców zarówno miejscowości, jak i regionów, nazwy członków plemion, np. Rosjanin, Fenicjanin, Słowianin, szczecinianin, wrocławianin (wyjątki to np.: Afrykanin, Meksykanin, Amerykanin, Mohikanin); a także następujące rzeczowniki spoza tej grupy: poganin, chrześcijanin, mieszczanin, włościanin, niebianin;
2) końcówkę –ów mają pozostałe rzeczowniki na –anin, w tym nazwy członków zgromadzeń zakonnych, np. franciszkanin (bo: franciszkanów), salezjanin (bo: salezjanów).
Są też rzeczowniki, które mają końcówkę alternatywną: –ów lub zero morfologiczne. Należą do nich np. weganin (wegan i weganów) czy wegetarianin (wegetarian i wegetarianów), oratorianin (oratorian i oratorianów).

Źródło – http://poradnia.pwn.pl

pytanie 4
osłu czy osłowi

odpowiedź 4
Osioł, w celowniku osłu lub osłowi. Obydwie formy są poprawne, ale zazwyczaj pierwszej z nich użyje się w odniesieniu do zwierzęcia. Druga jest naturalniejsza, gdy chodzi np. o leniwego ucznia: Mówię temu osłowi, żeby się uczył, a on nic.

M. Bańko

Źródło – http://poradnia.pwn.pl

odpowiedź 5
Problemy związane z celownikiem biorą się stąd, iż jest to przypadek gramatyczny, którym posługujemy się najrzadziej. Kiedy zmienialiśmy nasze godło państwowe, spierano się, czy koronę przywrócono orłu czy orłowi. Tytuł jednej z dawnych piosenek Ewy Bem (jeszcze z zespołem „Bemibek") brzmiał „Sprzedaj mnie wiatrowi" (a może wiatru? – pytali niektórzy). Ileż to razy wahamy się, jakiej użyć formy: koniowi czy koniu? dniowi czy dniu? katowi czy katu? osłowi czy osłu?

M. Malinowski

KOŃCÓWKI ALTERNATYWNE W RÓŻNYCH PRZYPADKACH (wybór)

RODZAJ MĘSKI

RZECZOWNIK	PRZYPADEK LICZBA	FORMY	komentarz normatywny
anestezjolog	M. l.m.	anestezjolodzy *a.* anestezjologowie	
błazen	M. l.m.	błaźni *a.* błazny	
chłop	M. l.m.	(ci) chłopi *a.* (te) chłopy	*chłopy* – rzadko, ekspr.
cyrkiel	D. l.m.	cyrkli *a.* cyrklów	
faryzeusz	M. l.m.	faryzeusze *a.* faryzeuszowie	
	D./B. l.m.	faryzeuszy *a.* faryzeuszów	

gust	M. l.m.	gusty *a.* gusta	*gusta* – przestarzałe
kat	C. l.p.	katu *a.* katowi	
	M. l.m.	*ekspr.* (ci) kaci; (te) katy	*kaci* – ekspr.
anioł	M. l.m.	anieli *a.* aniołowie *a.* anioły	
awans	M. l.m.	awanse *a.* awansy	
błazen	M. l.m.	(te) błazny *a.* (ci) błaźni	
bobslej	D. l.m.	bobslei *a.* bobslejów	
cerber	M. l.m.	cerberzy *a.* cerberowie	
czarodziej	D./B. l.m.	czarodziei *a.* czarodziejów	
człowiek	W. l.p.	człowieku *a.* człowiecze	
dzień	M. l.m.	dni *a.* dnie	*dnie* – forma rzadsza, nie łączy się z liczebnikami dwa, trzy, cztery, tylko *we dnie i w nocy*
dżudoka	M. l.m.	dżudocy *a.* dżudoki	
gronostaj	D. l.m.	gronostai *a.* gronostajów	
gwóźdź	N. l.m.	gwoździami *a.* gwoźdźmi	
karzeł	B. l.m.	(tych) karłów *a.* (te) karły	
kat	C. l. p.	katu *a.* katowi	
	M. l.m.	(ci) kaci, *ekspr.* (te) katy	
klecha	D./B. l.m.	klechów *a.* klech	
klerykał	M. l.m.	(ci) klerykałowie *a.* (te) klerykały	*klerykały* – ekspr.
koń	N. l.m.	końmi *a.* koniami	
kosz	D. l.m.	koszy *a.* koszów	wariantywność dopuszczalna

koszt	M./B. l.m.	koszta *a.* koszty	
król *(mos.)*	D. l.m.	królów *a* króli	*króli* – tylko w nazwie Święto Trzech Króli
kundel	D. l.m.	kundli *a.* kundlów	
kwiat	C. l. p.	kwiatowi *a.* kwiatu	
lokaj	D. l.m.	lokajów *a.* lokai	
lokal	D. l. m.	lokali *a.* lokalów	*lokalów* – rzadko
majster	M. l.m.	majstrowie *a.* majstrzy	*majstrzy* – rzadko
mól	D. l.m.	moli *a.* molów	
organ	M. l.m.	organy *a.* organa	organy *a.* organa – dla zn. 'urząd, instytucja'; organy – dla zn. 'narząd'
orzeł	C. l.m.	orłowi *a.* orłu	
oszust	M. l.m.	(ci) oszuści *a.* (te) oszusty	(te) *oszusty* – ekspr.
pokój	D. l.m.	pokojów *a.* pokoi	
profesor	M. l.m.	profesorowie *a.* profesorzy	*profesorzy* – rzadko
profil	D. l.m.	profilów *a.* profili	
psycholog	M. l.m.	psycholodzy *a.* psychologowie	
raz	D. l.m.	razy *a.* razów	*razy* – w połączeniu z liczebnikiem; *razów* – w zn. 'cios, uderzenie'
rok	N. l.m.	latami *a.* laty	
romans	M. l.m.	romanse *a.* romansy	w obu znaczeniach
satrapa	M. l.m.	(ci) satrapowie *a.* (te) satrapy	*te satrapy* – ekspr.
śmieć	M. l.m.	śmiecie *a.* śmieci	
tato	C. l.m	tacie *a.* tatowi	
truteń	D. l.m.	trutni *a.* trutniów	
ucho	Msc. l.m.	uszach *a.* uchach	*uszach* – w zn. 'narząd słuchu'; *uchach* – w zn. 'uchwyt'
wąż	D. l.m.	węży *a.* wężów	

wnuk	M. l.m	wnukowie *a.* wnuki	*wnukowie* – tylko chłopcy; *wnuki* – chłopcy i dziewczęta
	B. l.m.	wnuków *a.* wnuki	*wnuków* – tylko chłopców; *wnuki* – chłopców i dziewczęta
zając	D. l.m.	zajęcy *a.* zająców	
zakrystian	M. l.m	zakrystianie *a.* zakrystiani	*zakrystiani* – rzadko

ZADANIE UTRWALAJĄCE 1

Proszę wpisać w miejsce kropek właściwe, alternatywne formy rzeczowników (tam, gdzie to jest możliwe) zamieszczonych w pierwszej kolumnie.

WZÓR

dzień **0. Na zimowe [......dni......] || B. [...........dni............] pani Foka wymarzyła sobie drogie futro z lisa. Powiedziała mi o tym dwa A. [........dni.............] || B. [........... ....] temu.**

A. **B.**

anioł **1.** Kiedy ukazali mu się A. [......................] || B. / ukazały się [........................] rzekł: *Niech nas* C. [......................] *mają w swej opiece.*

berbeć *(pot.)* **2.** Już jako młoda panienka miała dwóch małych A. [......................] || B. [.......................], których kochała prawdziwą i dojrzałą matczyną miłością.

błazen **3.** Na scenie politycznej pojawiły się znowu dwa A. [........................], kompromitujące swym zachowaniem udręczone kłótniami malutkie księstwo, leżące nad jednym z zimnych mórz.

4. Przed księciem nagle pojawili się dwaj B. [......................], aby rozweselić bardzo smutne oblicze księcia wdowca.

cerber 5. Dwaj dobrze umięśnieni A. .... w czarnych uniformach pilnowali porządku podczas obrad okrągłego stołu.

6. Dwa groźne B. .... pilnowały wejścia do posiadłości zwanej Hadesem, wybudowanej przez lokalnego multimilionera znad Wisły.

czarodziej 7. Moi koledzy wszystko potrafią zrobić i dlatego uważam ich za A. .... || B. ....

człowiek 8. Kiedy czuł się bezradny, siadał i powtarzał: *„I bądź tu mądry,* A. .... || B. .... *i wybierz gorsze od złego!”.*

9. Uważała się za królową szos i krzyczała do niedoświadczonych kierowców: *Jak ty jeździsz* A. .... || B. ....!

faryzeusz 10. Zakłamani, obłudni ludzie to A. .... || B. ....

ZADANIE UTRWALAJĄCE 2

Proszę wpisać w miejsce kropek właściwe, alternatywne formy rzeczowników (tam, gdzie to jest możliwe) zamieszczonych w pierwszej kolumnie. Wzór – jak w zadaniu testowym numer 1.

kat 1. Skazany z olbrzymią uwagą przyglądał się A. .... || B. ...., który przygotowywał się do ścięcia skazanemu głowy.

2. Powiedział: *Pal go* A. .... || B. ....! i trzasnął głośno drzwiami.

3. Rzekł: *Daj go* A. .... || B. .... i zrezygnował z dalszej dyskusji.

król 4. Poznał już trzech koronowanych A. .... i był z tego dumny.

5. Trzech B. .... to święto katolickie, które obchodzimy szóstego stycznia.

majster 6. Piscator to wielki majster teatru. Kantor i Grotowski to też wielcy A. .... || B. .... polskiego teatru.

oszust 7. W dzielnicy biedy grasowali A. .... || B. grasowały ...., którzy podawali się za agentów ubezpieczeniowych.

tato 8. Tato mi nie uwierzy, ale ja A. .... || B. .... to wkrótce udowodnię!

zakrystian 9. Dwaj A. .... || B. .... zapalili świece przed mszą i zaczęli się gorliwie modlić.

śmieć 10. Mario, wyrzuć te A. .... || B. .... do kosza!

ZADANIE UTRWALAJĄCE 3

Proszę wpisać w miejsce kropek właściwe, alternatywne formy rzeczowników (tam, gdzie to jest możliwe) zamieszczonych w pierwszej kolumnie. Wzór – jak w zadaniu testowym numer 1.

gronostaj 1. Miała na sobie płaszcz podszyty białymi skórkami gronostaja. Na to podszycie zabito zimą kilkanaście zupełnie niewinnych A. .... || B. ....

koń 2. Starym koniem nazywamy dorosłego mężczyznę zachowującego się nieodpowiednio do swojego wieku. Moja matka od lat zajmowała się dwoma starymi A. .... || B. ...., którym nie chciało się pracować i w wieku trzydziestu lat byli wciąż na jej utrzymaniu.

3. Patrzył na zaprzęg z sześcioma dorodnymi A. .... rasy arabskiej.

kundel 4. Po trawniku wałęsało się parę rasowych psów i kilka A. .... || B. ....

mól 5. Otworzyła starą szafę i zobaczyła chmarę A. .... || B. .... oraz resztki swojego futra z białych skórek gronostaja.

orzeł 6. Rzucił A. .... kawałek świeżej padliny i fotografował to żarłoczne ptaszysko z wszystkich stron.

7. Godłem Polski jest wizerunek orła białego w koronie. Nikt już nie pamięta, że władze PRL w 1945 roku usunęły B. .... na ponad 50 lat koronę z głowy.

truteń — **8.** W tym roku zbiory miodu okazały się nikłe, ze względu na znaczną przewagę w roju A. .... || B. .... nad pszczołami robotnicami.

wąż — **9.** Niektóre gatunki A. .... || B. .... są jadowite, inne nie – zupełnie, jak wśród ludzi.

zając — **10.** Babcia przygotowywała pasztet na komunię wnuczka z dwu zabitych przez dziadka niewinnych A. .... || B. ....

ZADANIE UTRWALAJĄCE 4

Proszę wpisać w miejsce kropek właściwe, alternatywne formy rzeczowników (tam, gdzie to jest możliwe) zamieszczonych w pierwszej kolumnie. Wzór – jak w zadaniu testowym numer 1.

awans — **1.** Podczas gdy jego koledzy otrzymywali z rąk szefa kolejne A. .... || B. ...., Franek cieszył się wyłącznie z opinii sumiennego nauczyciela.

bobslej — **2.** Nie uprawiał A. .... || B. .... od kilku dni, gdyż śnieg zasypał tory saneczkowe.

organ — **3.** A. .... || B. .... władzy to urzędy lub instytucje związane ze sprawowaniem władzy, funkcjonujące raz dobrze, raz źle.

4. B. .... takie jak: serce, nerki mogą być zjadane przez ludzi.

raz — **5.** Od tygodnia nie odezwał się do mnie ani A. ....

6. Jesteś inteligentna, a więc zrozumiesz to od A. ....

7. Dostałeś sto euro kieszonkowego. – Nie. Dostałem półtora A. .... więcej.

8. Ile .... ona występowała w paryskiej Olimpii?

9. Chuligani bili przechodnia, a on się zasłaniał od bolesnych A. ....

romans — **10.** Czytała najbardziej wzruszające A. .... || B. .... i miała przed oczyma A. .... || B. ...., które mogła nawiązać w czasach młodości.

RODZAJ ŻEŃSKI

RZECZOWNIK	PRZYPADEK LICZBA	FORMY	komentarz normatywny
aleja	D. l. m.	alei *a.* alej	
chochla	D. l.m.	chochli *a.* chochel	
dłoń	N. l.m.	dłońmi *a.* dłoniami	
drukarnia	D. l.m.	drukarni *a.* drukarń	*drukarń* – rzadko
garść	M. l.m.	garście *a.* garści	
gęba	D. l.m.	gęb *a.* gąb	
gęś	N. l.m.	gęśmi *a.* gęsiami	
kawiarnia	D. l.m.	kawiarni *a.* kawiarń	*kawiarń* – rzadko
kiść	N. l.m.	kiśćmi *a.* kiściami	
komża	D. l.m.	komeż *a.* komż *a.* komży	
kopalnia	D. l.m.	kopalni *a.* kopalń	
kość	N. l.m	kośćmi *a.* kościami	*kościami* – tylko we frazeologizmie: *dobry (poczciwy) z kościami*
kuchnia	D. l.m.	kuchni *a.* kuchni	
kwiaciarnia	D. l.m.	kwiaciarni *a.* kwiaciarń	
ość	N. l.m.	ościami *a.* ośćmi	*ośćmi* – rzadko
palarnia	D. l.m.	palarni *a.* palarń	*palarń* – rzadko
pięść	M./ B. l.m.	pięści *a.* pięście	*pięście* – rzadko
piwiarnia	D. l.m.	piwiarni *a.* piwiarń	
płeć	M./B. l.m.	płcie *a.* płci	*płci* – rzadko
postać	M. l.m.	postaci *a.* postacie	
przepaść	M. l.m.	przepaści *a.* przepaście	
ręka	Msc. l.p.	ręce *a.* ręku	
	N. l.m.	rękami *a.* rękoma	
statua	D. l.p.	statuy *a.* statui	
stolarnia	D. l.m.	stolarni *a.* stolarń	*stolarń* – rzadko
studnia	D. l.m.	studni *a.* studzien	
suknia	D. l.m.	sukni *a.* sukien	
szpachla	D. l.m.	szpachli *a.* szpachel	*szpachel* – rzadko
torba	D. l.m.	toreb *a.* torb	

wataha	C./ Msc. l.p.	watasze *a.* watażе	
Wielkanoc	D./ C./Msc. l.p.	Wielkanocy *a.* Wielkiejnocy	
	B. l.p.	Wielkanoc *a.* Wielkąnoc	*Wielkąnoc* – rzadko
	N. l.p.	Wielkanocą *a.* Wielkąnocą	*Wielkąnocą* – rzadko
wieś	M. l.m.	wsie *a.* wsi	
willa	D. l.m	willi *a.* will	
wiśnia	D. l.m.	wiśni *a.* wisien	
zbroja	D. l.m.	zbroi *a.* zbrój	
żołądź	D. l.p.	żołędzia *a.* żołędzi	*żołędzia* – w zn.; **1.** owoc dębu, **2.** kolor w kartach; *żołędzi* – w zn. 'końcowa część prącia"

ZADANIE UTRWALAJĄCE 5

Proszę wpisać w miejsce kropek właściwe, alternatywne formy rzeczowników zamieszczonych w pierwszej kolumnie.

WZÓR

statua — **0.** Nowy Jork szczyci się Statuą Wolności. Żadne miasto nie ma tak pięknej, jak Nowy Jork A. ......statuy.............. || B. ......statui....................

studnia — **1.** Gdyby w Afryce było więcej A. .... || B. .... głębinowych, mieszkańcy tego kontynentu nie umieraliby z powodu niedoboru wody.

suknia — **2.** Powiedziała: *Nie suknia zdobi człowieka* i kupiła pięć A. .... || B. .... u Christiana Diora.

torba — **3.** Mówimy, że ktoś poszedł z torbami, choć nie miał przy sobie żadnych A. .... || B. ....

wataha — **4.** Przed szefem bandy stała wataha niebezpiecznych opryszków. Szef wydał A. .... || B. .... rozkaz „do ataku" i sam ruszył do boju.

Wielkanoc 5. Malowała wielkanocne pisanki i rozmyślała o zeszłorocznej A. .... || B. ....

wieś 6. Kupiła za wygraną w totolotka dwie A. .... || B. .... letniskowe i wyjechała w góry, by tam spędzić resztę życia.

willa 7. Na małym wzgórzu stało siedem A. .... || B. .... siedmiu wspaniałych obywateli małego miasteczka, w którym mieszkali sami bezrobotni.

wiśnia 9. Z pięciu małych A. .... || B. .... nie zrobisz nalewki na wiśniach!

zbroja 9. Zbroja to sztywna ochrona rycerza. Na polu bitewnym leżało kilka A. .... || B. ...., które jakby się poruszały.

ZADANIE UTRWALAJĄCE 6

Proszę wpisać w miejsce kropek właściwe, alternatywne formy rzeczowników (tam, gdzie to jest możliwe) zamieszczonych w pierwszej kolumnie.

WZÓR

chochla **Wygłodzony marynarz – rozbitek zjadł już pięć** A. ....chochli.................. || B. ......chochel................ **zupy i prosił swego wybawcę o kolejną chochlę zupy.**

dłoń 1. Otarł pot z czoła swymi A. .... || B. .... i wszedł do łazienki, by wziąć prysznic.

gęba 2. Przede mną stało pięć osób. Ci ludzie patrzyli na mnie z rozdziawionymi gębami, a ja patrzyłem z politowaniem na ich pięć rozdziawionych, tępych A. .... || B. ....

gęś 3. W zagrodzie były dwie złośliwe kaczki i stado hodowlanych gęsi. Nikt nie mógł uwierzyć, że dwie kaczki potrafiły rządzić wszystkimi hodowlanymi A. .... || B. ....

kiść 4. Kiść to skupisko kwiatów lub owoców wyrastających z jednej gałązki lub łodygi. Kwiaciarka przygotowała piękny bukiet z pięcioma A. .... || B. .... akacji.

komża 5. Mam pięciu synów ministrantów. Potrzebuję dla nich aż pięciu A. .... || B. .... || C. ....

kość 6. Życzliwego innym, dobrego i uczciwego człowieka określamy w polszczyźnie mianem: *poczciwy z* A. .... || B. ....

7. Sam zjadł smakowite kawałki mięsa, a jego pies musiał zaspokoić swój głód A. .... || B. .... rzuconymi przez pana na ziemię.

kuchnia 8. W tej kamienicy jest tylko pięć ślepych A. .... || B. .... Pozostałe mieszkania mają widne kuchnie z oknami wychodzącymi na gaje oliwne.

ość 9. Znowu kupiłaś rybę z A. .... || B. .... – Tak. Pamiętaj, że po raz ostatni kupuję rybę, gdyż twoje uwagi od dłuższego czasu ością w gardle mi stają!

pięść 10. Miał tak silne A. .... || B. ...., że kiedy uderzał nimi w stół, wszystkie kieliszki spadały ze stołu na marmurową posadzkę.

płeć 11. Ludzie obojga płci to ludzie, wśród których są i kobiety i mężczyźni. Te dwie A. .... || B. .... określamy czasami jako płeć piękną i płeć brzydką.

12. Czy niebiańskie istoty, zwane aniołami mają jedną, czy dwie A. .... || B. ....?

postać 13. Żeń-szeń ma cztery A. .... || B. ....: **a.** może być wywarem, **b.** proszkiem, **c.** maścią, **d.** wyciągiem.

14. Chciał postać chwilę nad brzegiem morza. Kiedy w ciemności zamajaczyły trzy dziwne A. .... || B. .... uciekł w te pędy, gdzie pieprz rośnie.

przepaść 15. Proszę państwa, przed nami urzekające miejsca między stromymi i wysokimi zboczami górskimi. Oto dwie najbardziej znane A. .... || B. .... w tym kraju.

RODZAJ NIJAKI

RZE- CZOWNIK	PRZYPADEK LICZBA	FORMY	Komentarz norma- tywny
dobro	Msc. l.p.	dobru *a.* dobrze	*dobrze* – rzadko
jarzmo	D. l.m.	jarzem *a.* jarzm	
oko	D. l.m.	oczu *a.* ócz	
	N. l.m.	oczami *a.* oczyma	
państwo	Msc. l.p.	(tym) państwie *a.* (tych) państwu	(tym) *państwie* – w zn. kraj; (tych) *państwu* – w zn. 'pan i pani' / 'panie i panowie'
pasmo	Msc. l.p.	pasmie *a.* paśmie	
	D. l.m.	pasm *a.* pasem	
radio	Msc. l.p.	radiu *a.* radio	*radio* – rzadko
słowo	N. l.m.	słowami *a.* słowy	*słowy* – w kilku utar- tych wyrażeniach, np. *innymi słowy*
studio	D. l.p.	studia *a.* studio	*studio* – rzadko
	N. l.p. Msc. l.p.	studiem *a.* studio studiu *a.* studio	*studio* – rzadko
ucho	D. l.m. D. l.m.	uszu *a.* uszów uch	w zn. 'narząd słuchu'; w zn. 'uchwyt'

ZADANIE UTRWALAJĄCE 7

Proszę wpisać w miejsce kropek właściwe, alternatywne formy rzeczowników zamieszczonych w pierwszej kolumnie.

Wzór

jarzmo **0.** *Jarzmo* to prymitywny zaprzęg drewniany dla bydła (np. dla wołów). Rolnik zaprzągł woły do dwóch A. ......jarzm............ || B. ......jarzem..................., a woły posłusznie zastosowały się do woli właściciela.

dobro **1.** Choć poznał dobrze zło tego świata, wolał myśleć o A. .... || B. ...., pięknie oraz prawdzie – trzech podstawowych dla niego wartościach.

państwo 2. Myślę o A. .... Kaczyńskich złożonych od tygodnia ptasią grypą.

3. Państwem w A. .... nazywamy instytucję, która ma całkowitą niezależność od władz, albo dąży do tego, aby ją mieć.

pasmo 4. Mówimy o A. .... || B. .... lądu, wody, dymu, samochodów, jeśli mają one lub tworzą podłużny kształt.

5. I oto, drodzy państwo – przed nami kilka A. .... || B. .... górskich, które powstały w epoce polodowcowej.

ślepie 6. Nawet w ciemności widać było dwie pary błyszczących A. .... || B. .... lwa i lwicy.

ucho 7. Niektórzy sądzą, że podczas mroźnych zim lepiej żyłoby się bez A. .... || B. ....

8. Ta torba nie nadaje się do niczego, ponieważ nie ma obojga A. ....

PLURALIA TANTUM

RZECZOWNIK	PRZYPADEK LICZBA	FORMY	komentarz normatywny
Bieszczady	D. l.m.	Bieszczad *a.* Bieszczadów	
niebiosa	Msc. l.m.	niebiosach *a.* niebiesiech	*niebiesiech* – rzadko
otręby	D. l.m.	otrąb *a.* otrębów	*otrębów* – rzadko
sanie	D. l.m.	sań *a.* sani	
	N. l.m.	saniami *a.* sańmi	
żarna	D. l.m.	żaren *a.* żarn	

ZADANIE UTRWALAJĄCE 8

Proszę wpisać w miejsce kropek właściwe, alternatywne formy rzeczowników zamieszczonych w pierwszej kolumnie.

WZÓR

chaszcze	Chaszcze to gęste krzaki lub zarośla rosnące dziko i trudne do przebycia. Po dwu godzinach trudnego marszu, dotarli wreszcie do drogi bez A. ....chaszczy........... || B. ....chaszczów......... .
Bieszczady	**1.** Jedni mówią, że udają się na wakacje do A. ....; inni mówią, że jadą do B. .... Ja wolę wyjeżdżać nad polskie zimne morze.
niebiosa	**2.** Widziała błysk, jakby się rozwarły całe niebiosa. Po chwili zobaczyła siebie w A. .... || B. .... w towarzystwie dwóch pięknych aniołów.
otręby	**3.** Zakładam fermę hodowlaną i dlatego potrzebuję tony A. .... || B. .... jako paszy dla bydła.
sanie	**4.** Przygotowano dwoje A. .... || B. .... i rozpoczęto jazdę po śniegu.
	5. Zaprzęgliśmy konie do sań i pojechaliśmy A. .... || B. .... na kulig.

to warto zapamiętać

praktyczne rady ułatwiające zapamiętanie procesów zachodzących w języku polskim i osobliwości polszczyzny

Z powyższych tabeli wynika, że większość form alternatywnych pojawia się w dwóch przypadkach gramatycznych, mianowicie w mianowniku i dopełniaczu liczby mnogiej. W innych przypadkach podwójne końcówki należą do rzadkości. Na liście rzeczowników rodzaju nijakiego (str. 233) zamieszczono leksem *radio*, który w miejscowniku liczby pojedynczej występuje w formie nieodmiennej *radio* i odmienianej: *radiu*. Jak pisze autorka jednego z wielu poradników językowych PWN – E. Kołodziejczyk[1]: „Chociaż rzeczownik *radio* zapożyczyliśmy kilkadziesiąt lat temu, do dziś budzi on nasze wątpliwości językowe". I nieco dalej wyjaśnia: „Rzeczywiście, wyraz *radio* zapożyczony został jako nieodmienny, jednak bardzo szybko zaczęliśmy go używać w różnych

[1] E. Kołodziejczyk, *Walczymy z bykami*, op. cit, str. 68.

przypadkach gramatycznych. *Radia, radiu, radiem* – te formy nie budziły i nie budzą zapewne niczyich wątpliwości (...). Skłonność do nieodmienności można zauważyć jedynie w miejscowniku liczby pojedynczej: *Słucham wiadomości w radio*. Co ciekawe, nawet najmłodsi użytkownicy polszczyzny wolą użyć w tym przypadku gramatycznym formy nieodmiennej, chociaż naturalniejszą wydaje się postać *w radiu*, tak jak *w polu, w przedszkolu*. Norma języka polskiego aprobuje jednak obie formy, toteż nie musimy rezygnować z naszych indywidualnych upodobań".

MIEĆ COŚ W JEDNYM PALCU
CIEKAWOSTKI FRAZEOLOGICZNE I CYTATY

UWAGA

W każdej jednostce lekcyjnej podajemy:
1. kilka związków frazeologicznych związanych z tematyką lekcji wraz z ich definicjami słownikowymi, albo:
2. kilka ciekawych cytatów.
Przeczytaj polecenie (poniżej) i wykonaj zadanie.

ZADANIE 9

Przeczytaj poniżej podane związki frazeologiczne i użyj ich w zdaniach.

WZÓR

0. swój chłop
DEFINICJA: «mężczyzna godny zaufania, życzliwy; także należący do tego samego środowiska»
PRZYKŁAD: *Lubię go, bo to swój chłop. Pomoże człowiekowi w każdej chwili.*

1. przypaść *komuś* do gustu
DEFINICJA: «spodobać się komuś, zyskać czyjąś akceptację»
PRZYKŁAD: ....

2. zamknąć się przed ludźmi
DEFINICJA: «żyć w samotności»
PRZYKŁAD: ....

3. dni otwarte
DEFINICJA: «dni, w trakcie których kandydaci na studia mogą zwiedzać uczelnię, zapoznać się z jej specyfiką i uzyskać potrzebne informacje»
PRZYKŁAD: ....

4. w kwiecie wieku
DEFINICJA: «w pełni sił życiowych i twórczych»
PRZYKŁAD: ....

5. wywinąć orła; *pot.*
DEFINICJA: «przewrócić się, całym ciałem padając na ziemię»
PRZYKŁAD: ....

6. dłoń *kogoś* swędzi
DEFINICJA: «ktoś odczuwa silną chęć zrobienia czegoś złego i powstrzymuje się przed tym siłą woli»
PRZYKŁAD: ....

7. brać się / wziąć się w garść; *pot.*
DEFINICJA: «opanować nerwy, mobilizować się»
PRZYKŁAD: ....

8. zapomnieć języka w gębie
DEFINICJA: «zmieszać się podczas rozmowy, nie potrafić celnie odpowiedzieć»
PRZYKŁAD: ....

9. rządzić się jak szara gęś
DEFINICJA: «postępować samowolnie, nie licząc się z nikim»
PRZYKŁAD: ....

10. opowiadać (*streszczać, powtarzać itp.*) własnymi słowami
DEFINICJA: «samodzielnie»
PRZYKŁAD: ....

12. *Palenie prowadzi do raka płuc, a policja prowadzi dochodzenie*

Zasmakuj w czymś albo...
Zasmakować w czymś (w domyśle: przyjemnym) znaczy '*polubić to*'; zasmakować czegoś (w domyśle: przyjemnego) znaczy '*poznać to*'. Jeśli więc ktoś zasmakował w podróżach, to je polubił (i prawdopodobnie odtąd podróżuje), a jeśli zasmakował studenckiego życia, to je poznał (ale niekoniecznie wiedzie nadal studencki żywot). Gdy chodzi o potrawy, używamy konstrukcji z dopełniaczem, np. *zasmakować egzotycznych potraw*. Zdanie '*Zasmakuj natury*' przywodzi więc na myśl jedzenie dobrych rzeczy i brzmi jak obietnica: '*spróbuj, skosztuj, a przekonasz się, jakie to dobre*'. '*Zasmakuj w naturze*' trudniej zrozumieć. Jako hasło reklamowe to pierwsze – '*Zasmakuj natury*' – jest bardziej udane.

Magiczne przyimki
Przyimki to małe niesamodzielne słówka, które stoją przy rzeczowniku (...) i których używamy w każdym prawie zdaniu. *Do*, *od*, *na*, *w*, *z*, *pod*, *nad* i inne pełnią w wypowiedzeniach ważną rolę: sygnalizują związki składniowe między wyrazami, a także wskazują różne relacje między przedmiotami i zjawiskami, o których się mówi.
Przyimek *do* stał się w ostatnim czasie szczególnie atrakcyjny dla twórców reklam: *Dzięki zastosowaniu naszego kremu będziesz miała do 27% mniej zmarszczek!*, *Nasz samochód do 40% tańszy!*, *Po kąpieli w naszym płynie będziesz do 4 razy młodsza.* Pierwsze, co rzuca się w oczy odbiorcy, to liczby: ach, wspaniale!, ubędzie mi aż 27% zmarszczek, kupię 40% taniej, będę 4 razy młodsza – świetnie! (...)

Sprytnie wpleciony w tekst reklamy przyimek *do* zmienia znaczenie całego komunikatu. Jeśli tylko jedna z 79 testowanych kobiet straciła 27% swoich zmarszczek (swoją drogą, jak oni to wyliczyli?!), to reklama zawiera prawdziwe stwierdzenie, nawet gdy 78 pań straciło jedynie 3% zmarszczek. Wynika to z funkcji przyimka *do*, którego używamy wtedy, gdy chcemy określić maksymalną wartość lub maksymalny zasięg czegoś (...). Podobnie, „magicznie" działa przyimek *od* umieszczany na ulotkach reklamowych obok atrakcyjnej ceny towaru. Na przykład pod zdjęciem kubka widnieje napis: *kubki od 2 zł*. (...) Tymczasem w sklepie okazuje się, że za 2 zł możemy kupić kubek rodem z baru mlecznego, a ten ze zdjęcia kosztuje 20 zł. (...) I tak oto reklama z przyimkiem *od*, choć przyniosła rozczarowanie, to jednak okazała się skuteczna (...).

Przedruk powyższego z: E. Kołodziejek, *Walczymy z bykami*, op. cit., s. 163–164.

ŁĄCZLIWOŚĆ SKŁADNIOWA CZASOWNIKÓW. RZĄD PRZYIMKOWY

Jeśli znamy dobrze wymagania składniowe czasowników, bez większych problemów możemy posługiwać się związkami rządu, czyli konstrukcjami, w których wyrazy określane narzucają wyrazom określającym konkretne formy gramatyczne przypadków lub bezokoliczników.

Wymagania składniowe czasowników w języku polskim nie ograniczają się do prostych (najbardziej typowych i w zasadzie stałych) połączeń z jedną formą gramatyczną (bez przyimka), np. *czytam coś (książkę)*, *piszę czymś (długopisem)*, *uczę się czegoś (języka polskiego)*, *prowadzę coś (ciężarówkę, dochodzenie, firmę)*, *potrzebuję czegoś (miłości)*. Już na pierwszym etapie uruchamiania mechanizmów zdaniotwórczych (związek rządu przypadkowego) pojawią się sytuacje, kiedy wybór przypadka będzie zależeć od znaczenia czasownika (por. czasownik *zapominać / zapomnieć* w połączeniu z dopełniaczem: *zapomnieć klucza* – w znaczeniu '*nie wziąć czegoś przez nieuwagę, roztargnienie*' lub z biernikiem: *zapomnieć hasło* – w znaczeniu '*nie zachować czegoś w pamięci, puścić coś w niepamięć*'[1]).

[1] Zobacz wyjaśnienia do czasowników *zapominać / zapomnieć* w: *Słownik wyrazów kłopotliwych*, op. cit. s. 375.

Większość leksemów czasownikowych implikuje nie jeden, a dwa lub trzy przypadki zależne: *dać komuś – coś (mamie prezent)*, *wybić komuś coś – czymś (sąsiadom okno kamieniem)*, *kazać komuś coś zrobić (krawcowi uszyć sutannę)*.

Wykres 1

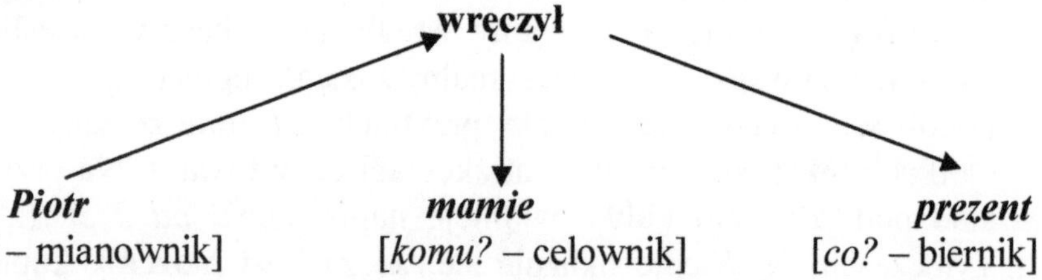

Kolejna, dość pokaźna grupa czasowników łączy się z przyimkami: *coś prowadzi do czegoś (palenie prowadzi do raka płuc)* w znaczeniu '*coś jest powodem czegoś, coś może wywoływać jakiś skutek, pociągać coś za sobą*'; *ktoś prowadzi w czymś (ktoś prowadzi w turnieju, w grze, w konkursie)* w znaczeniu '*przoduje w jakiejś kwalifikacji, ma nad kimś przewagę, zwycięża*'. Związki składniowe tego typu pełnią w składni języka doniosłą rolę, i dlatego nie możemy ich pominąć w procesie nauczania.

Tabela z przykładowym czasownikiem *stać* (zob. poniżej) wyraźnie wskazuje na uwarunkowania składniowo-znaczeniowe (wyrażenia przyimkowe z odpowiednimi przyimkami i ściśle określonymi przypadkami) i ich semantykę. W kolejnej tabeli (str. 242–243) warto zwrócić szczególną uwagę na ściśle ograniczoną łączliwość czasowników: można *śmiać się*, *naigrywać się z kogoś* lub z *czegoś*, ale nie można np. *buntować się z czegoś*.

			ZNACZENIA:	PRZYKŁADY:
stać	gdzieś – w / na czymś / między czymś	w / na + Msc.	**1.**'*utrzymywać ciało w pozycji pionowej, nie ruszać się, utrzymywać się w tej pozycji*'	**1.** stać w rogu / na podłodze / na nogach / w rozkroku /
stać	na czymś	na + Msc.	**2.** '*chronić czegoś, pełnić służbę wartowniczą*'	**2.** żołnierz stoi na warcie
coś ***stoi***	na czymś	na + Msc.	**3.** '*coś opiera się na czymś*'	**3.** dawniej gospodarka polska stała na węglu

stać	przy czymś	przy + Msc.	*'być wiernym czemuś'* *'nie móc czegoś uniknąć'* *'pracować, pilnować czegoś'*	**4.** dalej stoimy przy swoim **5.** stać przy maszynie
stać	przed czymś	przed + N.	*'nie móc czegoś uniknąć'*	**6.** stać przed bankructwem
stać	nad kimś	nad + N.	*'pilnować kogoś'*	**7.** stać nad dzieckiem
stać	za czymś	*za +N.*	**1.** *'wspierać, pomagać'* **2.** *'pracować jako ktoś'*	**8.** prawo stoi za firmą **9.** stać za ladą / za sterem

ZADANIE UTRWALAJĄCE 1

Wpisz właściwe formy czasownika *stać* i jego połączenia składniowe. Skorzystaj z informacji zawartych w tabeli powyżej.

WZÓR

stać / przedpokój	**0.** Piotrze, dlaczego **stoisz w przedpokoju**, przecież możesz wejść.

stać / baczność	**1.** Proszę .... i się nie ruszać.
stać / ster	**2.** Kapitan .... i wprowadzał do portu statek.
stać / fundamenty	**3.** Ten dom .... z betonu.
stać / piętra	**4.** Musimy zejść po schodach, bo winda znowu ....
stać / korek	**5.** *(My)* .... już od godziny.
stać / prezydent	**6.** Mimo trudnej sytuacji, wojsko .... wiernie ....
stać / groźba	**7.** Komuniści coraz częściej .... utraty władzy.
stać / robotnicy	**8.** Kodeks pracy powinien ....

stać / gaz, ropa	**9.** Gospodarka Rosji .... i .... naftowej.
stać / złodziej	**10.** Nie jest możliwe, by policja .... każdym ....

PRZYKŁADOWE KONSTRUKCJE SKŁADNIOWE Z PRZYIMKAMI IMPLIKUJĄCYMI: 1. dopełniacz, 2. celownik, 3. biernik, 4. narzędnik.

1.

kpić
śmiać się
naigrywać się

z kogoś – z czego

dążyć
przydawać się
wtrącać się

do czegoś

→ ***dopełniacz***

2.

buntować się
postępować
wykraczać
walczyć

przeciw(ko) komuś – czemuś

→ ***celownik***

3.

angażować się
obfitować
ubierać się
wpatrywać się

w coś

decydować się
reagować
zważać

na kogoś – na coś

dbać
opierać się
ubiegać się

o kogoś – o coś

→ ***biernik***

4.

bronić się
chronić się
uciekać
zatrzymywać się

przed kimś – przed czymś → ***narzędnik***

ZADANIE UTRWALAJĄCE 2
Dryl fleksyjno-składniowy

Odpowiedz na zadane pytania, wpisując w miejsce kropek dowolne dopełnienia.

WZÓR

0. Z kogo najczęściej kpisz?	**0. Najczęściej kpię z moich kolegów** z pracy.

1. Do czego każdy powinien dążyć?	....
2. Do czego nie lubisz się wtrącać?	....
3. Do czego przydają się surowce wtórne?	....
4. Na co decydujesz się najszybciej?	....
5. Na co powinien zważać turysta w górach?	....
6. Na co reagujesz agresywnie?	....
7. O co mogą się ubiegać bezrobotni?	....
8. O co może się oprzeć pijany?	....
9. O kogo powinny dbać dorosłe dzieci?	....
10. Przeciw czemu nie wolno wykraczać?	....
11. Przeciw czemu powinniśmy walczyć?	....
12. Przeciw czemu więźniowie się buntują?	....
13. Przeciw komu nie wolno źle postępować?	....
14. Przed czym nie warto uciekać?	....
15. Przed czym powinni się chronić starcy?	....
16. Przed czym trzeba się bronić?	....
17. Przed czym zatrzymują się przechodnie?	....
18. W co lubisz się wpatrywać?	....
19. W co powinien obfitować melodramat?	....
20. W co powinni młodzi się angażować?	....
21. W co ubierają się księża katoliccy?	....

22. Z czego nie lubisz się naigrywać? | ....
23. Z kogo lubisz się śmiać? | ....

POŁĄCZENIA CZASOWNIKÓW Z PRZYIMKAMI (wybór)

DOPEŁNIACZ

przyimek *z* w połączeniu z ***dopełniaczem***

UWAGA
W poniższych konstrukcjach składniowych wskazuje się na okazywanie komuś lub czemuś lekceważenia, zwykle za pomocą mniej lub bardziej złośliwych słów, komentarzy, gestów itp.

CZASOWNIKI:	POŁĄCZENIA SKŁADNIOWE ZNACZENIA:	ZDANIE LUB GRUPA SKŁADNIOWA:
drwić / zadrwić	**z kogoś / z czegoś**; *zn.*: jak w powyższej uwadze	*Nie drwij z najbliższych!*
dworować / –, *książk.*	**z kogoś / z czegoś**; *zn.*: jak w powyższej uwadze	*Nie dworuj sobie ze mnie!*
kpić / zakpić	**z kogoś / z czegoś**; *zn.*: jak w powyższej uwadze	*Nie kpij ze świętości!*
nabijać się / –; *pot.*	**z kogoś / z czegoś**; *zn.*: jak w powyższej uwadze	*Nie nabijaj się zbyt często z policjantów!*
naigrawać się / –	**z kogoś / z czegoś**; *zn.*: jak w powyższej uwadze	*Nie naigrywaj się z braci!*
naśmiewać się / –	**z kogoś / z czegoś**; *zn.*: jak w powyższej uwadze	*Nie naśmiewaj się z teściowej!*
natrząsać się / –	**z kogoś / z czegoś**; *zn.*: jak w powyższej uwadze	*Nie natrząsaj się z nieporadności ludzi!*
szydzić / –	**z kogoś / z czegoś**; *zn.*: jak w powyższej uwadze	*Nie szydź z biednych!*
śmiać się / –	**z kogoś / z czegoś**; *zn.*: jak w powyższej uwadze	*Nie śmiej się z ułomnych!*
wyśmiewać się / –	**z kogoś / z czegoś**; *zn.*: jak w powyższej uwadze	*Nie wyśmiewaj się z krasnali!*
żartować / –	**z kogoś / z czegoś**; *zn.*: jak w powyższej uwadze	*Nie żartuj sobie ze mnie!*

ZADANIE UTRWALAJĄCE 3

Wpisz właściwe formy wyrazów z kolumny A, zwracając uwagę na łączliwość składniową podkreślonych czasowników.

WZÓR

(pan)	**Z kogo pan lubi drwić?** **→Lubię drwić z pana.**

A.	B.
(staropanieńskie upodobania)	**1.** Żartujesz sobie z niej? →Tak. Żartuję sobie ..... jej ....
(pańska nieśmiałość)	**2.** Szanowna pani sobie dworuje? →Tak. Dworuję sobie ....
(naiwni czytelnicy)	**3.** Czy sądzisz, że ten autor kpi z nas? →Tak. Mam wrażenie, że kpi ....
(własne wady)	**4.** Czy on żartuje z samego siebie? → Tak. On nabija się ....
(dziecięca nieporadność)	**5.** Ksantypo, nie możesz ciągle w złośliwy sposób naigrywać się .... swego męża.
(męska nieudolność)	**6.** Babciu, nie naśmiewaj się .... dziadka, przygotowującego po raz pierwszy wigilię.
(mierne wyniki)	**7.** Z właściwą sobie drwiną w głosie natrząsał się .... swego syna.
(dwaj kulawi)	**8.** Z lekceważeniem w głosie szydził .... spacerujących po kamienistej plaży.
(moje błędy)	**9.** Nie lubię, kiedy inni śmieją się ....
(własne dzieci)	**10.** To straszne, kiedy rodzice wyśmiewają się ....

DOPEŁNIACZ

przyimek *do* w połączeniu z *dopełniaczem*

CZASOWNIKI:	POŁĄCZENIA SKŁADNIOWE ZNACZENIA:	ZDANIE LUB GRUPA SKŁADNIOWA:
dążyć / –	**do czegoś**; *zn.*: 'starać się coś osiągnąć'	*Dążcie do doskonałości!*
dopasowywać się / dopasować się	**do czegoś**; *zn.*: 'zmienić swoje postępowanie tak, aby było właściwe w stosunku do drugiej osoby'	*Dopasujcie się do sytuacji!*
doprowadzać / doprowadzić	**do czegoś**; *zn.*: 'osiągnąć zamierzony cel'	*Doprowadźcie do zgody między tymi ludźmi!*
doprowadzać się / doprowadzić się	**do czegoś**; *zn.*: 'powodować u siebie jakiś stan'	*Nie doprowadzaj się do ruiny, człowieku!*
dostosowywać się / dostosować się	**do czegoś**; *zn.*: zob. dopasowywać się / dopasować się	*Dostosujcie się do reguł gry!*
nadawać się / nadać się	**do czegoś**; *zn.*: 'być odpowiednim do czegoś lub na coś'	*Owoce nadają się do dekoracji deserów.*
naginać się / nagiąć się	**do czegoś**; *zn.*: 'ulegać czyimś namowom, żądaniom'	*Nie naginaj się do każdego regulaminu!*
odnosić się / odnieść się	**do czegoś**; *zn.*: 'wyrażać swój stosunek do czegoś'	*Nie odnoś się lekceważąco do decyzji przełożonych!*
prowadzić / –	**do czegoś**; *zn.*: 'wywoływać jakiś skutek, pociągać za sobą'	*Uczciwa praca nie zawsze prowadzi do sukcesów.*
przyczyniać się / przyczynić się	**do czegoś**; *zn.*: 'wpływać na coś'	*Naukowcy przyczyniają się do rozwoju nauki.*
przydawać się / przydać się	**do czegoś**; *zn.*: 'okazywać się przydatnym do czegoś'	*Gazety przydają się do czyszczenia okien.*
przystępować / przystąpić	**do czegoś**; *zn.*: 'zaczynać coś robić'	*Mediatorzy przystępują do decydującej rozmowy.*

przystosowywać się / przystosować się	**do czegoś**; *zn.*: ‘przywykać do czegoś’	*Kiedy musisz, przystosujesz się do każdych warunków.*
przywykać / przywyknąć	**do czegoś**; *zn.*: to samo co ‘przystosowywać się’	*Z czasem przywykniesz do wszystkiego.*
przyzwyczajać się / przyzwyczaić się	**do czegoś**; *zn.*: ‘nabierać zwyczaju robienia czegoś’	*Bez większego wysiłku przyzwyczajamy się do lenistwa.*
stosować się / –	**do czegoś**; *zn.*: ‘godzić się z czymś, dostosowywać się do czegoś’	*Nie stosuj się do wszystkich kaprysów męża!*
tęsknić / –	**do czegoś**; *zn.*: ‘odczuwać smutek z braku kontaktu z czymś’	*Nie tęsknię do własnego domu, bo go nie mam.*
wtrącać się / wtrącić się	**do czegoś**; *zn.*: ‘ingerować w coś wbrew czyjejś woli’	*Najgorszy jest szef, który wtrąca się do wszystkiego.*
zastosowywać się / zastosować się	**do czegoś**; *zn.*: ‘postępować zgodnie z czyimiś radami’	*Każdy powinien zastosować się do regulaminu.*
zbliżać się / zbliżyć się	**do czegoś**; *zn.*: ‘zmieniać położenie, by być bliżej czegoś’	*Nie zbliżaj się do tego niebezpiecznego miejsca.*
zobowiązywać się / zobowiązać się	**do czegoś**; *zn.*: ‘brać na siebie jakiś obowiązek, podejmować się czegoś’	*Rządy obu krajów zobowiązały się do zaprzestania walki.*

ZADANIE UTRWALAJĄCE 4

Wpisz właściwe formy wyrazów z kolumny A, zwracając uwagę na łączliwość składniową podkreślonych czasowników.

WZÓR

(reguły)	**Na początku niczego nie akceptowała, aż w końcu dostosowała się do reguł życia w nowym środowisku.**

A.	B.
(prawda)	**1.** Chce osiągnąć wyznaczony cel i z całych sił dążył ....
(nastrój)	**2.** Trudno dopasować się .... weselników, kiedy w sercu rozgościły się złe wspomnienia z własnego małżeństwa.
(to)	**3.** Za wszelką cenę chciał porozumienia i w końcu doprowadził ....
(choroba)	**4.** Człowieku, życiem w ciągły stresie, doprowadzisz się ....
(moja cera)	**5.** Kupuję odpowiednie kremy, które nadają się ....
(żądania)	**6.** Była kobietą ugodową i naginała się .... swego męża.
(ja)	**7.** Mam nadzieję, że te uwagi nie odnoszą się ...., gdyż nie mam z tym nic wspólnego.
(osłabienie)	**8.** Złe odżywianie się powoduje bóle brzucha i prowadzi .... odporności organizmu.
(powstawanie)	**9.** Chirurdzy plastyczni ostrzegają, że ustawiczne żucie gumy przyczynia się .... zmarszczek, głównie wokół ust.
(prace)	**10.** Gumowe rękawice bardzo się przydają .... ogrodowych.

ZADANIE UTRWALAJĄCE 5

Wpisz właściwe formy wyrazów z kolumny A, zwracając uwagę na łączliwość składniową podkreślonych czasowników.

WZÓR

(zmniejszenie)	**Polityka krajów europejskich zmierza do zmniejszenia bezrobocia w całej zjednoczonej Europie.**

A.	B.
(podział)	**1.** Wkrótce zaczynamy obrady i w pierwszej kolejności przystępujemy .... zysków.

(ciemność)	**2.** Gdybym była kotem, mój wzrok przystosowywałby się ....
(samotność)	**3.** Gdybym pochodziła z rodziny wielodzietnej, na pewno nie przywykłabym ....
(wszystko)	**4.** Gdybym była uniwersalna, przyzwyczaiłabym się ....
(inne cele)	**5.** Antoni, nie bij głową o mur, bo głowa służy ....
(one)	**6.** Jerzy, przestrzegaj przepisów, stosuj się ...., a będziesz miał święty spokój z Urzędem Skarbowym.
(wszyscy)	**7.** Drogi młodzieńcze, zakaz palenia papierosów w pociągach stosuje się ...., również do młodych.
(czasy)	**8.** Babciu, nie tęsknij .... młodości, one już nie wrócą.
(dyskusja)	**9.** Władysławie, wtrącisz się ...., kiedy ci na to pozwolę.
(decyzja)	**10.** Drogi pośle, nawet pan musi się zastosować .... USA.
(poziom europejski)	**11.** Poziom wykształcenia Polaków zbliża się ....
(milczenie)	**12.** Zdrajco, nie możesz tego nikomu powiedzieć, przecież zobowiązałeś się ....

CELOWNIK

przyimek ***przeciw(ko)*** w połączeniu z ***celownikiem***

CZASOWNIKI:	POŁĄCZENIA SKŁADNIOWE / ZNACZENIA:	ZDANIE LUB GRUPA SKŁADNIOWA:
bluźnić / –	**przeciw(ko) czemuś / komuś**; *zn.*: 'uwłaczać, urągać czemuś / komuś'	*Nie bluźnij przeciw bogom!*
buntować się / zbuntować się	**przeciw(ko) czemuś / komuś**; *zn.*: 'nie zgadzać się z czymś'	*Nie buntuj się przeciwko rodzicom!*
działać / –	**przeciw(ko) komuś / czemuś**; *zn.*: 'wpływać na coś'	*Mówi się, że system opieki zdrowotnej w Polsce działa przeciwko pacjentowi.*

głosować / zagłosować	**przeciw(ko) czemuś / komuś**; *zn.*: 'opowiadać się za kimś / za czymś, wyrażać swoją opinię'	*Głosuj przeciwko sprzedaży broni!*
postępować / postąpić	**przeciw(ko) komuś / czemuś**; *zn.*: 'działać, poczynać sobie w pewien sposób'	*Nie postępuj przeciwko samemu sobie!*
powstawać / powstać	**przeciw(ko) czemuś / komuś**; *zn.*: 'buntować się, organizować powstanie, walczyć'	*Czasami całe narody powstają przeciw tyranom.*
protestować / zaprotestować	**przeciw(ko) czemuś**; *zn.*: 'wyrażać sprzeciw'	*Protestuj przeciwko przemocy!*
walczyć / –	**przeciw(ko) komuś / czemuś**; *zn.*: 'zmagać się z czymś'	*Gdy nadchodzi świt, trudno walczyć przeciw nocy.*
wykraczać / wykroczyć	**przeciw(ko) czemuś**; *znaczenie*: 'łamać przepisy'	*Nie wykraczaj przeciwko obowiązującemu prawu!*
wypowiadać się / wypowiedzieć się	**przeciw(ko) czemuś**; *zn.*: 'zajmować stanowisko w jakiejś sprawie'	*Nie wypowiadaj się przeciwko emigracji, jeśli sam nigdy nie byłeś emigrantem!*
występować / wystąpić	**przeciw(ko) czemuś**; *zn.*: 'publicznie zabierać głos w jakiejś sprawie'	*Niektórzy politycy występują przeciwko aborcji.*
zmawiać się / zmówić się	**przeciw(ko) komuś / czemuś**; *zn.*: 'porozumiewać się z kimś do wspólnego działania'	*Pracownicy zmówili się przeciwko szefowi i dali mu nauczkę.*

ZADANIE UTRWALAJĄCE 6

Wpisz właściwe formy wyrazów z kolumny A, zwracając uwagę na łączliwość składniową podkreślonych czasowników.

WZÓR

(wszyscy)	**0. Anioł Pański w Księdze Rodzaju tak powiedział do Hagar: *A będzie to człowiek dziki jak onager: powstanie on i będzie walczył przeciwko wszystkim i wszyscy – przeciwko niemu (...).***

A.	B.
(aborcja)	**1.** Dlaczego Kościół tak często wypowiada się ....?
(agresor)	**2.** W sytuacji bez wyjścia, trzeba wystąpić zbrojnie ....
(hipokryzja)	**3.** Całe życie buntowała się .... panującej na uczelniach.
(kandydatura)	**4.** Gdyby się nie bali, głosowaliby na pewno .... jego ....
(niesprawiedliwość)	**5.** Kiedy wszyscy powstaną ...., przystanie ona istnieć.
(podwyższenie)	**6.** Niewielu Polaków protestowało .... wieku emerytalnego.
(prawo)	**7.** Uczciwy człowiek nie może postępować ....
(prezes)	**8.** Opozycja zmówiła się .... i bojkotuje jego wystąpienia.
(regulamin)	**9.** Nie wolno łamać przepisów, nie wolno wykraczać ....
(to)	**10.** Nie można bluźnić ...., co dla innych jest świętością.
(trudności)	**11.** I choć rzucali mu kłody pod nogi, on dalej działał ....
(wiatraki)	**12.** Czy warto walczyć .... ?

BIERNIK

przyimek *w* połączeniu z *biernikiem*

CZASOWNIKI:	POŁĄCZENIA SKŁADNIOWE / ZNACZENIA:	ZDANIE LUB GRUPA SKŁADNIOWA:
angażować się / zaangażować się	**w coś**; *zn.*: 'wciągnąć się w coś'	*w życie rodzinne*
grać / –	**w coś**; *zn.*:'brać udział w grze sportowej'	*w piłkę*
obfitować / –	**w coś**; *zn.*: 'odznaczać się wielką liczba czegoś'; *tylko w 3. osobie*	*Jezioro obfituje w ryby.*
patrzeć (–yć) / –	**w coś / w kogoś**; *zn.*: 'spoglądać'	*w niebo*

przebierać się / przebrać się	w coś; *zn.*: ‘zmieniać swoje ubranie’	*w lżejsze ubranie*
ubierać się / ubrać się	**w coś**; *zn.*: ‘wkładać coś na siebie’	*w garnitur*
uderzać się / uderzyć się	**w coś**; *zn.*: ‘zadawać sobie cios’	*w łokieć*
wierzyć / uwierzyć	**w coś / w kogoś**; *zn.*: ‘być przeświadczonym, że coś jest prawdą’	*w świętego Mikołaja*
wpadać / wpaść	**w coś**; *zn.*: ‘dostawać się do czegoś, wlatywać w coś’	*w sieć*
wpatrywać się	**w coś / w kogoś**; *zn.*: ‘patrzeć się uważnie, nie odrywając wzroku’	*w dal*
zapuszczać się / zapuścić się	**w coś**; *zn.*: ‘iść w głąb jakiegoś obszaru, docierać tam’	*w las*

ZADANIE UTRWALAJĄCE 7

Wpisz właściwe formy wyrazów z kolumny A, zwracając uwagę na łączliwość składniową podkreślonych czasowników.

WZÓR

(polityka)	**Interesowała go polityka. ‖ Angażował się w politykę.**

A.	B.
(grzyby)	**1.** Uwielbiam zbierać grzyby. ‖ W tym roku lasy wyjątkowo obfitują ....
(suknia)	**2.** Wyciągnęła z szafy suknię wieczorową. ‖ Przebrała się .... i wyszła z domu.
(futro)	**3.** Wyjęła z szafy stare futro z lisa. ‖ Ubrała się .... z lisa i zaczaiła się w przedpokoju.
(czoło)	**4.** Skąd ten guz na czole? ‖ Wpadałam na latarnię i uderzyłam się ....
(koniec)	**5.** Był pesymistą. ‖ Święcie wierzył .... świata.
(ten dół)	**6.** Przed nią był niewidoczny dół. ‖ Szła i wpadła jak długa ....

(ta dal)	**7.** Widział bezkresną dal. || Wpatrywał się .... jak w obraz.
(poker)	**8.** Mam dużo czasu i talię kart. || Może zagramy ....?
(dżungla)	**9.** Chciała zwiedzić dżunglę. || Im bardziej zapuszczała się ...., tym więcej było drzew.
(lustro)	**10.** Nie mogła zaakceptować procesu starzenia się. || Godzinami patrzyła .... i analizowała swoją twarz.

przyimek ***na*** w połączeniu z ***biernikiem***

CZASOWNIKI:	POŁĄCZENIA SKŁADNIOWE / ZNACZENIA:	ZDANIE LUB GRUPA SKŁADNIOWA:
czekać / –	**na kogoś / na coś**; *zn.*: 'stać w jakimś miejscu, spodziewając się kogoś lub czegoś'	*na autobus,* *na dziewczynę*
decydować się / zdecydować się	**na coś**; *zn.*: 'podejmować decyzję'	*na małżeństwo*
gniewać się / –	**na kogoś**; *zn.*: 'okazywać złość, irytację'	*na brata*
liczyć / –	**na kogoś**; *zn.*: 'mieć nadzieję, że dana osoba spełni nasze oczekiwania'	*na przyjaciół*
odpowiadać / odpowiedzieć	**na coś**; *zn.*: 'zareagować na coś, dać odpowiedź'	*na propozycję*
powoływać się / powołać się	**na coś**; *zn.*: 'brać coś za punkt odniesienia'	*na przepisy*
reagować / zareagować	**na kogoś / na coś**; *zn.*: 'odpowiadać na bodźce zewnętrzne'	*na krytykę*
skierowywać się / skierować się	**na coś**; *zn.*: 'udawać się w pewnym kierunku'	*na południe*
wystawiać się / wystawić się	**na coś**; *zn.*: 'swoim działaniem narażać się na coś'	*na atak*
zważać / zważyć	**na coś / na kogoś**; *zn.*: 'brać coś / kogoś pod uwagę'	*na stan zdrowia*

ZADANIE UTRWALAJĄCE 8

Wpisz właściwe formy wyrazów z kolumny A, zwracając uwagę na łączliwość składniową podkreślonych czasowników.

WZÓR

(ta dziewczyna)	**0. Patrzyłem na tę dziewczynę jak zaczarowany.**

A.	B.
(dobre rady)	**1.** Zawsze zważał .... innych.
(każdy dźwięk)	**2.** Chora reagowała .... dochodzący zza ściany.
(ciągła krytyka)	**3.** Zrezygnuj z polityki i nie wystawiaj się ....
(miasto)	**4.** Czołgi skierowały się .... zajęte przez nieprzyjaciela.
(moja sympatia)	**5.** Zawsze czekam .... przed pomnikiem Zwycięstwa.
(obiecana pożyczka)	**6.** On umarł wczoraj, a ja tak liczyłem ....
(on)	**7.** Gniewam się ...., ponieważ powiedział, że jestem za gruba.
(ostateczna rozmowa)	**8.** Wreszcie zdecydowała się .... ze mną.
(ostatni autobus)	**9.** Spieszę się, muszę zdążyć ....
(podchwytliwe pytania)	**10.** Nie lubiłem odpowiadać ....
(świeże powietrze)	**11.** Kiedy boli mnie głowa, wychodzę ....
(zdanie)	**12.** Tak mówi ekspert, a ja powołuję się .... jego ....

przyimek ***o*** w połączeniu z ***biernikiem***

CZASOWNIKI:	POŁĄCZENIA SKŁADNIOWE / ZNACZENIA:	ZDANIE LUB GRUPA SKŁADNIOWA:
dbać / zadbać	**o kogoś / o coś**; *zn.*: ‘zwracać na coś szczególną uwagę’	*o dziecko* *o zęby*
kłócić się / –	**o kogoś / o coś**; *zn.*: ‘spierać się, sprzeczać się’	*o miedzę*, *o dziewczynę*
niepokoić się / –	**o kogoś / o coś**; *zn.*: ‘być niespokojnym z jakiegoś powodu, martwić się’	*o chorą mamę* *o przyszłość*
opierać się / oprzeć się	**o coś**; *zn.*: ‘stać, korzystając z jakiegoś oparcia’	*o ścianę*
starać się / –	**o kogoś / o coś**; *zn.*: ‘zabiegać o coś’	*o pracę*
troszczyć się / –	**o kogoś / o coś**; *zn.*: ‘otaczać opieką, wykazywać dbałość o kogoś / coś’	*o dzieci* *o wszystko*
ubiegać się	**o coś**; *zn.*: ‘starać się o coś’	*o lepsze stanowisko*
upominać się / upomnieć się	**o coś**; *zn.*: ‘domagać się czegoś, żądać czegoś’	*o zwrot długu*
walczyć / –	**o kogoś / o coś**; *zn.*: ‘usilnie starać się o coś’	*o lepsze życie*
zabiegać / –	**o kogoś / o coś**; *zn.*: ‘starać się o coś, ubiegać się o coś’	*o kobietę*, *o stanowisko*

ZADANIE UTRWALAJĄCE 9

Wpisz właściwe formy wyrazów z kolumny A, zwracając uwagę na łączliwość składniową podkreślonych czasowników.

WZÓR

(herbata)	**Przepraszam, prosiłem o herbatę, a pani podała mi piwo.**

A.	B.
(ja)	**1.** Mikołaju, za mało się troszczysz ...., więc odchodzę od ciebie.
(każdy szczegół)	**2.** Kłóciła się zawzięcie ...., nawet gdy nie miała racji.
(mur)	**3.** Jeśli robi ci się słabo, natychmiast oprzyj się ....
(one)	**4.** Mam piękne włosy, bo dbam .... jak kot o swoją sierść.
(pozycja)	**5.** Młodzi muszą teraz walczyć .... w społeczeństwie.
(stypendium)	**6.** Już trzy razy starałam się .... i nigdy go nie dostałam.
(szacunek)	**7.** Nawet gdybym był niewolnikiem, upominałbym się ....
(ta posada)	**8.** Od lat zabiegam .... i zawsze znalazł się ktoś lepszy.
(tytuł)	**9.** Każdy ambitny pracownik naukowy ubiega się .... profesora.
(zdrowie)	**10.** Nie przestaję się niepokoić .... mojego chorego męża.

NARZĘDNIK

przyimek ***przed*** w połączeniu z ***narzędnikiem***

CZASOWNIKI:	POŁĄCZENIA SKŁADNIOWE / ZNACZENIA:	ZDANIE LUB GRUPA SKŁADNIOWA:
bronić się / –	**przed kimś / przed czymś**; *zn.*: ‘odpierać czyjś atak; opierać się przeciwko komuś / czemuś’	*przed zarzutami* *przed złymi ludźmi*
chronić się / uchronić się	**przed czymś**; *zn.*: ‘zabezpieczać się, wystrzegać się’	*przed chorobami*
klękać / klęknąć	**przed kimś / przed czymś**; *zn.*: ‘przybierać pozycję klęczącą’	*przed ołtarzem*
kłamać / skłamać	**przed kimś / przed czymś**; *zn.*: ‘świadomie mówić nieprawdę’	*przed rodzicami*
ostrzegać / ostrzec	**przed kimś / przed czymś**; *zn.*: ‘zalecać ostrożność’	*przed negatywnymi skutkami*

płaszczyć się / –	**przed kimś**; *zn.*: 'poniżać się przed kimś'	*przed byle szefem*
popisywać się / popisać się	**przed kimś / przed czymś**; *zn.*: 'czynić coś na pokaz'	*przed kolegami*
salutować / zasalutować	**przed kimś / przed czymś**; *zn.*: 'uroczyście witać ważną osobistość'	*przed głową państwa*
spowiadać się / wyspowiadać się	**przed kimś / przed czymś**; *zn.*: 'zwierzać się'	*przed rodzicami*
stawać / stanąć	**przed kimś / przed czymś**; *zn.*: 'przybywać gdzieś na wezwanie lub rozkaz'	*przed komisją lekarską*
strzec się / ustrzec się	**przed kimś / przed czymś**; *zn.*: 'unikać czegoś'	*przed wilkami*
uciekać / uciec	**przed kimś / przed czymś**; *zn.*: 'uchodzić skądś dokądś, umykać'	*przed pościgiem*
uginać się / ugiąć się	**przed kimś / przed czymś**; *zn.*: 'poddawać się czyjejś woli'	*przed wszystkimi*
ukrywać się / ukryć się	**przed kimś**; *zn.*: 'chować się przed kimś'	*przed policją*
umykać / umknąć	**przed kimś / przed czymś**; *zn.*: 'uciekać szybko'	*przed burzą*
ustępować / ustąpić	**przed kimś / przed czymś**; *zn.*: 'wycofywać się'	*przed atakującymi*
wdzięczyć się / –	**przed kimś / przed czymś**; *zn.*: 'przymilać się, kokietować'	*przed przełożonym*
wzbraniać się / –	**przed kimś / przed czymś**; *zn.*: 'nie chcieć czegoś robić'	*przed podjęciem decyzji*
zabezpieczać się / zabezpieczyć się	**przed kimś / przed czymś**; *zn.*: 'zapewniać sobie bezpieczeństwo'	*przed złodziejami*
zatrzymywać się / zatrzymać się	**przed kimś / przed czymś**; *zn.*: 'stawać w miejscu'	*przed witrynami sklepów*

UWAGA: W zestawieniu nie wykazano połączeń składniowych z miejscownikiem, ponieważ przypadek ten został omówiony w lekcjach 7–8.

ZADANIE UTRWALAJĄCE 10

Wpisz właściwe formy wyrazów w nawiasach, zwracając uwagę na łączliwość składniową podkreślonych czasowników.

WZÓR

> **Przed kim się najczęściej bronisz?**
> **→Bronię się przed wścibskimi reporterami.** *(wścibscy reporterzy)*

1. Dlaczego siedzisz w koszu plażowym?
→ Siedzę w nim, bo chronię się .... *(silny wiatr)*.
2. Dlaczego ciągle klękasz?
→ Klękam .... *(każda figurka)*, bo często grzeszę.
3. Czy ty okłamujesz wszystkich?
→ Nie. Kłamię tylko .... *(matka)*.
4. Przed czym ostrzega ten znak drogowy?
→ Ten znak ostrzega .... *(wyboje)* na drogach.
5. Kobieto, czy ty jesteś płaszczką?
→ Mogę się płaszczyć .... *(każdy)*, byle tylko mieć pracę.
6. Nie lubisz wspominać o przeszłości?
→Staram się uciekać .... *(wspomnienia)* z przeszłości.
7. Piotr znowu demonstruje swoje umiejętności.
→ On znowu popisuje się .... *(goście)*.
8. Oddasz honor wojskowy temu majorowi?
→ Szeregowiec zawsze salutuje .... *(oficer)*.
9. Opowiesz swoje przeżycia rodzicom?
→ Nie mam ochoty spowiadać się .... *(wszyscy)*.
10. Dostałeś rozkaz powrotu do kraju?
→ Tak. Muszę jak najszybciej stanąć .... *(premier)*.

ZADANIE UTRWALAJĄCE 11

Wpisz właściwe formy wyrazów z kolumny A, zwracając uwagę na łączliwość składniową podkreślonych czasowników.

WZÓR

0. Co jest gorsze: samotność czy śmierć?	**0. Najtrudniej uciekać przed tym *(to)*, do czego się biegnie.**

A.	B.
1. Uda ci się przezwyciężyć jego upór?	**1.** Nie. Bowiem on nie ugina się .... *(nikt)*.
2. Dlaczego szukasz kryjówki?	**2.** Muszę ukryć się .... *(wierzyciele)*.
3. I co? Złapali go?	**3.** Nie. Umknął .... *(pościg)* w ostatniej chwili.
4. I co? Czy policja usunęła ich siłą?	**4.** Nie. Strajkujący nie ustąpili .... *(uzbrojeni policjanci)*.
5. I co? Ona znowu popełniła błąd?	**5.** Któż ustrzeże się .... młodości? *(błędy)*
6. Znowu zacząłeś palić papierosy?!	**6.** Długo wzbraniałem się ...., aż wreszcie głupota zwyciężyła *(palenie)*.
7. I co? Nie boisz się zimy w Polsce?	**7.** Nie. Jedząc tłuste potrawy, zabezpieczyłam się .... *(największe mrozy)*.
8. I co? Spacery z żoną to duży relaks?	**8.** Tak. Ona zatrzymuje się .... *(każda witryna)* sklepu.
9. Czy ona dalej przymila się do każdego?	**9.** Niestety, wdzięczy się ...., by coś uzyskać dla siebie *(każdy kolejny dyrektor)*.

to warto zapamiętać

praktyczne rady ułatwiające zapamiętanie procesów zachodzących w języku polskim i osobliwości polszczyzny

1. Łączliwość składniowa czasowników łączących się w pary aspektowe, czyli występujących w parze z innym czasownikiem, który nie różni się znaczeniem jest tożsama (np. *nadawać się do czegoś / nadać się do czegoś, ubierać się w coś / ubrać się w coś, upominać się o coś / upomnieć się o coś, zatrzymywać się przed czymś / zatrzymać się przed czymś*).

2. W języku polskim istnieje niewielka grupa czasowników zeromiejscowych, które nie wymagają żadnych uzupełnień składniowych, a tworzą pełne zdania (np. *Grzmi.* / *Świta.* / *Dnieje.* itd.)
3. Niektóre czasowniki niedokonane (np. *chronić się*; zob. poniższą tabelę) mają dwa odpowiedniki dokonane (*schronić się* i *uchronić się*). Wybór właściwej formy i dobór połączeń składniowych zależy od znaczenia.

niedokonany czasownik bazowy	jego odpowiednik dokonany	znaczenie/(–a)	połączenia składniowe
chronić się	**schronić się**	**1.** '*kryć się, chować się w jakimś bezpiecznym, dającym osłonę lub ukrycie miejscu*', **2.** '*szukać schronienia*'	**do czegoś** **w coś** **przed czymś**
chronić się	**uchronić się**	'*postępować tak, by uniknąć czegoś złego, szkodliwego (strzec się, zabezpieczać się, pilnować się, unikać czegoś, wystrzegać się)*'	**od czegoś** **przed czymś**

4. Wielość znaczeń czasownika ujawnia się przy różnych użyciach. Znaczenie tych znaków językowych podlega również modyfikacjom w zależności od kontekstów oraz sytuacji komunikacyjnych. Poniżej kilka przykładów par aspektowych, które wskazują na kompleksowy charakter oddziaływania jednostek leksykalnych na konstrukcje składniowe.

CEMENTOWAĆ I – dk **SCEMENTOWAĆ**:
ZNACZENIE: '*umacniać, utrwalać istniejące pomiędzy ludźmi związki; zespalać, konsolidować, jednoczyć*'
PRZYKŁADY: *Dopiero narodziny dziecka scementowały kruchy związek Józefa z Marią.*
ŁĄCZLIWOŚĆ SKŁADNIOWA: coś cementuje / scementuje coś

CEMENTOWAĆ II – dk **ZACEMENTOWAĆ**:
ZNACZENIE: **1.** '*spajać, osadzać, wypełniać coś cementem rozrobionym wodą*', **2.** pot. '*betonować*'
PRZYKŁADY: *Robotnicy zacementowali fundamenty cementem i na tym zakończyli dzień pracy.*
ŁĄCZLIWOŚĆ SKŁADNIOWA: cementować / zacementować coś czymś

CISKAĆ I – dk CISNĄĆ:
ZNACZENIE: ‘rzucać coś silnie, z rozmachem’
PRZYKŁADY: *Chłopiec cisnął kamieniem w okno sąsiada i szybko uciekł.*
ŁĄCZLIWOŚĆ SKŁADNIOWA: ktoś ciska / ciśnie czymś w coś

CISNĄĆ (ndk) – brak odpowiednika dokonanego:
ZNACZENIE: **1.** ‘wywierać na coś nacisk fizyczny’, **2.** ‘przymuszać kogoś do zrobienia czegoś’, **3.** ‘gnębić, nękać kogoś’, **4.** ‘uwierać, sprawiając ból (o butach, częściach ubrania)’
PRZYKŁADY: **ad. 1** *Za chwilę para wodna zacznie cisnąć na tłoki.*, **ad. 2** *Koledzy cisnęli mnie, abym zapisał się do klubu.*, **ad. 3** *Władza od lat ciśnie nas podatkami i podwyżkami cen za energię elektryczną.*, **ad. 4** *Nowe buty cisną mnie w pięty.*
ŁĄCZLIWOŚĆ SKŁADNIOWA: **ad 1** – coś ciśnie na coś; **ad 2** – ktoś ciśnie kogoś w jakimś celu; **ad 3** – ktoś ciśnie kogoś czymś; **ad. 4** – coś ciśnie kogoś w coś

ROZSTRZELIWAĆ I – dk **ROZSTRZELAĆ**:
ZNACZENIE: ‘wykonywać na kimś wyrok śmierci za pomocą broni palnej’
PRZYKŁAD: *Wojenny sąd wojskowy zdecydował, że należy rozstrzelać wszystkich zdrajców.*
ŁĄCZLIWOŚĆ SKŁADNIOWA: ktoś (coś) rozstrzeliwuje / rozstrzela kogoś

ROZSTRZELIWAĆ II – *częściej* dk **ROZSTRZELIĆ**:
ZNACZENIE: ‘robić przerwy między literami lub wyrazam’
PRZYKŁAD: *W niektórych sytuacjach należy rozstrzelić litery, by podkreślić znaczenie słowa.*
ŁĄCZLIWOŚĆ SKŁADNIOWA: coś jest, będzie rozstrzeliwane / zostanie rozstrzelone

Cytowany przykłady pochodzą z podręcznika *W świecie polszczyzny*, op. cit., s. 287.

ZADANIE UTRWALAJĄCE 12

Wpisz właściwe formy czasowników wieloznacznych omówionych w punkcie 4, str. 260–261.

WZÓR

0. Jeśli ktoś umacnia, utrwala istniejące pomiędzy ludźmi związki, zespala je, konsoliduje czy też jednoczy – oznacza to, że cementuje je.

1. Jeśli jakieś ważne wydarzenie miało znaczący wpływ na umocnienie związków między dwoma krajami – oznacza to, że .... je.

2. Jeśli spajamy, wypełniamy coś cementem rozrobionym wodą, czy też betonujemy – oznacza to, że .... na przykład fundamenty domu lub ściany nowo powstającego domu.

3. Jeśli ktoś zabetonował cegłami i cementem niepotrzebne otwór na drzwi do zamku – oznacza to, że .... to wejście.

4. Jeśli ktoś uwielbia rzucać kamieniami w kierunku gołębi, to oznacza, że lubi .... nimi w jakimś tylko sobie znanym celu.

5. Jeśli ktoś rzucił dużym kamieniem w okno sąsiada, oznacza to, że .... nim z całej siły w to okno.

6. Jeśli wielkie kry lodu arktycznego .... na burty statku, może oznaczać to, że statek zostanie uszkodzony.

7. Jeśli kolejny rząd zmusza swych obywateli do płacenia coraz wyższych podatków, oznacza to, że .... podatników podatkami.

8. Jeśli ktoś kupił sobie buty za małe o jeden numer, to oczywiste jest to, że takie buty .... nabywcę w palce przez kilka pierwszych dni chodzenia w nich.

MIEĆ COŚ W JEDNYM PALCU
CIEKAWOSTKI FRAZEOLOGICZNE I CYTATY

UWAGA

W każdej jednostce lekcyjnej podajemy:
1. kilka związków frazeologicznych związanych z tematyką lekcji wraz z ich definicjami słownikowymi, albo:
2. kilka ciekawych cytatów.
Przeczytaj polecenie (poniżej) i wykonaj zadanie.

ZADANIE 13

Przeczytaj poniżej podane związki frazeologiczne i użyj ich w zdaniach.

WZÓR

0. stać na stanowisku

DEFINICJA: «wyrażać pewien pogląd, przekonanie, pojmować coś w pewien sposób»

PRZYKŁAD: *Związki zawodowe stoją na stanowisku, że handel w niedziele powinien być zabroniony.*

1. *coś* stoi przed *kimś* otworem

DEFINICJA: «coś jest łatwo dostępne dla kogoś, coś pozwala komuś (na) realizację wszelkich zamierzeń»

PRZYKŁAD: ....

2. stać pod bronią

DEFINICJA: «być przygotowanym do walki»

PRZYKŁAD: ....

3. stać pod wodą

DEFINICJA: «być zalanym wodą»

PRZYKŁAD: ....

4. stać na czele *czegoś*

DEFINICJA: «przewodzić czemuś, być szefem, kierownikiem, dowódcą»

PRZYKŁAD: ....

5. stać w miejscu

DEFINICJA: «nie robić postępów w jakiejś pracy»

PRZYKŁAD: ....

13. *Zdrzemnąć się i nawet okiem nie mrugnąć*

Posłuchaj tego wiersza na *you tube*:
http://www.youtube.com/watch?v=X8GeDeIMQxo

Dotknąć....

Dotknąć deszczu, by stwierdzić, że pada
Nie deszcz, tylko pył z Księżyca spada

Dotknąć ściany, by stwierdzić, że mur
Nie jest ścianą, lecz kurtyną z chmur

Ugryźć kromkę, by stwierdzić, że studnia
Wyschła oraz wszystkie inne źródła

Wojaczek Rafał

CZASOWNIKI MOMENTALNE TYPU: *kliknąć, krzyknąć, mrugnąć*

FORMY, ŁĄCZLIWOŚĆ SKŁADNIOWA I ZNACZENIA CZASOWNIKÓW MOMENTALNYCH

Czasowniki momentalne są zawsze czasownikami dokonanymi. Tworzymy je od podstaw czasowników niedokonanych za pomocą przyrostka *–ną–* np. *mrugać* → *mrugnąć*, *gwizdać* → *gwizdnąć*[1]. Czasowniki momentalne (jednokrotne, punktualne) wskazują na jednokrotną, krótką, nagłą czynność (zob. przykłady poniżej).

PRZYKŁADY		**dk**		**ndk**	**podstawowe połączenia składniowe**
1. błysnąć	= 'błyskać raz'	*–ną*		*–ka–*	*czymś*
2. dźwig**ną**ć	= 'dźwig**a**ć raz'	*–ną–*	←	*–a–*	*kogoś / coś*
3. gwizd**ną**ć	= 'gwizd**a**ć raz'	*–ną–*	←	*–a–*	*na kogoś / na coś*
4. klasnąć	= 'klas**ka**ć raz'	*–ną*		*–ka*	–
5. klik**ną**ć	= 'klik**a**ć raz'	*–ną–*	←	*–a–*	*czymś – na coś*
6. kop**ną**ć	= 'kop**a**ć raz'	*–ną–*	←	*–a–*	*kogoś / coś – czymś – w coś*
7. krzyk**ną**ć	= 'krzyczeć raz'	*–ną–*	←	*–cze–*	*na kogoś / na coś*
8. mrug**ną**ć	= 'mrug**a**ć raz'	*–ną–*	←	*–a–*	*do kogoś – czymś*

Bardzo często określają one dźwięki wydawane przez człowieka (*chrząknąć*, *parsknąć*, *ziewnąć*) i zwierzęta (*cyknąć*, *ćwierknąć*, *gęgnąć*, *kwaknąć*, *miauknąć*, *warknąć*).

Kiedy znamy formy dokonane czasowników momentalnych, nietrudno jest odnaleźć ich odpowiedniki niedokonane. Zestawienie (zob. powyżej) wskazuje, że na osiem przykładowych leksemów aż sześć

[1] Produktywność sufiku *–ną–* jest niewielka (około 200 leksemów). Oto niektóre z nich: *bachnąć, beknąć, bęcnąć, blednąć, bluzgnąć, błysnąć, bryknąć, buchnąć, burknąć, charknąć, chlupnąć, chlusnąć, chrapnąć, chrupnąć, chrząknąć, chrząstnąć, chrzęstnąć, chuchnąć, cupnąć, cyknąć, czknąć, czmychnąć, ćwierknąć, dmuchnąć, dobrnąć, dotknąć, drgnąć, drygnąć, dygnąć, dźwięknąć, dźwignąć, fajtnąć, frunąć, fuknąć, fundnąć, furknąć, gasnąć* (**ndk**), *gęgnąć, golnąć, gwizdnąć, huknąć, jęknąć, kapnąć, kaszlnąć, kichnąć, kicnąć, kimnąć, kipnąć, klapnąć, klasnąć, klepnąć, kliknąć, kojfnąć, kopnąć, krzyknąć, kucnąć, kuknąć, kwaknąć, lunąć, łomotnąć, łypnąć, majtnąć, margnąć, merdnąć, miauknąć, mignąć, milknąć* (**ndk**), *minąć, mrugnąć, mruknąć, nacisnąć, nadbiegnąć, nadepnąć, nadfrunąć, natchnąć, natknąć się, niknąć, obsunąć się, obślizgnąć się, odbąknąć, odburknąć, odcharknąć, odetchnąć, odmrugnąć, odsapnąć, odwarknąć, odzipnąć, omsknąć się, parsknąć, pchnąć, pęknąć, piknąć, podwinąć się, pomknąć, potknąć się, pragnąć* (**ndk**), *prychnąć, przebąknąć, przebrnąć, przeminąć, przemknąć, przesmyknąć się, prześlizgnąć się, przybrnąć, przytaknąć, przytupnąć, puknąć, pyknąć, rąbnąć, rozepchnąć, rozmachnąć się, ryknąć, rymnąć, sapnąć, sarknąć, siąknąć, sięgnąć, skapnąć, stęknąć, strzyknąć, szastnąć, szczeknąć, szczypnąć, szepnąć, sztachnąć się, szurgnąć, szurnąć, śmignąć, świsnąć, tąpnąć, trysnąć, tupnąć, umizgnąć się, walnąć, warknąć, wdepnąć, wemknąć się, westchnąć, wierzgnąć, wniknąć, wrzasnąć, wślizgnąć się, wtargnąć, wybrnąć, wymknąć się, wypsnąć się, wyślizgnąć się, wytchnąć, wzdrygnąć się, zabrnąć, zagabnąć, zająknąć się, zakaszlnąć, zakrzątnąć się, zamachnąć się, zapragnąć, zdmuchnąć, zdrzemnąć się, zemknąć, zerknąć, ześlizgnąć się, zgrzytnąć, ziewnąć, zipnąć, zwinąć, żachnąć się.*

z nich wpisuje się w ogólny schemat: morfem *–nq–* w czasowniku dokonanym zamieniony na spółgłoskę *–a–* daje nam możliwość utworzenia czasownika niedokonanego (i odwrotnie).

Warto pamiętać, że formy wszystkich czasowników dokonanych z tej grupy możemy utworzyć na podstawie jednego wzoru odmiany (np. czasownika *kopnąć*), który załączamy poniżej.

FORMY CZASOWNIKA

KLIKNĄĆ
czasownik dokonany

BEZOKOLICZNIK k l i k n ą ć

TRYB OZNAJMUJĄCY
CZAS PRZYSZŁY

ja	kliknę
ty	klikniesz
on /ona / ono *(pan / pani)*	kliknie
my	klikniemy
wy	kliknięcie
oni /one (*państwo / panowie / panie*)	klikną

CZAS PRZESZŁY

	męski	*żeński*	*nijaki*
ja	kliknąłem	kliknęłam	–
ty	kliknąłeś	kliknęłaś	–
on *(pan)*	kliknął	–	–
ona *(pani)*	–	kliknęła	–
ono	–	–	kliknęło

	męskoosobowy	*niemęskoosobowy*
my	kliknęliśmy	kliknęłyśmy
wy	kliknęliście	kliknęłyście
oni *(państwo / panowie)*	kliknęli	–
one *(panie)*	–	kliknęły

TRYB PRZYPUSZCZAJĄCY MOŻLIWOŚCIOWY

	męski	*żeński*	*nijaki*
ja	kliknąłbym	kliknęłabym	–
ty	kliknąłbyś	kliknęłabyś	–
on *(pan)*	kliknąłby	–	–
ona *(pani)*	–	kliknęłaby	–
ono	–	–	kliknęłoby

	męskoosobowy	*niemęskoosobowy*
my	kliknęlibyśmy	kliknęłybyśmy
wy	kliknęlibyście	kliknęłybyście
oni *(państwo / panowie)*	kliknęliby	–
one *(panie)*	–	kliknęłyby

FORMA BEZOSOBOWA TRYBU PRZYPUSZCZAJĄCEGO

kliknięto by

TRYB ROZKAZUJĄCY

ja	–
ty	kliknij
on /ona / ono *(pan / pani)*	*niech* kliknie
my	kliknijmy
wy	kliknijcie
oni /one *(państwo / panowie / panie)*	*niech* klikną

IMIESŁOWY

	przymiotnikowy: bierny	przysłówkowy uprzedni
		kliknąwszy
liczba pojedyncza		
rodzaj męski	(~nięty)[2]	

[2] Wyłącznie dla nielicznych w tej grupie czasowników tranzytywnych, np. *dotknąć*, *kopnąć*, *nacisnąć*, *zdmuchnąć*.

rodzaj żeński	(~nięta)
rodzaj nijaki	(~nięte)

liczba mnoga

rodzaj męskoosobowy	(~nięci)
rodzaj niemęskoosobowy	(~nięte)

FORMA NIEOSOBOWA CZYNNA CZASU PRZESZŁEGO	RZECZOWNIK ODSŁOWNY
kliknięto	kliknięcie

Powyższy paradygmat opracowano na podstawie schematu nr 206 zawartego w: *Słowniku form koniugacyjnych czasowników polskich*, op. cit.

ZADANIE 1
DRYL FLEKSYJNO-SKŁADNIOWY

Wypełnij wolne miejsca w paradygmacie czasownika formami czasu teraźniejszego dokonanego czasownika *krzyknąć*. W kolumnie B wpisz dowolne dopełnienia.

CZAS TERAŹNIEJSZY

	A.	B.
ja	**↓0. krzyknę**	***↓na ciebie***
ty	**1.**	....
on *(pan)*	**2.**	....
ona *(pan)*	**3.**..................	....
ono	**4.**	....
my	**5.**	....
wy	**6.**	....
oni *(panowie)*	**7.**	....
one *(panie)*	**8.**	....

ZADANIE 2
DRYL FLEKSYJNY

Wypełnij wolne miejsca w paradygmacie czasownika formami czasu przeszłego dokonanego czasownika momentalnego *krzyknąć*.

CZAS PRZESZŁY

A.	*męski*	*żeński*	*nijaki*
	1.	**2.**	**3.**
ja	**krzyknąłem**	....	–
ty	....	....	–
on *(pan)*	....	–	–
ona *(pani)*	–	....	–
ono	–	–	....

B.	*męskoosobowy*	*niemęskoosobowy*
	4.	**5.**
my	....	....
wy	....	....
oni *(panowie)*	....	–
one *(panie)*	–	....

ŁĄCZLIWOŚĆ SKŁADNIOWA CZASOWNIKA

KOPNĄĆ **DK**

KTOŚ • COŚ {kopnie / kopnął} kogoś / w coś? • coś / w coś • czymś? • jak?

POŁĄCZENIA SKŁADNIOWE Z PRZYPADKAMI

PYTANIE	PRZYIMEK	PRZYPADEK	PRZYKŁADY
kogo?	–	B.	*Jakiś chuligan kopnął leżącego człowieka.* (I) *Ta stara maszyna znowu go kopnęła.* (I) *Prąd kopnął Zosię, kiedy włączała żelazko.* (II) *Karabin nieźle mnie kopnął podczas strzału.* (III)
co?	–	B.	*Koń kopnął owcę.* (I)

w co?	**w**	B.	*Dlaczego kopnąłeś ją w nogę?* (I) *Zestresowany koń kopnął woźnicę w kolano.* (I) *Zbliżył się do napastnika i kopnął go w kostkę.* (I)
czym?	–	N.	*Policjant kopnął leżącego butem w brzuch.* (I)

INNE POŁĄCZENIA

kopać + przysłówek → *Kopnąć mocno / silnie.* (I/II/III)

NIEKTÓRE WYRAZY I POŁĄCZENIA BLISKOZNACZNE

I. uderzyć kogoś lub coś nogą

II. *tylko w 3. osobie; potocznie* ‘o prądzie lub urządzeniach elektrycznych: porazić kogoś’

III. *tylko w 3. osobie; potocznie* ‘o broni palnej: uderzyć w ramię strzelającego po wystrzale siłą odrzutu’

NIEKTÓRE POŁĄCZENIA WYRAZOWE I FRAZEOLOGIA

kopnąć w kalendarz; *pot.*, w zn. ‘umrzeć’ • **niech** cię, go, ja itd. **gęś kopnie** (wyrażamy tym zwrotem swoje zniecierpliwienie lub gniew z jakiegoś powodu)

Powyższy paradygmat opracowano na podstawie schematów zawartych w: *Praktycznym słowniku łączliwości składniowej czasowników*, op. cit.

ZADANIE 3
DRYL SKŁADNIOWY

Dokończ zdania w dowolnym czasie gramatycznym, wykorzystując do tego załączone wyrazy.

WZÓR

kopnąć, inny koń, kopyto, brzuch

0. Koń może kopnąć innego konia kopytem w brzuch.

kopnąć, but, mężczyzna, głowa

1. Widziałem, że policjant ....

kopnąć, ty, prąd

2. Zosiu, nie wkładaj palca do kontaktu, bo ....

kopnąć, siostra, noga

3. Janku, dlaczego ....?

kopnąć, ty, ramię

4. Uważaj na ten stary karabin, bo .... może ....

kopnąć, drzwi, w

5. Zdenerwowany klient ...., aby je otworzyć.

ZNACZENIA WYBRANYCH CZASOWNIKÓW

A.	B.
błysnąć	*'świecić przez krótki czas; gasnąć lub rozjaśniać się po chwili'*
dotknąć	*'uzyskać kontakt z czymś / kimś, zbliżając coś (np. rękę, wargi) do czegoś lub kogoś'*
drgnąć	*'wykonać szybkie, mechaniczne ruchy pod wpływem czegoś; trząść się, drżeć'*
dźwignąć	*'podnieść do góry z wysiłkiem coś dużego i ciężkiego'*
frunąć	*'<u>o ptakach</u>: odlecieć w jakimś kierunku'*
gwizdnąć	*'wydać dźwięk, wydmuchując powietrze przez usta, przez zęby lub między palcami'*
huknąć	*'coś huknęło: coś podczas eksplozji, silnego uderzenia wydało bardzo głośny, niski dźwięk'*
kichnąć	*'wyrzucić gwałtownie przez nos nabrane powietrze, wydając przy tym głośne lub stłumione dźwięki'*
klasnąć	*'uderzyć dłonią w dłoń, aby zwrócić na siebie uwagę lub w innym, sobie tylko znanym celu'*
kliknąć	*'nacisnąć jeden z przycisków myszki od komputera'*
kopnąć	*'uderzyć nogą jakąś osobę lub rzecz'*

krzyknąć	*'wydać głośny, nieartykułowany dźwięk, zwykle pod wpływem silnych wrażeń lub emocji'*
miauknąć	*'o kocie: wydać głośny, wysoki dźwięk'*
milknąć	**1.** *'o człowieku: przestawać mówić, śpiewać, śmiać się itp.'* **2.** *'o dźwiękach, głosach, śmiechu itp.: stać się cichszym lub zupełnie zaniknąć'*
minąć	**1.** *'o pieszym, pojeździe: przejść lub przejechać obok kogoś / czegoś, pozostawiając je za sobą'* **2.** *'o okresie, zjawisku: skończyć się'*
mrugnąć	**1.** *'poruszyć powieką lub powiekami'* **2.** *'o lampie, świetle: świecić nierówno, gasnąć co chwila lub świecąc na przemian jaśniej i ciemniej'*
nacisnąć	*'dotknąć czegoś z pewną siłą, powodując np. odkształcenie, ugięcie lub przesunięcie czegoś'*
sięgnąć	*'wyciągnąć rękę, aby coś wziąć'*
westchnąć	*'wydać niezbyt głośny dźwięk, często z powodu żalu, smutku lub ulgi'*
wymknąć się	*'opuścić niepostrzeżenie jakieś miejsce, wyrywając się z uścisku jakiejś osoby'*
zdmuchnąć	*'o wietrze: zgasić płomień'*
zdrzemnąć się	*'zasnąć na krótko'*
zerknąć	*'ukradkiem skierować na chwilę wzrok na kogoś lub na coś'*
ziewnąć	*'mimowolnie otworzyć szeroko usta i nabrać dużo powietrza'*

ZADANIE 4
SYNONIMIA CZASOWNIKÓW

Wpisz właściwe synonimy podkreślonych elementów zdań. Wyrazy do wyboru: *dźwignąć*, *frunąć*, *klasnąć*, *kopnąć*, *krzyknąć*, *minąć*, *sięgnąć*, *zdmuchnąć*, *zdrzemnąć się*, *zerknąć*.

WZÓR

Nagle zaświeciła się zapałka, a po chwili zgasła. **błysnęła**

1. Podniósł ciężką walizkę i się przewrócił. ....

2. Ptak przestraszył się i natychmiast odleciał. ....

3. Skierowała ukradkiem wzrok w kierunku półotwartych drzwi i zamarła. ……………………
4. Skończył się sztorm i wyszliśmy w morze. ……………………
5. Uderzył dłonią w dłoń i znieruchomiał. ……………………
6. Uderzył nogą jakiś przedmiot leżący na drodze. ……………………
7. Usiadł w fotelu po obiedzie i na chwilę usnął. ……………………
8. Wyciągnęła rękę w kierunku szuflady, by wziąć pistolet. ……………………
9. Wydała niezbyt głośny dźwięk i usiadła. ……………………
10. Zawiał wiatr i zgasił płomień. ……………………

ZADANIE 5
SYNONIMIA CZASOWNIKÓW

Połącz czasowniki z kolumny A z właściwymi definicjami z kolumny B.

WZÓR

0. dotknąć	**o.** *'uzyskać kontakt z czymś / kimś, zbliżając coś (np. rękę, wargi) do czegoś lub kogoś'*

A.	**B.**
1. drgnąć	**a.** *'mimowolnie otworzyć szeroko usta i nabrać dużo powietrza'*
2. gwizdnąć	**b.** *'o człowieku: przystawać mówić, śpiewać, śmiać się itp.'*
3. huknąć	**c.** *'o kocie: wydać głośny, wysoki dźwięk'*
4. kichnąć	**d.** *'nacisnąć jeden z przycisków myszki od komputera'*
5. kliknąć	**e.** *'dotknąć czegoś z pewną siłą, powodując np. odkształcenie, ugięcie lub przesunięcie czegoś'*
6. krzyknąć	**f.** *'poruszyć powieką lub powiekami'*
7. miauknąć	**g.** *'opuścić niepostrzeżenie jakieś miejsce, wyrywając się z uścisku jakiejś osoby'*
8. milknąć	**h.** *'wyrzucić gwałtownie przez nos nabrane powietrze, wydając przy tym głośne lub stłumione dźwięki'*
9. mrugnąć	**i.** *'wydać głośny, nieartykułowany dźwięk, zwykle pod wpływem silnych wrażeń lub emocji'*

10. nacisnąć	**j.** *'wykonać szybkie, mechaniczne ruchy pod wpływem czegoś; trząść się, drżeć'*
11. wymknąć się	**k.** *'wydać dźwięk, wydmuchując powietrze przez usta, przez zęby lub między palcami'*
12. ziewnąć	**l.** *'coś podczas eksplozji, silnego uderzenia wydało bardzo głośny, niski dźwięk'*

Miejsce na wpisanie odpowiedzi:

1/	2/	3/	4/	5/	6/	7/	8/	9/	10/	11/	12/

ZADANIE 6

FORMY KONIUGACYJNE CZASOWNIKÓW

Wpisz formy 2. osoby liczby pojedynczej trybu rozkazującego poniższych czasowników momentalnych.

WZÓR

natchnąć	0. Natchnij *ją wiarą!*
pchnąć; w zn. pot.	1. .... *gońca do szefa!*
pęknąć	2. .... *z zazdrości!*
przemoknąć	3. .... *do suchej nitki!*
puknąć się	4. .... *w czoło!*
szczypnąć się	5. .... *w ucho!*
szepnąć	6. .... *o tym, gdzie trzeba!*
wdepnąć; w zn. pot.	7. .... *do mnie na chwilę!*
wniknąć	8. .... *w moją sytuację!*
zdrzemnąć się	9. .... *na chwilę!*
zerknąć	10. ...., *co się dzieje!*

MIEĆ COŚ W JEDNYM PALCU
CIEKAWOSTKI FRAZEOLOGICZNE, CYTATY I HOMONIMY

UWAGA

W każdej jednostce lekcyjnej podajemy:
1. kilka związków frazeologicznych związanych z tematyką lekcji wraz z ich definicjami słownikowymi, albo:
2. kilka ciekawych cytatów.
Przeczytaj polecenie (poniżej) i wykonaj zadanie.

ZADANIE 7

Użyj poniższych czasowników zdaniach, zwracając uwagę na ich łączliwość składniową i zależne od niej znaczenia.

WZÓR

0. puknąć z czegoś; *pot.*
DEFINICJA: «strzelić»
PRZYKŁAD: *Puknął z wiatrówki i wystraszył wszystkie wróble siedzące na płocie.*

1. beknąć za coś; *pot.*
DEFINICJA: «być ukaranym za coś»
PRZYKŁAD: ....

2. klapnąć na coś
DEFINICJA: «upaść bezwładnie na coś lub ciężko usiąść na czymś»
PRZYKŁAD: ....

3. kuknąć przez coś (gdzieś); *reg. pot.*
DEFINICJA: «zajrzeć gdzieś (do czegoś), kontrolować coś spojrzeniem»
PRZYKŁAD: ....

4. lunąć kogoś w coś; *pot.*
DEFINICJA: «uderzyć kogoś»
PRZYKŁAD: ....

5. pchnąć kogoś / coś – czymś

DEFINICJA: «zadać prostopadły cios ostrym narzędziem»

PRZYKŁAD: ....

6. potknąć się na czymś / w czymś

DEFINICJA: «popełnić jakiś / jakieś błąd(–y)»

PRZYKŁAD: ....

7. prześlizgnąć się przez coś

DEFINICJA: «robić coś powierzchownie, niedokładnie, nie zagłębiając się w to coś»

PRZYKŁAD: ....

8. wdepnąć do kogoś (gdzieś) – na coś; *pot.*

DEFINICJA: «odwiedzić kogoś po drodze na krótki czas»

PRZYKŁAD: ....

9. wdepnąć w coś; *pot.*

DEFINICJA: «niepotrzebnie wmieszać się w jakąś niemiłą sprawę, aferę»

PRZYKŁAD: ....

10. zabrnąć w coś

DEFINICJA: «uwikłać się w coś, wdać się w coś»

PRZYKŁAD: ....

ZADANIA SYSTEMOWE

ZADANIE 8

Wpisz właściwe formy czasu przeszłego dokonanych czasowników momentalnych.

WZÓR

Wiatr co chwila zdmuchiwał kolejne świeczki. Nie zdmuchnął tylko mojej, bo była to sztuczna świeczka.

1. Kiedy otwieram drzwiczki do klatki, jeden z królików zawsze wymyka mi się z rąk. Tym razem też mi .... i pobiegł do warzywnika sąsiada.
2. Ten człowiek udaje, że zerka na zegarek. Zauważyłam przed chwilą, że raz .... na ciebie.
3. Publiczność w teatrze zaczęła ziewać od kilku minut. Nagle ktoś wstał, ... ostentacyjnie i wyszedł z widowni.
4. Naciskałem wszystkie guziki dzwonka zainstalowane na futrynie drzwi i nikt się nie zgłosił do domofonu. Kiedy .... guzik administratora, odpowiedział automat, informując mnie, że nikt już nie mieszka w tym pałacu.
5. Babcia modliła się w swoim pokoiku i często wzdychała. Dziś wieczorem .... ostatni raz i umarła.
6. Bezustannie sięgała po chusteczkę do torby. Tym razem .... po nią ostatni raz, gdyż torba wpadała jej do rzeki.
7. Kingo, nie mrugaj do mnie ciągle! Już raz .... do mnie, i wszystko zrozumiałem.
8. Lata mijają, a my się nie starzejemy. Tydzień temu .... pięćdziesięciolecie naszego małżeństwa, a ja się czuję wciąż młody.
9. Czy ten koń kopie? – Nie, proszę pana, jeszcze nigdy w życiu nie .... żadnego chuligana.

ZADANIE 9

Wpisz właściwe formy czasu przeszłego dokonanych czasowników momentalnych. Wzór – jak w zadaniu numer 8.

1. Czerwony Kapturek szedł przez las i gwizdał dla dodania sobie odwagi. Nagle zobaczył przepiękną Królewnę Śnieżkę i przestał gwizdać; potem .... na nią raz, potem jeszcze raz i nagle pojawił się przed nim wilk w żółtej spódniczce Królewny Śnieżki.
2. Lewy policzek drgał mu lekko dostrzegalnie. Tym razem jego policzek .... tak, że wszyscy zauważyli to nerwowe drgnięcie.
3. Synku, dlaczego dotykasz ciepłego żelazka? Mamo, tylko raz .... tego żelazka, bo było mi bardzo zimno!
4. Nigdy nie klaskał. Wystarczyło, aby .... jeden raz i na jego klaśnięcie zjawiali się wszyscy podwładni.
5. Jak widzę, lubisz klikać i robisz to bez zastanowienia. Przed chwilą znowu .... w nieodpowiednią ikonę!

6. W jednej części przedziału podróżni kichali jak najęci, w drugiej – od czasu do czasu ktoś .... jeden raz i to wszystko.
7. Bez przerwy coś hukało za naszym oknem. Nagle coś .... za tym samym oknem z przerażającą siłą.
8. Motyle fruwają z kwiatka na kwiatek. Chciałem złapać motyla w dłoń, ale motyl szybko .... wysoko w górę.
9. Od lat dźwigał cudze walizki i bagaże jako pomocnik hotelowy. Tym razem .... ciężką walizkę, wypchaną sztabkami złota i skręcił rękę.
10. W całej sali fotoreporterzy błyskali fleszami ludziom w oczy. Mnie też raz .... w oczy jakiś fotoreporter.

ZADANIE 10

Ustal pary aspektowe dla następujących czasowników dokonanych, a potem wykonaj czynności zapisane w punktach od 2 do 10.
Czynności do wykonania: 2. gwizdnij, 3. huknij ręką o stół, 4. kichnij, 5. kliknij myszką, 6. kopnij nogą stół, 7. mrugnij do koleżanki / kolegi, 8. sięgnij do kieszeni po portfel, 9. zerknij na zegarek, 10. ziewnij.

WZÓR

czasownik niedokonany	*czasownik dokonany*
błyskać	**błysnąć**

czasownik niedokonany	*czasownik dokonany*
1.	**frunąć**
2.	**gwizdnąć**
3.	**huknąć**
4.	**kichnąć**
5.	**kliknąć**
6.	**kopnąć**
7.	**mrugnąć**
8.	**sięgnąć**
9.	**zerknąć**
10.	**ziewnąć**

ZADANIE 11

Ustal pary aspektowe dla następujących czasowników dokonanych.

WZÓR

czasownik niedokonany	*czasownik dokonany*
dotykać	**dotknąć**

czasownik niedokonany	*czasownik dokonany*
1.	**drgnąć**
2.	**dźwignąć**
3.	**klasnąć**
4.	**krzyknąć**
5.	**miauknąć**
6.	**minąć**
7.	**nacisnąć**
8.	**westchnąć**
9.	**wymknąć się**
10.	**zdmuchnąć**

14. *Sztuką jest pieścić słowami*

Dlaczego ja zazdroszczę, ty zazdrościsz..., my zazdrościmy?

„Nie ma chyba na świecie człowieka, który w swoim życiu nie doznał uczucia **zazdrości**. **Zazdrość** uważana jest zazwyczaj za uczucie negatywne, choć w łagodnej formie może być często bodźcem do pozytywnej konkurencji i realizacji własnych aspiracji. Chorobliwa **zazdrość** wiąże się z brakiem zaufania, chęcią kontroli i nadzorowania drugiej osoby oraz agresją".
Zazdrościmy innym kariery, bogactwa, pięknego samochodu, wspaniałej posady w firmie, udanego związku, szczęśliwej rodziny, dobrze wychowanych dzieci. Mówiąc ogólnie – lepszego życia.
Najczęstszą odmianą **zazdrości**, a zarazem najbardziej skrajną jest tzw. **zazdrość urojona** (...). Przejawia się ona m.in. podejrzewaniem partnera o notoryczne zdrady, ciągłym sprawdzaniem go i kontrolowaniem jego działań. Może powodować stany depresyjne. W skrajnych przypadkach może doprowadzić do destrukcyjnych zachowań, a nieleczona nawet do samobójstwa lub morderstwa w afekcie. Osoba chora z **zazdrości** nie jest w stanie racjonalnie oceniać i tłumić własnych zachowań. Nie potrafi pracować nad sobą, często ma niską samoocenę (wygląd, wiek, wykształcenie) a winą za wszystko obarcza partnera. Przedstawia własne, racjonalne dla siebie wytłumaczenia swego postępowania.
Czy nie ma miłości bez **zazdrości**?
Zazdrość, kiedy przesłania nam cały świat, staje się uciążliwa i niszcząca. Wprowadza do związku niepotrzebne napięcie, męczy osoby. Dla innych dozowana z umiarem, podsyca namiętność, a związek dwojga ludzi czyni bardziej stabilnym i szczęśliwym. Jest nieodłączną siostrą miłości.

Źródło – http://kobieta.interia.pl/uczucia/news–dlaczego–zazdroscimy,nId,403628

CZASOWNIKI TYPU: *czyścić, gościć, zazdrościć*. ODMIANA, SKŁADNIA, ZNACZENIA

rościć sobie prawo albo pretensje

pytanie

Obecnie słowo *rościć* występuje najczęściej ze słowami *[rościć] sobie prawo do* albo *pretensje do*. Czy kiedykolwiek ten czasownik występował bez żadnych innych wyrazów? Chodzi mi konkretnie o połączenie *rościć* + dopełniacz, nawet bez przyimka, np. *Nie rość sobie tego, co do ciebie nie należy*. Jeśli tak, to byłabym wdzięczna również za informację.

Pozdrawiam serdecznie, Joanna

odpowiedź

Czasownik *rościć* jest etymologicznie związany z wyrazami *rosnąć, wzrost*; pierwotnie znaczył 'pobudzać do wzrostu; sprawiać, że coś rośnie'. (...)

Następnie *rościć* rozszerzyło znaczenie – 'wywoływać, wzbudzać, wzmagać' (...) W dobie nowopolskiej ujawnia się nowe, przenośne znaczenie 'żywić coś przesadnie'. (...) Ostatecznie stabilizuje się to znaczenie, a łączliwość wyrazu ogranicza się do *rościć (sobie) prawo.*

Krystyna Długosz-Kurczabowa,
Uniwersytet Warszawski

http://poradnia.pwn.pl/lista.php?szukaj=ro%B6ci%E6&kat=18

«CO W TRAWIE PISZCZY?»

Po robocie pobiegł w gąszcze.
„Już ja to na chrząszczu pomszczę!"
Lecz nie zastał chrząszcza w trzcinie,
Bo chrząszcz właśnie brzęczał w Pszczynie.

Zakończenie wierszyka Jana Brzechwy pt. Co w trawie piszczy?

Czasowniki typu *zazdrościć*, *rościć*, *pomścić*, o których mowa wyżej mogą być czasownikami niedokonanymi lub dokonanymi. Przynależność aspektowa nie ma wpływu na ich formy koniugacyjne. Jeśli zapoznamy się z paradygmatem czasownika niedokonanego *czyścić* (zob. poniżej) nie będziemy popełniać błędów w zakresie odmiany wszystkich innych leksemów z morfemem *–ścić*. Warto więc poświęcić chwilę na zapoznanie się z jego wszystkimi formami koniugacyjnymi, zwracając szczególną uwagę na formy czasu teraźniejszego, trybu rozkazującego, formy imiesłowowe i rzeczownika odczasownikowego.

FORMY KONIUGACYJNE CZASOWNIKA

CZYŚCIĆ

czasownik niedokonany

BEZOKOLICZNIK	C Z Y Ś C I Ć
ZNACZENIE	‘usuwać brud, plamy, śmieci’
ŁĄCZLIWOŚĆ SKŁADNIOWA	coś czymś – (po czymś)
SKŁADNIA ZDANIA	*Czyszczę buty szczotką.*
CZASOWNIK DOKONANY	W Y C Z Y Ś C I Ć

TRYB OZNAJMUJĄCY

CZAS TERAŹNIEJSZY

ja	**czyszczę**
ty	**czyścisz**
on / ona / ono *(pan / pani)*	czyści
my	czyścimy
wy	czyścicie
oni / one (*państwo / panowie / panie*)	**czyszczą**

CZAS PRZESZŁY

	męski	*żeński*	*nijaki*
ja	czyściłem	czyściłam	–
ty	czyściłeś	czyściłaś	–
on *(pan)*	czyścił	–	–
ona *(pani)*	–	czyściła	–
ono	–	–	czyściło

	męskoosobowy	*niemęskoosobowy*
my	czyściliśmy	czyściłyśmy
wy	czyściliście	czyściłyście
oni *(państwo / panowie)*	czyścili	–
one *(panie)*	–	czyściły

TRYB PRZYPUSZCZAJĄCY MOŻLIWOŚCIOWY

	męski	*żeński*	*nijaki*
ja	czyściłbym	czyściłabym	–
ty	czyściłbyś	czyściłabyś	–
on *(pan)*	czyściłby	–	–
ona *(pani)*	–	czyściłaby	–
ono	–	–	czyściłoby

	męskoosobowy	*niemęskoosobowy*
my	czyścilibyśmy	czyściłybyśmy
wy	czyścilibyście	czyściłybyście
oni *(państwo / panowie)*	czyściliby	–
one *(panie)*	–	czyściłyby

FORMA BEZOSOBOWA TRYBU PRZYPUSZCZAJĄCEGO

czyszczono by

TRYB ROZKAZUJĄCY

ja	–
ty	czyść
on /ona / ono *(pan / pani)*	*niech* czyści
my	czyśćmy
wy	czyśćcie
oni /one *(państwo / panowie / panie)*	*niech* czyszczą

IMIESŁOWY

	przymiotnikowy: czynny	**przymiotnikowy bierny**	**przysłówkowy współczesny**
			czyszcząc[1]
liczba pojedyncza			
męski	czyszczący	czyszczony	
żeński	czyszcząca	czyszczona	
nijaki	czyszczące	czyszczone	
liczba mnoga			
męskoosobowy	czyszczący	czyszczeni	
niemęskoosobowy	czyszczące	czyszczone	

FORMA NIEOSOBOWA CZYNNA CZASU PRZESZŁEGO
czyszczono

RZECZOWNIK ODSŁOWNY
czyszczenie

Powyższy paradygmat opracowano na podstawie schematu nr 119 zawartego w: *Słowniku form koniugacyjnych czasowników polskich*, op. cit., str. 79–80.

ZADANIE 1

DRYL FLEKSYJNO-SKŁADNIOWY

Wypełnij wolne miejsca w paradygmacie czasownika formami czasu teraźniejszego niedokonanego czasownika *zazdrościć*. W kolumnie B i C wpisz dowolne dopełnienia.

CZAS TERAŹNIEJSZY

	A.	**B.**	**C.**
ja	**0. zazdroszczę**	**jej**	**urody**
ty	**1.**	....	....
on *(pan)*	**2.**	....	....
ona *(pan)*	**3.**.....................	....	....
ono	**4.**	....	....

[1] Imiesłów przysłówkowy uprzedni – dla czasownika dokonanego: *wyczyściwszy*.

my	5.	....	....
wy	6.	....	....
oni *(panowie)*	7.	....	....
one *(panie)*	8.	....	....

ZADANIE 2

DRYL FLEKSYJNY

Wypełnij wolne miejsca w paradygmacie czasownika formami czasu przeszłego niedokonanego czasownika *rościć*.

CZAS PRZESZŁY

	męski	*żeński*	*nijaki*
	↓**1.**	↓**2.**	↓**3.**
ja	**rościłem**	....	–
ty	....	....	–
on *(pan)*	....	–	–
ona *(pani)*	–	....	–
ono	–	–	....

	męskoosobowy	*niemęskoosobowy*
	↓**4.**	↓**5.**
my	....	....
wy	....	....
oni *(panowie)*	....	–
one *(panie)*	–	....

SKŁADNIA ZDAŃ Z FORMAMI KONIUGACYJNYMI CZASOWNIKA *czyścić*

czas teraźniejszy
Służący regularnie czyści pianą zapachową dywan w gabinecie swego pracodawcy.

czas przeszły
Pan domu zawsze czyścił zastawę stołową ze srebra mleczkiem.
Pani domu czyściła srebrne puchary wodą z solą.

Chłopcy podczas wakacji rzadko kiedy czyścili buty.
Dziewczęta podczas pobytu na obozie systematycznie czyściły sprzęt AGD.

tryb przypuszczający możliwościowy
Gdybym był koniuszym, najchętniej czyściłbym konie rasowe.
Gdybym miała buty z plastiku, czyściłabym je na mokro.
Gdyby w Polsce rosły cytryny, czyściłbym nimi osady mineralne osiadające na dnie czajnika.
Gdybym paliła fajkę, czyściłabym ją tak samo często, jak filiżankę po kawie.

forma bezosobowa trybu przypuszczającego
Gdyby nie wymyślono wybielaczy chemicznych do zębów, czyszczono by je dzisiaj tak, jak dawniej, czyli sodą.

tryb rozkazujący
Syneczku, czyść swoje białe adidasy pastą do butów, a nie pastą do zębów.

Imiesłowy:
1. *przymiotnikowy czynny*
Matka patrzyła na pięcioletnią córeczkę czyszczącą zęby po każdym posiłku i była z niej dumna.
Środki czyszczące do maszyn można nabyć w każdym sklepie chemicznym lub supermarkecie.
2. *przymiotnikowy bierny*
Wnętrze samochodu czyszczone profesjonalnym trzysilnikowym odkurzaczem poprawia aż trzykrotnie samopoczucie kierowcy.
3. *przysłówkowy współczesny*
Herakles czyszcząc stajnie Augiasza, zakrył usta i nos skórą lwa nemejskiego.

forma nieosobowa czynna czasu przeszłego
Dawniej wyroby z metali szlachetnych częściej czyszczono domowymi sposobami.

rzeczownik odczasownikowy
Skaling i piaskowanie zębów to profesjonalne czyszczenie zębów.

LISTA CZASOWNIKÓW NIEDOKONAYCH KOŃCZĄCYCH SIĘ NA *~ścić* W PARACH ASPEKTOWYCH

Objaśnienia
Zn. – znaczenie
Ł S. – łączliwość składniowa
S. Z. – składnia zdania
NDK – czasownik niedokonany
DK – czasownik dokonany

NDK DK	
bezcześcić / zbezcześcić	(Zn.): ‘znieważać coś, co otoczone jest szacunkiem, profanować’ (Ł.S.): ktoś bezcześci coś gdzieś (S.Z.): *Chuligani zbezcześcili groby na cmentarzu.*
czyścić / wyczyścić	(Zn.): ‘usuwać z czegoś brud, pył, plamy itd.’ (Ł.S.): ktoś czyści coś czymś (S.Z.): *Długo czyściła swoje ślubne buty szczoteczką, którą dostała w prezencie z okazji ślubu.*
gościć / –	(Zn.): ‘być gościem, przebywać gdzieś, u kogoś’ (Ł.S.): ktoś gości u kogoś – gdzieś (S.Z.): *W tej chwili goszczę u bogatej kuzynki w Nowym Jorku.*
mieścić się / zmieścić się a. ***pomieścić się***	(Zn.): ‘zawierać, mieć coś w sobie’ (Ł.S.): coś mieści coś (S.Z.): *Mała szafa w biurze mieściła wszystkie innowacje, które zostały wymyślone przez moich kolegów z pracy.*
mścić się / zemścić się a. ***pomścić się***	(Zn.): ‘odwzajemniać doznane zło, dokonywać zemsty na kimś, brać odwet za coś’ (Ł.S.): ktoś mści się za kogoś / za coś – na kimś / na czymś (S.Z.): *Mścił się za nieudane życie rodzinne na swoich podwładnych w pracy.*

pieścić / popieścić a. *wypieścić*	(Zn.): 'dotykając, głaszcząc drugą osobę (zwierzę), okazywać tej osobie (temu zwierzęciu) uczucie, miłość itd.' (Ł.S.): ktoś pieści kogoś; ktoś pieści komuś – coś (S.Z.): *Mama pieściła córeczkę, a tata pieścił synowi policzki.*
szczęścić się / poszczęścić (się)	(Zn.): 'udawać się szczęśliwie, wieść się, mieć szczęście' (Ł.S.): *tylko bezosobowo*: komuś szczęści się w czymś / na czymś / podczas czegoś (S.Z.): *Szczęści mu się w życiu i w pracy*
szeleścić / zaszeleścić	(Zn.): 'powodować szelest powstający podczas mięcia papieru, przemieszczania się liści' (Ł.S.): ktoś / coś szeleści czymś gdzieś (S.Z.): *Nie lubię, kiedy ktoś szeleści w kinie papierkami od cukierków.*
zazdrościć / pozazdrościć	(Zn.): 'mieć uczucie żalu z faktu, że komuś innemu powodzi się lepiej' (Ł.S.): ktoś zazdrości komuś – czegoś (S.Z.): *Tadeusz zazdrości sąsiadowi pięknej żony.*
złościć (się) / –	(Zn.): 'wpadać w złość, irytować się, denerwować się' (Ł.S.): ktoś złości się na kogoś / na coś – o coś / z jakiegoś powodu (S.Z.): *Matka złościła się na synów o palenie papierosów w mieszkaniu / z powodu palenia przez nich papierosów w mieszkaniu.*

ZADANIE 3

SYNONIMIA CZASOWNIKÓW

Wpisz właściwe synonimy podkreślonych elementów zdań. Wyrazy do wyboru: *bezcześcić, gościć, mieścić się, mścić się, pieścić, szczęścić się, szeleścić, zazdrościć, złościć się.*

WZÓR
0. Usunąłeś plamy z mojego ubrania?
Nie. Jeszcze je czyszczę.

1. Twoja teściowa jeszcze jest w domu?
Tak. Wciąż ją *(ja)* ....
2. Żal ci, że mam piękną i mądrą żonę?
Tak. Szczerze ci jej *(ja)* ....
3. Dalej okazujesz uczucia temu psu?
Tak. Wciąż go gładzę i *(ja)* ....
4. Znowu odwzajemniasz dokonane na tobie zło?
Nie. Już się na nikim nie *(ja)* ....
5. Ile wina zawiera ta beczka?
W tej beczce .... tysiąc litrów.
6. Dobrze ci się wiedzie w życiu?
Tak. Tak. Mnie ..... wszędzie ....
7. Czy profanują wciąż cmentarze?
Niestety, wciąż .... miejsca święte.
8. Widzowie wciąż jedzą cukierki w kinie?
Niestety, wciąż .... papierkami od cukierków w kinie.
9. Często wpadasz w złość?
Niestety, często *(ja)* .... o byle co.

LISTA CZASOWNIKÓW DOKONANYCH KOŃCZĄCYCH SIĘ NA *~ścić* W PARACH ASPEKTOWYCH

od litery *d* do litery *p*

dopuszczać / ***dopuścić***	(Zn.): ‘pozwolić komuś zbliżyć się do kogoś’ (Ł.S.): ktoś dopuści kogoś – do kogoś (S.Z.): *Chora hrabina nie dopuściła do siebie nikogo, oprócz zaufanej służącej.*
napuszczać / ***napuścić***	(Zn.): ‘napełnić coś czymś płynnym lub lotnym’ (Ł.S.): ktoś napuści czegoś – do czegoś (S.Z.): *Napuściła wody do wanny i zaczęła swą długą kąpiel.*

obwieszczać / ***obwieścić***

(Zn.): ‘podać coś do publicznej wiadomości, oznajmić coś’
(Ł.S.): ktoś / coś obwieści coś
(S.Z.): *Rząd obwieścił raport o stanie gospodarki kraju.*

oczyszczać / ***oczyścić***

(Zn.): ‘doprowadzić coś do stanu czystości, wyczyścić coś’
(Ł.S.): ktoś / coś oczyści coś – komuś – czymś – z czegoś
(S.Z.): *Lekarz oczyścił z brudu pacjentowi ranę wodą utlenioną.*

odczyszczać / ***odczyścić***

(Zn.): ‘nadać ponownie świeży wygląd czemuś’
(Ł.S.): ktoś / coś odczyści coś – czymś – z czegoś
(S.Z.): *Muszę odczyścić z kurzu mokrą ściereczką starą lampę.*

odpuszczać / ***odpuścić***

(Zn.): ‘przebaczyć komuś coś, darować komuś coś’
(Ł.S.): ktoś odpuści coś – komuś
(S.Z.): *Jak dobrze, że Bóg odpuści nam wszystkie winy.*

opuszczać / ***opuścić***

(Zn.): ‘nie zjawić się tam, gdzie się stale uczęszcza, przychodzi’
(Ł.S.): ktoś opuści coś – kiedyś (po czymś)
(S.Z.): *On opuścił tylko jedną lekcję w tym semestrze.*

ZADANIE 4

DRYL FLEKSYJNO-SKŁADNIOWY

Połącz wyrazy w funkcji podmiotu (kolumna A) z formami imiesłowowymi (kolumna B) i właściwymi dopełnieniami z kolumny C.

A.	B.	C.
osoba	***dopuszczona***	**do groźnego przestepcy**
1. dom	***napuszczony***	nad nieprzyjacielem
2. grzechy	***obwieszczone***	przez właściciela
3. miejsce	***oczyszczona***	po wielkiej powodzi
4. niebo	***oczyszczone***	przez kapłana
5. płyn	***odczyszczony***	z kurzu
6. woda	***odpuszczone***	z chmur
7. zwycięstwo	***opuszczone***	z bakterii
8. żyrandol	***opuszczony***	do kanistra

od litery *p* do litery *u*

przemieszczać / ***przemieścić***	(Zn.): ‘zmienić miejsce położenia czegoś, przesunąć coś’ (Ł.S.): ktoś przemieści coś gdzieś (S.Z.): *Przemieścimy szafę w tym pokoju, by było więcej miejsca.*
puszczać / ***puścić***	(Zn.): ‘przestać trzymać coś ręką; upuścić’ (Ł.S.): ktoś puści coś’ (S.Z.): *Kiedy puściła kierownicę, samochód skręcił do rowu.*
rozgaszczać się / ***rozgościć się***	(Zn.): ‘będąc gościem, zająć jakieś miejsce, ulokować się gdzieś’ (Ł.S.): ktoś rozgości się gdzieś (S.Z.): *Panie premierze, proszę się rozgościć w salonie na piętrze.*
rozmieszczać / ***rozmieścić***	(Zn.): ‘ułożyć w różnych miejscach, rozlokować kogoś /coś’

	(Ł.S.): ktoś rozmieści coś / kogoś *(tylko w licznie mnogiej)* – gdzieś (na czymś, w czymś) (S.Z.): *Rozmieściliśmy albumy na trzech oknach wystawowych.*
rozpieszczać / ***rozpieścić***	(Zn.): 'traktując kogoś zbyt łagodnie, zbyt pobłażliwie, doprowadzić do tego, że osoba ta przyzwyczaiła się do tego, że wszystko jej wolno i że każde jej życzenie ma być spełnione' (Ł.S.): ktoś rozpieści kogoś (S.Z.): *Babcia rozpieściła wszystkich wnuczków, a najbardziej najmłodszą wnuczkę o imieniu Aurora.*
rozpuszczać / ***rozpuścić***	(Zn.): 'rozprowadzić jakąś stałą substancję w cieczy' (Ł.S.): ktoś rozpuści coś w czymś (S.Z.): *Musisz rozpuścić cukier w szklance ciepłej wody.*
– / ***rozzłościć (się)***	(Zn.): 'rozgniewać się na kogoś' (Ł.S.): ktoś rozzłości się na kogoś / na coś – z jakiegoś powodu..., bo... (S.Z.): *Mama rozzłościła się na siostrę, bo ona rozbiła wazon.*
spuszczać / ***spuścić***	(Zn.): 'przemieścić coś niżej, z góry na dół; zsunąć coś' (Ł.S.): ktoś spuści coś (S.Z.): *Maria spuściła wzrok i nie patrzyła na twarz męża.*
streszczać / ***streścić***	(Zn.): 'przedstawić w skrócie treść czegoś, zreasumować' (Ł.S.): ktoś streści coś (S.Z.): *Proszę streścić ten artykuł na jutro.*

ZADANIE 5

DRYL FLEKSYJNO-SKŁADNIOWY

Połącz odpowiednio części zdań (A.) z właściwymi czasownikami zawartymi w kole (B.) i wpisz ich formy w miejsce kropek.

A.	C.
0. Zmienię miejsce w przestrzeni, czyli przemieszczę się w niej.	
1. Jeśli będziesz traktował dzieci łagodnie, to na pewno	je ....
2. Opowiem w skrócie treść przeczytanej książki, czyli	.... ją.
3. Powiem to krótko, treściwie, czyli	....
4. Jeśli on mnie zdenerwuje, to zaraz	....
5. Wsypię proszek do płynu, czyli	.... go.
6. Postawimy łóżka w salach, a więc	.... je.
7. Oni już dawno zmienili miejsce swego pobytu, czyli	.... nad jeziora.

B.

rozmieścić
rozpuścić
przemieścić się
rozzłościć się
streścić (się)

od litery *u* do litery *z*

ugaszczać / ***ugościć***

(Zn.): ‘przyjąć u siebie gości i podjąć ich poczęstunkiem’
(Ł.S.): ktoś ugości kogoś czymś
(S.Z.): *Ugościliśmy krewnych wystawnym obiadem.*

uiszczać / ***uiścić***

(Zn.): ‘zapłacić należność’
(Ł.S.): ktoś uiści coś za coś
(S.Z.): *Muszę uiścić opłatę za znaczki skarbowe.*

umieszczać / ***umieścić***

(Zn.): ‘położyć, postawić, wstawić coś gdzieś, w określonym miejscu’
(Ł.S.): ktoś umieści kogoś / coś gdzieś
(S.Z.): *Najpierw umieścimy bagaże w recepcji, a potem musimy umieścić wszystkich gości w pokojach dwuosobowych.*

upraszczać / ***uprościć***

(Zn.): ‘sprawić, że coś staje się łatwe, proste’
(Ł.S.): ktoś / coś uprości coś
(S.Z.): *Rząd powinien wreszcie uprościć wszelkie procedury.*

upuszczać / ***upuścić***

(Zn.): ‘spowodować, że coś wysunęło się, wypadło z rąk’
(Ł.S.): ktoś upuści coś (gdzieś)
(S.Z.): *Upuściłem talerz na podłogę i z talerza pozostały szczątki.*

– / ***wypieścić***

(Zn.): ‘wychować dziecko zbytnio wydelikacone przez rozpieszczanie go i spełnianie wszelkich jego zachcianek’
(Ł.S.): ktoś wypieści kogoś
(S.Z.): *To ty wypieściłeś, drogi mężu swojego syneczka!*

wypuszczać / ***wypuścić***

(Zn.): ‘zwolnić uścisk ręki, przestać coś trzymać, upuścić coś’
(Ł.S.): ktoś upuści coś z czegoś
(S.Z.): *Znowu wypuściłeś motyla z rąk.*

ZADANIE 6

DRYL FLEKSYJNO-SKŁADNIOWY

Po przeczytaniu haseł z listy czasowników od litery *u* do litery *z*, wpisz w miejsce kropek właściwe formy czasu przeszłego czasowników dokonanych. Wyrazy do wyboru: *uiścić*, *umieścić*, *uprościć*, *upuścić*, *wypieścić*, *wypuścić*.

WZÓR

0. ***(my)*** **Ugościliśmy krewnych wystawnym obiadem.**

1. Babcia .... talerz na podłogę i z talerza pozostały szczątki.
2. Badacz .... motyla z rąk, bo się go przestraszył.
3. Najpierw *(my)* .... bagaże w recepcji, a potem wzięliśmy prysznic.
4. Przed chwilą *(ja)* .... opłatę za znaczki skarbowe.
5. Rząd wreszcie .... wszelkie procedury związane z podatkami.
6. To ty, drogi mężu .... swojego syneczka, zamiast przygotować go do życia!

litera *z*

zamieszczać / ***zamieścić***	(Zn.): 'opublikować w czymś, wydrukować coś w czymś' (Ł.S.): ktoś zamieści coś w czymś (S.Z.): *Mam nadzieję, że zamieszczę ten artykuł w jakimś znanym miesięczniku.*
zanieczyszczać / ***zanieczyścić***	(Zn.): 'zabrudzić, zaśmiecić' (Ł.S.): coś / ktoś zanieczyści coś czymś (S.Z.): *Fabryka zanieczyściła zbiornik wodny ściekami.*
zaprzepaszczać / ***zaprzepaścić***	(Zn.): 'stracić coś z własnej winy, zmarnować, nie wykorzystać czegoś należycie' (Ł.S.): ktoś zaprzepaści coś – czegoś (do czegoś) (S.Z.): *Rząd zaprzepaścił ostatnią okazję porozumienia się ze związkami zawodowymi.*
zapuszczać / ***zapuścić***	(Zn.): 'umieścić coś we wnętrzu czegoś, wpuszczając coś, wlewając coś w coś' (Ł.S.): ktoś zapuści coś (S.Z.): *Rano muszę zapuścić krople do oczu.*

*ziszczać / **ziścić się***	(Zn.): 'urzeczywistnić, spełnić, zrealizować coś' (Ł.S.): coś ziści się komuś (S.Z.): *Wszystkie marzenia ojca ziściły mu się na tydzień przed śmiercią.*
*– / **zmieścić się***	(Zn.): 'zająć jakiejś miejsce, jakąś przestrzeń; pomieścić się' (Ł.S.): ktoś / coś zmieści się w czymś (na czymś) (S.Z.): *Wszyscy strajkujący zmieścili się w gabinecie dyrektora.*

ZADANIE 7

DRYL FLEKSYJNY

Wpisz formy czasu przeszłego następujących czasowników dokonanych: *zamieścić*, *zanieczyścić*, *zapuścić*, *ziścić się*, *zmieścić*.

WZÓR

0. Jeśli nie wykorzystaliśmy w niewielkim stopniu talentu, to zaprzepaściliśmy go.

1. Jeśli opublikowaliśmy artykuł w jakiejś gazecie, to *(my)* .... go.

2. Jeśli rybak umieścił swoją sieć w wodzie, to .... ją.

3. Jeśli wszystkie moje marzenia się zrealizowały, urzeczywistniły, to ....

4. Jeśli wszystkie rzeczy zdołałem włożyć do jednej walizki, to .... je tam.

5. Jeśli zabrudziliśmy wodę jakimś substancjami, to *(my)* .... ją.

MIEĆ COŚ W JEDNYM PALCU
CIEKAWOSTKI FRAZEOLOGICZNE I CYTATY

UWAGA

W każdej jednostce lekcyjnej podajemy:
1. kilka związków frazeologicznych związanych z tematyką lekcji wraz z ich definicjami słownikowymi, albo:
2. kilka ciekawych cytatów.
Przeczytaj polecenie (poniżej) i wykonaj zadanie.

ZADANIE 8

Przeczytaj poniżej podane związki frazeologiczne i użyj ich w zdaniach.

WZÓR

0. *coś* nie mieści się *komuś* w głowie
DEFINICJA: «ktoś nie może w coś uwierzyć»
PRZYKŁAD: *Nie mieści mi sie w głowie, że mogłeś Piotrze, popełnić takie głupstwo.*

1. *coś* pieści ucho (uszy)
DEFINICJA: «coś wywołuje przyjemne wrażenia słuchowe»
PRZYKŁAD: ....

2. odpuścić sobie coś
DEFINICJA: «zrezygnować z czegoś, co wydaje się nieważne»
PRZYKŁAD: ....

3. opuścić mury uczelni
DEFINICJA: «ukończyć naukę na wyższej uczelni»
PRZYKŁAD: ....

4. nie puścić pary z ust
DEFINICJA: «nie zdradzić tajemnicy, milczeć»
PRZYKŁAD: ....

5. spuścić *komuś* manto
DEFINICJA: «zbić kogoś (najczęściej) za karę»
PRZYKŁAD: ....

6. upuścić *komuś* krwi
DEFINICJA: «dotkliwie komuś dokuczyć, zranić kogoś»
PRZYKŁAD: ....

7. zapuścić żurawia
DEFINICJA: «zajrzeć gdzieś»
PRZYKŁAD: ....

8. zapuścić korzenie
DEFINICJA: «przebywać gdzieś bardzo długo»
PRZYKŁAD: ....

ZADANIA SYSTEMOWE

ZADANIE 9

Wpisz właściwe formy czasu przyszłego czasowników zamieszczonych w kolumnie A.

WZÓR

przemieścić	**Przemysławie, jeśli ty przemieścisz moje biurko, ja przemieszczę twoje akwarium z rybkami do piwnicy.**

A.	B.
obwieścić	**1.** Judaszu, jeśli prasa .... twoje kłamstwa, ja ...., że byłeś szpiegiem.
odczyścić	**2.** Tereso, jeśli .... wszystkie srebrne sztućce, ja .... poplamiony dywan.
odpuścić	**3.** Krystyno, jeśli .... mi moją winę, ja .... ci wszystkie twoje winy.
opuścić	**4.** Babciu, jeśli .... mszę niedzielną, ja .... jutro lekcję religii.

rozpieścić	**5.** Drogi mężu, jeśli .... syna, ja .... wszystkie córki, które się narodzą.
streścić	**6.** Józefie, jeśli ty .... mi dzieła Marksa, ja .... ci *Fausta* Goethego.
ugościć	**7.** Stanisławie, jeśli ty mnie .... czymś dobrym w zbliżające się święta, ja .... cię w następne święta czymś wyjątkowym.
umieścić	**8.** Piotrze, jeśli .... moje nazwisko w twojej powieści, ja .... twoje w moim kalendarzu.
wyczyścić	**9.** Cecylio, jeśli ty .... mi płaszcz z sierści kota, ja .... ci buty.
wypuścić	**10.** Bogdanie, jeśli ty .... mojego kanarka z klatki, ja .... twoje króliki z klatek.

ZADANIE 10

Wpisz właściwe formy trybu rozkazującego podkreślonych czasowników.

WZÓR

> **Zmieściłeś wszystkie rzeczy w jednej walizce?**
> **Sama sobie je zmieść.**

1. Czy zamieścisz to ogłoszenie w gazecie?
Sama sobie je ....
2. Napuścisz wody do wanny, bym się mógł wykąpać?
Sam sobie ....
3. Oczyścisz mi ranę wodą utlenioną?
Sam sobie ją ....
4. Przemieścimy szafę, by było więcej miejsca.
Sam sobie ją ....
5. Zapuścisz mi krople do oka?
Sama sobie ....

ZADANIE 11

Utwórz właściwe <u>imiesłowy przymiotnikowe</u> <u>(bierne</u> lub <u>czynne)</u> od czasowników zgromadzonych w kolumnie A i wpisz je w miejsce kropek.

WZÓR

puścić	**Puszczony w powietrze balon pękł po kilku sekundach.**

A.	B.
dopuścić	**1.** Po wielu staraniach zostałem .... przez ochronę do wielkiego guru.
gościć	**2.** Zjedliśmy obiad z politykami rumuńskimi .... u nas w kraju.
pieścić	**3.** Dziecko .... przez rodziców odda im swą miłość w dwójnasób.
rozmieścić	**4.** Jeśli wojska nieprzyjaciela zostały .... wokół miasta, to oznacza, że miasto zostało oblężone przez wroga.
rozpuścić	**5.** Kwasek cytrynowy..................... w wodzie nigdy nie zastąpi cytryny.
spuścić	**6.** Mimo, że miał czapkę .... na czoło, widział, co się działo wokół niego.
uprościć	**7.** .... pismo chińskie nadal pozostaje bardzo trudne.
zanieczyścić	**8.** Pamiętaj, że woda .... nie nadaje się do picia!
zaprzepaścić	**9.** Szanse .... przez kogoś to możliwości zmarnowane, stracone.
ziścić	**10.** Kiedy wszystkie marzenia zostaną ...., życie traci sens.

ZADANIE 12

Połącz właściwe czasowniki z kolumny A z definicjami z kolumny B.

WZÓR

0. ktoś coś obwieści	**o. ‘ktoś poda coś do publicznej wiadomości, oznajmi coś’**

A.	B.
1. coś się ziści komuś	**a.** ‘ktoś zapłaci jakąś kwotę za coś’
2. komuś się poszczęściło	**b.** ‘ktoś odwzajemni doznane zło, weźmie odwet’
3. komuś się szczęści	**c.** ‘ktoś się rozgniewa na kogoś, na coś’
4. ktoś coś wypuści	**d.** ‘ktoś zajmie jakieś miejsce podczas wizyty u kogoś’
5. ktoś coś zbezcześci	**e.** ‘ktoś się irytuje, ktoś się denerwuje’
6. ktoś się rozgości	**f.** ‘coś się komuś urzeczywistni, zrealizuje’
7. ktoś się rozzłości	**g.** ‘komuś się udaje, komuś się wiedzie’
8. ktoś się zemści za coś na kimś	**h.** ‘ktoś coś sprofanuje, znieważy’
9. ktoś się złości	**i.** ‘komuś coś wypadnie z rąk’
10. ktoś uiści należność	**j.** ‘komuś się powiodło, komuś się udało’

15. *Rzucić to wszystko, rzucić tym wszystkim i uciec*

zapominać
pytanie 1
Pewien mój znajomy napisał następujące zdanie: „*Ludzie w pociągach często zapominają bagaż, ubrania*". Nie ukrywam, że powyższe zdanie jakoś dziwnie mi brzmiało i w pierwszym odruchu zaproponowałam swoje wersje: „*Ludzie w pociągach często zapominają bagażu, ubrań*", „*Ludzie w pociągach często zapominają o bagażu, o ubraniach*", „*Ludzie często zapominają wziąć z pociągu bagaż, ubrania*". Które z tych zdań jest poprawne?

odpowiedź
W znaczeniu ‘nie wziąć' czasowniki *zapomnieć/zapominać* wymagają dopełniacza, a więc „*Ludzie w pociągach często zapominają bagażu, ubrania*" (jednego ubrania) albo „*Ludzie w pociągach często zapominają bagażu, ubrań*". Pozostałe wersje, które Pani proponuje, też są dobre.
W znaczeniu ‘nie zachować w pamięci' wymienione czasowniki mogą się łączyć zarówno z dopełniaczem, jak i z biernikiem. Kiedyś niepokoiła piosenka Urszuli Sipińskiej o słowach: „*Zapomniałam twoje oczy,/ Zapomniałem twoje usta*" – część słuchaczy uważała, że piosenkarka powinna była śpiewać: „*Zapomniałam twoich oczu,/ Zapomniałem twoich ust*". Niesłusznie – taka poprawka byłaby uzasadniona, gdyby ktoś chciał oczy i usta zabrać, ale zapomniał.

Z zapominaniem rzecz nie jest tak prosta, bo wybór przypadka gramatycznego zależy od znaczenia (zob. *Słownik wyrazów kłopotliwych PWN*). Mówiąc najkrócej: „Zapomniałem hasła" znaczyłoby ‘nie wziąłem go przez zapomnienie', dlatego mówimy „Zapomniałem hasło".

http://poradnia.pwn.pl/lista

ryzykować
pytanie 2
Moje pytanie dotyczy czasownika *ryzykować*. *Słownik poprawnej polszczyzny PWN* wyraźnie wprawdzie podaje, że *ryzykuje się coś*, nie zaś *czymś*. Czy jest to jednak żelazna zasada? Czy koniecznie muszę powiedzieć: „*Ryzykował moje życie?*" Sformułowanie „*Ryzykował moim życiem*" sugerowałoby, że grał moim życiem, bawił się moim życiem; takiego wydźwięku nie odnajduję zaś w wersji pierwszej. Czy można dopuścić takie rozwiązanie językowe?

odpowiedź 2
W *Innym słowniku języka polskiego* (PWN, 2000), w pierwszym z czterech znaczeń, w jakich słowo to zostało tam opisane, uwzględniliśmy jego połączenia zarówno z biernikiem, jak i z narzędnikiem. Kierowaliśmy się frekwencją, która – zwłaszcza w kontekstach, w których chodzi o czyjeś życie – sankcjonuje narzędnik, por. przykłady słownikowe: „*Morze było tak wzburzone, że wypływając naszą łodzią, ryzykowaliśmy życiem*" i „*Wielokrotnie ryzykował własną głową, ale chęć podjęcia ryzyka zawsze zwyciężała*". Językoznawcy na ogół twierdzą, że ów narzędnik towarzyszący naszemu *ryzykować* pojawił się pod wpływem składni rosyjskiej. Z tego jednak, że występuje on głównie w kontekście słowa *życie* (i jego synonimów), wynika, że w jego towarzystwie czuje się z jakichś powodów lepiej niż poza nim. Skąd bierze się ta skłonność?
Z Pani listu wynika, że *ryzykować* w kontekście *życiem* nabiera dodatkowego sensu – już nie tylko ‘kłaść na szalę' (co), ale też ‘bawić się' (czym). Skojarzenie z czasownikami *bawić się*, *grać (czym)*, *igrać (z czym)* może oczywiście wzmacniać skłonność do łączenia czasownika *ryzykować* z narzędnikiem. Okazuje się więc, że nie tylko zwyczaj językowy, ale też względy – jak by powiedział językoznawca strukturalista – systemowe przemawiają za tym, aby nie zwalczać konstrukcji, o którą Pani pyta.

ALTERNATYWNE KONSTRUKCJE SKŁADNIOWE CZASOWNIKÓW

W poradniach językowych[1] Internetu internauta napotka setki pytań dotyczących łączliwości składniowej czasowników polskich. Dla zobrazowania tego problemu gramatycznego podajemy tutaj jedno z pytań rodzimego użytkownika języka polskiego do warszawskiej poradni językowej wraz z odpowiedzią językoznawcy z Uniwersytetu Warszawskiego – Mirosława Bańki, a dotyczącą tzw. dopełniacza cząstkowego.

Pytanie:
Witam. Czy w zdaniu „*Poproszę nalać mi herbatę /–y*"? należy użyć biernika czy dopełniacza?

Odpowiedź:
Naturalna wypowiedź brzmi: „*Proszę nalać mi herbaty*". Nalać wymaga biernika, gdy rzeczownik odnosi się do określonej ilości czegoś (por. „*Nalałem sobie szklaneczkę piwa*"), a dopełniacza, gdy chodzi o nieokreśloną ilość (por. „*Nalej wody do wanny i wykąp Rysia*", oba przykłady z ISJP). Ów dopełniacz bywa nazywany cząstkowym, gdyż wskazuje, że mówimy o nieokreślonej i bezkształtnej części pewnej substancji, takiej jak woda, piasek lub powietrze, a więc wyrażamy znaczenie ‘trochę'. Chcąc narzucić tej części granice lub kształt, możemy sięgnąć po jednostki miary, np. litr wody, wiadro piasku, łyk powietrza. Czasowniki zasadniczo przybiernikowe, jak dać, mogą się łączyć z dopełniaczem, gdy wyrażamy znaczenie partytywne, por. „*Daj mi chleba*" (trochę) i „*Daj mi chleb*" (całą określoną ilość, np. bochenek). Podobnie „*Nalej do wanny pięćdziesiąt litrów wody*" i cytowane wyżej „*Nalej wody do wanny i wykąp Rysia*". I wreszcie „*Proszę nalać mi herbaty*" (trochę, według uznania) i „*Proszę nalać mi herbatę*" (całą, być może wcześniej odmierzoną z jakiegoś powodu).

http://poradnia.pwn.pl/lista.php?id=13558
Mirosław Bańko, Uniwersytet Warszawski

[1] Lista poradni językowych wraz z adresami stron internetowych – zob. str. 335.

Zdarza się również tak, że znaczenie czasownika zależeć będzie od konkretnego połączenia składniowego. Oto przykłady, które ilustrują to zjawisko.

• możliwa zmiana znaczenia:

1.
nabywać (coś) w znaczeniu *kupować* i jego odpowiednik dokonany *nabyć* łączymy z biernikiem; przykład: – *nabywać majątki ziemskie, tereny pod budowę*;
nabywać (czegoś) – w znaczeniu *uczyć się zachowania, zaczynać mieć jakąś cechę charakteru* i jego odpowiednik dokonany *nabyć* łączy się z dopełniaczem; przykład: – *nabywać / nabyć doświadczenia, pewności siebie, ogłady*.

2.
nagrywać na coś (na taśmę, na dyskietkę) w celu dalszego odtwarzania łączy się z biernikiem;
nagrywać na czymś (na taśmie, na dyskietce) ze szczególnym uwzględnieniem jakości używanego do nagrania materiału łączy się z przyimkiem *na* i miejscownikiem.

3.
Nanosić coś w znaczeniu *zaznaczać coś w tekście, na planie, na mapie* i jego odpowiednik dokonany *nanieść* łączymy z biernikiem; przykład: – *nanosić poprawki redakcyjne do tekstu, nanosić znaki topograficzne na mapie*.
Nanosić czegoś w znaczeniu *nosząc, zgromadzić pewną ilość, liczbę czegoś* i jego odpowiednik dokonany *nanieść* łączymy z dopełniaczem; przykład: *nanosić niepotrzebnych rzeczy do domu, nanosić błota do przedpokoju*.

Nie należy zapominać o połączeniach, które wskazują na pewne subtelności, jeśli chodzi o znaczenia danego czasownika.

• subtelności językowe:

narzucać / narzucić coś	w znaczeniu '*rzucać coś na wierzch, przykrywać coś czymś*'– połączenie z biernikiem przykład: *Mama codziennie rano narzucała chustkę na głowę i wychodziła z domu do pracy.*

narzucać / narzucić czegoś	w znaczeniu '*rzucać wiele czegoś*' – połączenie z dopełniaczem przykład: *Palący narzucali niedopałków na podłogę.*
nazywać się / –	w znaczeniu '*nosić jakieś nazwisko*' przykład: *Autor tego podręcznika nazywa się Mędak.*
nazywać się / nazwać się kimś	**I.** w znaczeniu '*nazwać siebie samego jakimś mianem, określać się w jakiś sposób*' przykład: *Nazwał się carem Wszechrusi.* **II.** w znaczeniu '*zwracać się nawzajem do siebie, używając jakichś imion*' przykład: *Nazwali się Misiaczkiem i Stokrotką.*
oszczędzać / oszczędzić czegoś	w znaczeniu '*ułatwiać komuś życie*'– połączenie z dopełniaczem przykład: *Oszczędzę panu fatygi i zrobię to sam.*
oszczędzać coś / –	w znaczeniu '*ograniczać się w korzystaniu z czegoś*' – połączenie z biernikiem przykład: *Wszyscy powinni oszczędzać wodę.*

I w końcu, czasowniki mające połączenia alternatywne typu: *błagać o coś* (+B.) / *czegoś* (+D.); przykład: *błagać o litość / błagać litości* (tabela I – następna strona) / *kłaść* || *położyć kogoś,* coś na czymś (+Msc.) / *na coś* (+B.); przykład: *połóż to na biurku / połóż to na biurko* (tabela II – str. 311–312) nie wykazują żadnych różnic w zakresie znaczenia.

W siedmiu tabelach zamieszczonych w niniejszej jednostce lekcyjnej – wyczerpująca lista opisanych przykładów z podaniem połączeń alternatywnych, zaznaczeniem nazw przypadków oraz komentarz normatywny wyjaśniający różnice znaczeniowe wynikające z tego typu połączeń dla około stu czasowników.

TABELA I

od litery a do litery g

CZASOWNIKI	**POŁĄCZENIE I + komentarz normatywny**	**INNE POŁĄCZENIA + komentarz normatywny**
angażować się	w coś (+B.)	w czymś (+Msc.); *rzadziej*
I ***bić*** *czymś*	w coś (+B.)	po czymś (+Msc.)
II ***bić się***	czymś (+N.)	na coś (+B.)
błagać	o coś (+B.)	czegoś (+D.)
boleć; *w zdaniach zaprzeczonych*	kogo (+B.)	kogo (+D.)
brać się* || *wziąć się	za coś (B.); *pot. i ekspr.*	do czegoś (D.)
bronić	kogoś (B.); *w znaczeniu 'być obrońcą w sądzie, chronić kogoś przed czymś, osłaniać, zabezpieczać'*	kogoś (D.); *w znaczeniu 'odpierać atak, stawać w obronie kogoś, ujmować się za kimś'*
brzydzić się	kimś (N.); *w znaczeniu 'odczuwać pogardę do kogoś'*	kogoś (D.); *w znaczeniu 'odczuwać do kogoś fizyczny wstręt'*
budować* || *zbudować	dla kogoś (+D.)	komuś (+C.)
chcieć	coś (B.); *w połączeniu z rzeczownikiem konkretnym oznaczającym całość (jeden chleb, jeden bochenek)*	czegoś (D.); *w połączeniu z rzeczownikiem oznaczającym część czegoś lub wyrazem abstrakcyjnym*
chorować* || *zachorować	od czegoś (D.)	z czegoś (D.)
chować się* || *schować się	za coś (+B.)	za czymś (+N.)
***chronić* || –**	przed kimś / przed czymś + N.	*rzad.* od kogoś / od czegoś (+ D.)
ciąć; *w znaczeniu 'uderzać, zacinać (również o deszczu, śniegu, mrozie)'*	po czymś (Msc.)	w coś (B.) *a.* przez coś (B.)

<table>
<tr><td>czuć (od kogoś – od czegoś); w użyciu nieosobowym</td><td>coś (+B.)</td><td>czymś (+N.)</td></tr>
<tr><td>I czuwać</td><td>nad kimś (+N.)</td><td>przy kimś (+Msc.)</td></tr>
<tr><td>II czuwać</td><td>przed czymś (+N.)</td><td>przy czymś (+Msc.)</td></tr>
<tr><td>dawać || dać</td><td>coś (+ B.)</td><td>czegoś (+D.); zwykle z dopełniaczem cząstkowym: dawać trochę, część czegoś, część jakiejś całości itp.</td></tr>
<tr><td>dobierać</td><td>coś (+B.)</td><td>czegoś (+D.); pewną ilość, część</td></tr>
<tr><td>dodawać || dodać</td><td>coś (+B.)</td><td>czegoś (+D.); pewną ilość czegoś, część z całości lub nazwy uczuć, doznań</td></tr>
<tr><td>dokładać || dołożyć</td><td>coś (+B.)</td><td>czegoś (+D.); pewną ilość czegoś</td></tr>
<tr><td>donosić || donieść</td><td>coś (+B.)</td><td>czegoś (+D.); z dopełniaczem cząstkowym – kiedy chodzi o pewną ilość / część z całości</td></tr>
<tr><td>I dopominać się || – czas. dk bardzo rzadko</td><td>o coś (+B.)</td><td>czegoś (+D.); z dopełniaczem – rzadziej</td></tr>
<tr><td>II dopominać się || – czas. dk bardzo rzadko</td><td>u kogoś (+D.)</td><td>od kogoś (+D.)</td></tr>
<tr><td>dostarczać || dostarczyć komuś</td><td>coś (+B.); w połączeniu z wyrazami konkretnymi</td><td>czegoś (+D.); w połączeniu z wyrazami abstrakcyjnymi</td></tr>
<tr><td>dostawać || dostać</td><td>coś (+B.)</td><td>czegoś (+D.); pewną ilość</td></tr>
<tr><td>dyskutować</td><td>1. coś (+B.)</td><td>2. o czymś (+Msc.)
3. nad czymś (+N.)</td></tr>
<tr><td>grać</td><td>coś (+B.)</td><td>w coś (+B.)</td></tr>
</table>

ZADANIE UTRWALAJĄCE 1

Wpisz w miejsce kropek (kolumna B) właściwe połączenia składniowe dla czasowników podanych w kolumnie A.

WZÓR

angażować się / *działalność*	Od pewnego czasu mój brat angażował się **w działalność** / **w działalności** partii.

A.	B.
1. ***bić* czymś** / *plecy*	Policjanci bili manifestantów pałkami .... / ....
2. ***bić się*** / *noże*	Napastnicy mieli przy sobie noże, więc zaczęli się bić .... / ....
3. ***błagać*** / *wsparcie*	Biedni, widząc przed sobą członków Rady Państwa, błagali ich .... / ....
4. nie ***boleć*** / *mama*	Po zażyciu kolejnej tabletki głowa .... / .... już nie boli.
5. ***brać się*** || ***wziąć*** / *praca*	Już południe. Najwyższy czas wziąć się .... /....................................... .
6. I ***bronić*** / *córka*	Rodzice starają się bronić .... przed złymi wpływami kolegów.
7. II ***bronić*** / *córka*	Gdy zaatakowano Alę na ulicy, ojciec bronił .... jak lew.
8. ***budować*** / *mieszkańcy*	Buduje się tańsze bloki .... / .... zadłużonych miast wschodniej części kraju.
9. ***chcieć*** / *chleb*	Klient w sklepie chce ...., a głodny chce ....

ZADANIE UTRWALAJĄCE 2

Wpisz w miejsce kropek (kolumna B) właściwe połączenia składniowe dla czasowników podanych w kolumnie A. Wzór – jak w zadaniu numer 1.

A.	B.
1. ***chorować*** / *picie*	Jedni chorują na nerki .... wódki, inni .... wódki.

2. ***chować się*** / *szafa*	Kiedy byłam mała, chowałam się przed mamą .... / ....
3. ***chronić*** / *zapomnienie*	W każdym kraju należy chronić zwyczaje i obyczaje .... / ....
4. ***ciąć*** czymś / *grzbiet; twarz*	Woźnica bezlitośnie ciął konia batem .... / .... / ...., a siarczysty deszcz ciął woźnicę .... / ....
5. ***czuć*** / *wódka*	Drogi mężu, nie wiem dlaczego dzisiaj czuć od ciebie .... / ....
6. ***I czuwać*** / *ranny premier*	Pielęgniarki czuwały przez kilka dób .... / ....
7. ***II czuwać*** / *brama*	Wartownik czuwał .... / .... ambasady.
8. ***decydować się*** || ***zdecydować się*** *wyjechać / wyjazd*	Powinnam zdecydować się .... z tego kraju / .... z tego kraju.
9. ***dawać*** || ***dać*** / *cukier*	Karolu, daj mi ...., który stoi na stole. Babciu, daj mi .... do herbaty.
10. ***dobierać*** || ***dobrać*** *farby / sos*	Podczas gdy on dobierał .... do malowania ścian, ona dobierała .... do sałatki.

ZADANIE UTRWALAJĄCE 3

Wpisz w miejsce kropek (kolumna B) właściwe połączenia składniowe dla czasowników podanych w kolumnie A. Wzór – jak w zadaniu numer 1.

A.	B.
1. ***dawać*** || ***dać*** / *jaja, pieprz; odwaga*	Do ciasta dodajemy .... a do sałatki dodajemy .... Tym, którzy się boją, powinniśmy dodawać ....
2. ***dokładać*** || ***dołożyć*** / *kanapka, ryż*	Jacusiu, dokładam ci jeszcze ...., a tobie babciu dołożę ...., bo widzę, że ci smakuje zupa mleczna.

3. ***donosić*** **||** ***donieść*** / *danie, wino*	Kelnerzy donosili ...., a gospodarz donosił ....
4. I ***dopominać się*** || – / *swoje prawo*	Strajkujący dopominali się *(l.m.)* .... / ....
5. II ***dopominać się*** o coś, czegoś / *kierownik*	Robotnicy dopominali się o podwyżkę .... / ....
6. ***dostarczać*** **||** ***dostarczyć*** / *towar* / *tematy*	Kurier dostarczał .... do domu, a sąsiad dostarczał mi .... do rozmów.
7. ***dyskutować*** / *propozycja*	Podczas konferencji jedni dyskutowali .... moderatora, inni dyskutowali .... profesora Rzepki, jeszcze inni dyskutowali .... organizatora konferencji, a ci najbardziej niezadowoleni dyskutowali .... najbliższych wakacji.
8. ***grać*** / *piki*	Zawsze, kiedy ja mam ochotę grać ...., ona też ma ochotę grać ....

TABELA II

od litery k do litery o

CZASOWNIKI	POŁĄCZENIE I + komentarz normatywny	INNE POŁĄCZENIA + komentarz normatywny
kłamać **||** ***skłamać***	kogoś (+B.); *to połączenie uważane jest za wątpliwe, pojawiające się najczęściej w języku potocznym*	komuś (+C.)
kłaść **||** ***położyć*** *kogoś, coś*	na czymś (+Msc.)	na coś (+B.)
kłaść się **||** ***położyć się***	na czymś (+Msc.)	na coś (+B.)
kończyć **||** ***skończyć*** ***(się)****; (coś)* ***kończy*** **||** ***skończy się***	czymś (+N.)	na czymś (+Msc.)
kosztować **||** ***skosztować***	czegoś (+D.)	coś (+B.); *rzadziej*

kupować* || *kupić	coś (+B.)	czegoś (+D.)
***lać* || –** *coś*	do czegoś (+D.)	w coś (+B.)
łowić* || *złowić *coś*	w coś (+B.)	czymś (+N.)
mieszać* || *wmieszać *kogoś*	w coś (+B.)	do czegoś (+B.)
nabierać* || *nabrać *coś*	na coś (+B.)	czymś (+N.)
I ***nalewać* || *nalać***	coś (+B.)	czegoś (+D.); *część większej całości*
II ***nalewać* || *nalać***	do czegoś (+D.)	w coś (+B.)
namawiać* || *namówić *kogoś*	do czegoś (+D.)	na coś (+B.); *połączenia z biernikiem ograniczone*
objadać się* || *objeść się	czegoś (+D.)	czymś (+N.)
I ***oczekiwać* || –**	czegoś (+D.)	na coś (+B.)
I ***oczekiwać* || –**	kogoś (+D.)	na kogoś (+B.)
oddychać* || *odetchnąć	czymś (+N.)	przez coś (+B.)
odpadać* || *odpaść	z(e) czegoś (+D.)	od czegoś (+D.)
otaczać* || *otoczyć *coś*	czymś (+N.)	w czymś (+Msc.)

ZADANIE UTRWALAJĄCE 4

Wpisz w miejsce kropek (kolumna B) właściwe połączenia składniowe dla czasowników podanych w kolumnie A. Wzór – jak w zadaniu numer 1.

A.	B.
1. ***kłamać* || *skłamać*** / *mąż*	Jedna siostra kłamała .... i mówiła, że jedzie sama na wakacje, druga kłamała ...., że nigdy go nie zdradza.
2. I ***kłaść* || *położyć*** / *nosze*	Lekarze kładą chorych .... / ...., a pielęgniarki strajkują już od tygodnia.
3. I ***kłaść się* || *położyć się*** / *łóżko*	Uwielbiał kłaść się .... / .... i patrzeć godzinami w sufit.
4. (coś) ***kończyć się* || *skończyć się*** / *awantury*	Każde spotkanie z nim kończyło się .... / ....

5. ***kosztować* || *skosztować*** / *wino*	Gdy tylko skosztowałam .... / .... od razu poczułam się źle.
6. ***kupować* || *kupić*** / *cukierki*	Kupiłam mu .... / .... w prezencie.
7. ***lać* || –** / *szklanki*	Lali .... / .... tanie wino i się upijali.
8. ***łowić* || *złowić*** / *sieć*	Synku, kiedy zostaniesz rybakiem będziesz mógł łowić łososie .... / ....
9. ***mieszać* || *wmieszać*** *kogoś* / *swoje brudne sprawy*	Karolu, znowu wmieszałeś mnie .... / ....
10. ***nabierać* || *nabrać*** / *łopata*	Nabrał .... / .... trochę piasku i wrzucił go do jeszcze niezasypanego grobu.

ZADANIE UTRWALAJĄCE 5

Wpisz w miejsce kropek (kolumna B) właściwe połączenia składniowe dla czasowników podanych w kolumnie A. Wzór – jak w zadaniu numer 1.

A.	**B.**
1. I ***nalewać* || *nalać*** / *wino*	Gospodarz nalewał .... / .... do kieliszków gości i zapraszał ich do wzniesienia toastu.
2. II ***nalewać* || *nalać*** / *kieliszki*	Hrabina nalewa .... / .... taniego, musującego szampana i czeka na komplementy.
3. ***namawiać* || *namówić*** / *spacer*	Wszystkich otyłych namawiam .... / ....
4. ***objadać się* || *objeść się*** / *ciastka*	Był gruby jak beczka, ponieważ objadał się .... / ....
5. I ***oczekiwać* || –** / *decyzja*	Siedziała przed drzwiami i oczekiwała .... / .... męża.

6. I ***oczekiwać*** || – / *wróżka*	Nie oczekujcie .... / ...., sami podejmijcie decyzję.
7. ***oddychać*** || ***odetchnąć*** / *nos*	Kiedy mamy katar, oddychanie .... /......................... jest utrudnione.
8. ***odpadać*** || ***odpaść*** / *ściana*	W wilgotnych pomieszczeniach farba może odpadać .... / ....
9. ***otaczać*** || ***otoczyć*** *coś* / *mąka*	Byłoby lepiej, gdybyś te kotlety otoczył................. / ...., aby dodać im smaku i koloru.

TABELA III

litera p

I ***pomagać*** || ***pomóc***	przy czym (+Msc.)	w czym (+Msc.)
II ***pomagać*** || ***pomóc***	robić coś	w robieniu (+Msc.) czegoś
porównywać || ***porównać*** *kogoś*	do kogoś (+D.) *a.* do czegoś (+D.)	z kimś (+N.) *a.* z czymś (+N.)
pożyczać || ***pożyczyć*** *komuś*	coś (+B.)	czegoś (+D.); *tylko w konstrukcjach partytywnych oraz w przypadkach, gdy przedmiot zmienia właściciela na jakiś określony odcinek czasowy, np. pożyczyć komuś / od kogoś samochodu*
I ***prosić*** || ***poprosić***	coś (+B.); *całość czegoś*	czegoś (+D.); *część całości*
II ***prosić*** || ***poprosić***	kogoś (+B.); *w połączeniach grzecznościowych typu: proszę panią o radę*	kogoś (+D.); *w połączeniach grzecznościowych, w momencie zwracania się do rozmówcy / rozmówczyni (rozpoczęcie rozmowy, podtrzymanie uwagi)*
próbować || –; *w znaczeniu 'sprawdzać stan, wartość, jakość czegoś, poddawać coś próbie'*	coś (+B.); *w połączeniu z rzeczownikami konkretnymi*	czegoś (+D.); *w połączeniu z rzeczownikami abstrakcyjnymi*

przebiegać || ***przebiec*** *a. rzad.* ***przebiegnąć***	coś (+B.)	przez coś (+B.)
przechodzić || ***przejść***	coś (+B.)	przez coś (+B.)
przejeżdżać || ***przejechać***	coś (+B.)	przez coś (+B.)
przekazywać || ***przekazać*** *coś*	komuś / czemuś (+C.)	dla kogoś / dla czegoś (+D.); *pot.*
przelatywać || ***przelecieć****; w znaczeniu potocznym 'szybko przebiegać, przemykać'*	coś (+B.)	przez coś (+B.)
coś ***przepływa / przepłynie****; w znaczeniu 'płynąć, rozchodzić się, posuwać się – o cieczach, gazach, energii elektrycznej'*	czymś (+N.)	przez coś (+B.)
I ***przepływać*** || ***przepłynąć*** *czymś*	coś (+B.)	przez coś (+B.)
II ***przepływać*** || ***przepłynąć*** *coś*	czymś (+N.)	na czymś (+Msc.)
przesiadać się || ***przesiąść się***	do czegoś (+D.)	na coś (+B.); *pot.*
przestrzegać || ***przestrzec*** *kogoś*	przed czymś (+N.)	o czymś (+Msc.); *bardzo rzadko*
I ***przesyłać*** || ***przesłać*** *coś*	czymś (+N.)	przez coś (+B.)
II ***przesyłać*** || ***przesłać*** *coś*	kimś (+N.)	przez kogoś (+B.)
I ***przydawać się*** || ***przydać się***	do czegoś (+D.)	na coś (+B.)
II ***przydawać się*** || ***przydać się***	komuś (+D.)	dla kogoś (+D.); *rzadziej*
III ***przydawać się*** || ***przydać się***	do czegoś (+D.)	w czymś (+Msc.)
przynosić || ***przynieść*** *coś*	komuś (+C.)	do kogoś (+D.)

coś przypada || ***przypadnie****; tylko w 3. osobie*	komuś (+C.)	na kogoś (+B.)
przypominać || ***przypomnieć*** *komuś*	coś (+B.)	o czymś (+Msc.)
pytać || ***spytać***	kogoś (+B.)	kogoś (+D.); *rzadko*

ZADANIE UTRWALAJĄCE 6

Wpisz w miejsce kropek (kolumna B) właściwe połączenia składniowe dla czasowników podanych w kolumnie A. Wzór – jak w zadaniu numer 1.

A.	B.
1. I ***pomagać*** || ***pomóc*** komuś / *budowa*	Rodzice pomagali mi .... / .... nowego domu.
2. II ***pomagać*** || ***pomóc*** komuś / *robić*	On pomagał nam .... zakupy / .... zakupów.
3. ***porównywać*** || ***porównać*** kogoś / *inni*	Dlaczego porównujesz mnie .... / mnie ....?
4. ***pożyczać*** / ***pożyczyć*** komuś / *pieniądze*	Czasami pożyczam .... mamie, a czasami pożyczam .... od mamy.
5. I ***prosić*** || ***poprosić*** / *kawa*	W sklepie z kawą mówimy: proszę tę .... i niegrzecznie wskazujemy palcem na paczkę, którą chcemy nabyć. W kawiarni na pytanie kelnera: *Czego sobie pani życzy?*: .... czy herbaty? – odpowiadamy: ....
6. II ***prosić*** || ***poprosić*** / *pani*	Grzeczny policjant, który zatrzymał kobietę prowadzącą samochód z szybkością 150 km / godz. zadaje pytania w sposób następujący: ***1.*** *Proszę .... o prawo jazdy,* ***2.*** *Proszę ...., czy pani zna dobrze przepisy drogowe?*
7. ***próbować*** || – / *wytrzymałość psychiczna*	Znęcając się nad ofiarą, próbował jej .... / ....

8. ***przebiegać / przebiec*** *a. rzad.* ***przebiegnąć*** */ droga*	Dlaczego koty mogą przebiegać .... / .... bezkarnie w każdym miejscu?
9. ***przechodzić / przejść*** */ kładka*	Proszę pana, aby zobaczyć z bliska drugi brzeg rzeki należy przejść .... / ....
10. ***przejeżdżać / przejechać*** */ most*	Proszę pana, by zobaczyć co jest za tym murem, trzeba przejechać .... / ....

ZADANIE UTRWALAJĄCE 7

Wpisz w miejsce kropek (kolumna B) właściwe połączenia składniowe dla czasowników podanych w tabeli III. Wzór – jak w zadaniu numer 1.

A.	B.
1. ***przekazywać* || *przekazać*** coś / *prezydent*	Co miesiąc premier przekazuje dane o stanie państwa .... / ....
2. ***przekazywać* || *przekazać*** coś / *instytucje charytatywne*	Czasami ludzie biedni przekazują skromne dary .... / ....
3. ***przelatywać* || *przelecieć*** */ jezdnia*	Zobacz, jak kot szybko przelatuje .... / .... *(pot.)*
4. coś ***przepływa* || *przepłynie*** / *gazociąg*	Gaz z Rosji przepływa do Polski i innych krajów europejskich .... / ....
5. I ***przepływać* || *przepłynąć*** czymś / *Ocean Lodowaty*	Czy ktoś przepłynął żaglowcem .... / ....?
6. II ***przepływać* || *przepłynąć*** coś / *kajak*	On chwali się, że przepłynął Ocean Lodowaty .... / ....
7. ***przesiadać się* || *przesiąść się*** / *autobus*	Jadąc do mnie, musisz się przesiąść z tramwaju .... / *(pot.)* ....
8. ***przestrzegać / przestrzec*** kogoś / *zbliżająca się epidemia*	Władze regionu przestrzegały mieszkańców .... / ....

9. I ***przesyłać*** **||** ***przesłać*** coś / *poczta*	Pisma najczęściej przesyłamy do odbiorcy .... / ....
10. II ***przesyłać*** **||** ***przesłać*** coś / *kurier*	Poczta Polska przesyła dokumenty i paczki również .... / ....

ZADANIE UTRWALAJĄCE 8

Wpisz w miejsce kropek (kolumna B) właściwe połączenia składniowe dla czasowników podanych w kolumnie A. Wzór – jak w zadaniu numer 1.

A.	**B.**
1. I ***przydawać się*** **||** ***przydać się*** / *bigos*	Marysiu, nie zjadaj resztek wędliny, bo przydadzą się .... / ....
2. II ***przydawać się*** **||** ***przydać się*** / *ktoś*	Rzeczy, które wyrzucamy do kosza często mogłyby się przydać .... / ....
3. III ***przydawać się*** **||** ***przydać się*** / *coś*	Stare grabki mogą mi się przydać .... / ....
4. ***przynosić*** **||** ***przynieść*** coś / *ja*	Sąsiad przynosił .... / .... świeże warzywa z działki.
5. ***coś przypada*** **||** ***przypadnie*** / *zastępca dyrektora*	Co roku przypada .... / .... obowiązek pisania sprawozdania.
6. ***przypominać*** **||** ***przypomnieć*** komuś / *twoje pochodzenie*	Władysławie, czy ciągle muszę ci przypominać .... / ....?
7. ***pytać*** **||** ***spytać*** / *wnuczka*	Babcia pytała .... / .... o jej zainteresowania i pasje.

TABELA IV

od litery r do litery t

rozbierać || *–; w znaczeniu 'analizować coś, rozważać coś'; nieco przestarzałe*	czym (+N.)	w czym (+Msc.)
rozdawać || ***rozdać*** *coś*	komuś (+C.)	między kogoś (+B.)
rozpoczynać || ***rozpocząć*** *coś*	czymś (+N.)	od czegoś (+D.)
coś ***rozpoczyna się*** || ***rozpocznie się***	czymś (+N.)	od czegoś (+D.)
rozsyłać || ***rozesłać*** *coś*	do kogoś (+D.)	komuś (+C.) *a.* po kimś (+Msc.)
rozwodzić się || ***rozwieść się***	nad czymś (+N.)	o czymś (+Msc.)
rumienić się || ***zarumienić się***	od czegoś (+D.); *kiedy chodzi o przyczynę zewnętrzną*	z(e) czegoś (+D); *kiedy chodzi o przyczynę wewnętrzną*
I ***rzucać*** || ***rzucić***	coś (+B.)	czymś (+N.)
II ***coś rzuca*** || *–; w znaczeniu 'coś powoduje gwałtowne ruchy, wstrząsy, turbulencję (u kogoś, u czegoś)'*	czymś (+N.)	kogoś (+B.)
I ***siadać*** || ***siąść***	na czymś (+Msc.)	w czymś (+Msc.); *składnia alternatywna zwykle w odniesieniu do mebli*
II ***siadać*** || ***siąść***	przy czymś (+Msc.)	za czymś (+N.)
III ***siadać*** || ***siąść****; w znaczeniu 'wsiadać / wsiąść do jakiegoś pojazdu'*	do czegoś (D.)	w coś (B.); *pot.*
siedzieć || –	to samo co I ***siadać*** || ***siąść***	to samo co I ***siadać*** || ***siąść***
sięgać || ***sięgnąć****; tylko w znaczeniu 'stykać się z czymś, co wyznacza jakąś granicę'*	czegoś? (+D.)	do czegoś (+D.) *a.* po coś (+B.)
skakać || ***skoczyć****; w znaczeniu 'odbijać się od czegoś, odskakiwać, podskakiwać'; częściej z czasownikiem niedokonanym*	po czymś (+Msc.)	na czymś (+Msc.)

skarżyć* || *naskarżyć	do kogo (+D.)	komu (+C.); *pot. a.* przed kim (+N.); *przestarzałe*
I ***składać*** || – *coś; w znaczeniu 'zbierać pieniądze, oszczędzać na coś, odkładać pieniądze'*	do czegoś (+D.)	w czymś (+Msc.)
II ***składać*** || ***złożyć*** *coś; w znaczeniu 'gromadzić coś, przynosić coś i kłaść w odpowiednim miejscu'*	na coś (+B.)	na czymś (+Msc.)
I ***służyć*** || –; *w znaczeniu 'spełniać przy kimś posługi osobiste'*	jako ktoś (+M.)	za kogoś (+B.)
służyć || ***posłużyć***; *w znaczeniu 'być przydatnym do czegoś, jako coś'*	jako coś (+M.)	za coś (+B.)
spać || –	w czymś (+Msc.)	na czymś (+Msc.)
spóźniać się || ***spóźnić się***; *w znaczeniu 'odbywać się z opóźnieniem* a. *wskazywać niewłaściwy czas – zwykle o zegarze / zegarku'*	ile (+B.)	o ile (+B.)
sprzątać || ***sprzątnąć***, ***posprzątać***	coś (+B.)	w czymś (+Msc.)
stać || –; **1.** *w znaczeniu 'komuś nie wystarcza pieniędzy na coś, na zapłacenie, na opłacenie czegoś',* **2.** *w konstrukcji nieosobowej 'nie stać kogoś na coś / na kogoś'*	kogoś (+B.)	kogoś (+D.)
stawiać || ***postawić*** *coś*	na coś (+B.)	na czymś (+Msc.)
strzelać || ***strzelić***	do czegoś / do kogoś (+D.)	w coś / w kogoś (+B.)
szukać || – *czegoś*	po czymś (+Msc.)	w czymś (+Msc.)
tłumaczyć (się) || ***wytłumaczyć (się)***	komuś (+C.)	przed kimś (+N.)

ZADANIE UTRWALAJĄCE 9

Wpisz w miejsce kropek (kolumna B) właściwe połączenia składniowe dla czasowników podanych w kolumnie A. Wzór – jak w zadaniu numer 1.

A.	**B.**
1. ***rozdawać* || *rozdać*** coś / *podopieczni*	Opiekunowie i wychowawcy rozdali paczki .... / .... z domu dziecka.
2. ***rozpoczynać* || *rozpocząć*** coś / *polonez*	Na słynnych przyjęciach u Władysława rozpoczynano wieczór .... / ....
3. *coś* ***rozpoczyna się || rozpocznie się*** / *mazur*	Bale maturalne w naszej szkole rozpoczynały się .... / ....
4. ***rozsyłać* || *rozesłać*** coś / *przyjaciele*	Pewien bogaty Szkot rozesłał .... / .... / .... listy z prośbą o pożyczkę.
5. ***rozwodzić się* || *rozwieść się*** / *wyższość*	Uwielbiał rozwodzić się godzinami .... / .... narodu polskiego nad innymi Słowianami.
6. ***rumienić się* || *zarumienić się*** / *płomienie, wstyd*	Najpierw zacząłeś rumienić się .... ogniska, a teraz zarumienisz się ....
7. I ***rzucać* || *rzucić*** / *kamienie*	Chodził ulicą i rzucał .... / .... w okna domów.
8. II ***coś rzuca*** || – / *pasażerowie*	Zdarza się, że w mniejszych samolotach podczas burzy rzuca .... / ....
9. I ***siadać* || *siąść*** / *ławki*	Ludzie w parku siadają ...., a uczniowie w szkole ....
10. II ***siadać* || *siąść*** / *biurko*	Znam autora, który siada .... / .... i w ciągu dnia pisze kilkadziesiąt stron nowej powieści.

ZADANIE UTRWALAJĄCE 10

Wpisz w miejsce kropek (kolumna B) właściwe połączenia składniowe dla czasowników podanych w kolumnie A. Wzór – jak w zadaniu numer 1.

A.	B.
1. III ***siadać* || *siąść*** / *furgonetka*	Obywatelu, siadaj .... / .... i nie marudź – czasom wolności nadszedł kres.
2. ***sięgać* || *sięgnąć*;** coś sięga (sięgnie) komuś / *pas*	Ewa miała piękne włosy, które jej sięgały .... / .... / ....
3. ***skakać* / *skoczyć*;** coś skacze / *wybrzuszenia*	Na tej drodze każdy pojazd skoczy skacze .... / ...., jakby wykonywał taniec śmierci.
4. ***skarżyć* / *naskarżyć*** / *nauczyciele*	Lubił skarżyć na swoich kolegów .... / .... / ....
5. I ***składać* ||** – / *pończocha, skarbonka*	Jedni składają pieniądze ....; inni .... / ....
6. II ***składać* || *złożyć*** coś / *mój grób*	To przykre, że nie będę wiedział, kto przychodzi i składa kwiaty .... / ....
7. I ***służyć* ||** – / *parobek*	Mój pradziadek służył u pana .... / ....
8. ***służyć* || *posłużyć*** / *biuro*	Ten mały pokój służy mi .... / ....
9. ***spać* ||** – / *to nowe łóżko*	Uwielbiam spać .... / ....
10. ***spóźniać się* || *spóźnić się*** / *godzina*	Nie denerwuj się. Ten pociąg spóźnia się .... / ....

TABELA V

litera u

uchodzić* || *ujść*; *w znaczeniu 'unikać czegoś'	czegoś (+D.)	czemuś (+C.)
uciekać* || *uciec	czymś (+N.)	przez coś (+B.)
udawać się* || *udać się	po coś (+B.)	o coś (+B.)
udowadniać* || *udowodnić	czymś (+N.)	przez coś (+B.)
ujmować* || *ująć *coś*	w coś (+B.)	w czymś (+Msc.)
I ***umierać* || *umrzeć***	dla czegoś (+D.)	za coś (+B.)
II ***umierać* || *umrzeć***	wskutek czegoś (+D.)	z czegoś (+D.)
III ***umierać* || *umrzeć***	dla kogoś (+D.)	za kogoś (+B.)
upominać się* || *upomnieć się; *w znaczeniu 'brać kogoś w obronę, stawać w czyjejś obronie'*	o kogoś (+B.)	*rzadziej:* za kimś (+N.)
urządzać* || *urządzić *coś*	dla kogoś (+D.)	komuś (+C.)
ustawać* || *ustać; *w znaczeniu 'tracić siły, opadać z sił, słabnąć'*	z(e) czegoś (+D.)	od czegoś (+D.)
ustawiać* || *ustawić *coś*	na coś (+B.)	na czymś (+Msc.)
ustępować* || *ustąpić *komuś*	coś (+B.)	czegoś (+D.)
uzupełniać* || *uzupełnić *coś*	czymś (+N.)	o coś (+B.)

ZADANIE UTRWALAJĄCE 11

Wpisz w miejsce kropek (kolumna B) właściwe połączenia składniowe dla czasowników podanych w kolumnie A. Wzór – jak w zadaniu numer 1.

A.	B.
1. ***sprzątać* || *sprzątnąć*, *posprzątać*** / *łazienka*	Nie przeszkadzaj mi teraz. Sprzątam .... / ....

2. ***stać*** || – / *mama*	Po śmierci ojca nie stać było .... / .... na zapłacenie czynszu za mieszkanie.
3. ***stawiać*** || ***postawić*** coś / *stół*	Stawiał potrawy .... / .... i czekał na komplementy zaproszonych gości.
4. ***strzelać*** || ***strzelić*** / *wróg*	Żołnierzu, strzelaj .... / ...., a nie do przelatujących łabędzi.
5. ***szukać*** || – czegoś / *szuflady*	Od godziny szuka .... / .... dyplomu, którego nikt nigdy nie widział.
6. ***tłumaczyć*** || ***wytłumaczyć*** / *matka*	Złe wyniki w szkole tłumaczył .... /............................ różnymi kłamstwami.
7. ***uchodzić*** || ***ujść*** / *katastrofa*	Kolejny raz mamy szczęście, bowiem udało się nam znowu ujść .... /.......................... .
8. ***uciekać*** || ***uciec*** / *góry*	Zakładnikom udało się uciec z okupowanej przez wojska serbskiej wioski .... / ....
9. ***udawać się*** || ***udać się*** / *porada*	Udałbym się .... / .... do samego diabła.
10. ***udowadniać*** || ***udowodnić*** / *zeznania*	Udowadniano prawdę .... / .... świadków.

ZADANIE UTRWALAJĄCE 12

Wpisz w miejsce kropek (kolumna B) właściwe połączenia składniowe dla czasowników podanych w kolumnie A. Wzór – jak w zadaniu 1.

A.	B.
1. ***ujmować*** || ***ująć*** coś / *piękne słowa*	Potrafił ujmować przeżycia .... / ....
2. I ***umierać*** || ***umrzeć*** / *ojczyzna*	Niejeden chciałby umrzeć .... / tak piękną, jak Polska / ...., tak pięknej, jak Polska.

3. II ***umierać*** || ***umrzeć*** / *głód*	Wciąż jeszcze tysiące dzieci w Afryce umierają .... / ....
4. III ***umierać*** || ***umrzeć*** / *swoi*	Nie trudno jest umrzeć .... / ....
5. ***upominać się*** || ***upomnieć się*** / *ukochany syn*	Potrafiła się upomnieć .... / .... u każdego, kto czyniłby mu krzywdę.
6. ***urządzać*** || ***urządzić*** coś / *rodzice*	Z prawdziwą przyjemnością urządzał .... / .... kolejne jubileusze.
7. ***ustawać*** || ***ustać*** / *upały*	W czasie letniej kanikuły ludzie ustawali .... / ....
8. ***ustawiać*** || ***ustawić*** coś / *półki*	Wreszcie ustawiłem wszystkie książki .... / ....
9. ***ustępować*** || ***ustąpić*** komuś / *miejsce*	Uwielbiałem ustępować staruszkom .... / .... w środkach lokomocji miejskiej.
10. ***uzupełniać*** || ***uzupełnić*** coś / *kolejne przypisy*	Uzupełniał swoje teksty .... / ....

TABELA VI

litera w

wieszać || ***powiesić*** *coś*	do czegoś (+D.)	w czymś (+Msc.)
I ***wjeżdżać*** || ***wjechać***	czymś (+N.)	na czymś (+Msc.)
II ***wjeżdżać*** || ***wjechać***	do czegoś (+D.)	w coś (+B.)
III ***wjeżdżać*** || ***wjechać***	w coś (+B.)	na coś (+B.)
wkładać || ***włożyć***	do czegoś (+D.)	w coś (+B.)
włączać || ***włączyć****; w znaczeniu 'zacząć brać udział w jakichś działaniach'*	do czegoś (+D.)	*rzadko*: w coś (+B.)
wołać || –*; w znaczeniu 'głośno prosić o coś, domagać się, żądać'*	o coś (+D.)	*rzadko*: czegoś (+D.)
wozić || –*; te same połączenia dla czasownika* ***wieźć****'*	czymś (+D.)	na czymś (+Msc.)
wpadać || ***wpaść***	do czegoś (+D.)	w coś (+B.)
wpływać || ***wpłynąć***	do czegoś (+D.)	w coś (+B.)

I ***wpuszczać* || *wpuścić***	czymś (+N.)	przez coś (+B.)
II ***wpuszczać* || *wpuścić***; *w znaczeniu 'wkładać coś do wnętrza czegoś'*	do czegoś (+D.)	w coś (+B.)
***wracać* || –**; *w znaczeniu 'podejmować ponownie przerwane działania'*	czymś (+N.)	w czymś (+Msc.)
wrzucać* || *wrzucić	do czegoś (+D.)	w coś (+B.)
wskakiwać* || *wskoczyć	do czegoś (+D.); *dotyczy tworów natury*	w coś (+B.); *rzadko; gdy dotyczy tworów natury oraz, gdy wymienia się konkretny pojazd, np. numer autobusu, tramwaju lub taksówkę; przykłady – wskoczyć w ósemkę, wskoczyć w taksówkę*
wybierać* || *wybrać *kogoś; połączenia alternatywne dotyczą np. wyboru do sejmu / wyboru na sejm*	do czegoś (+D.)	na coś (+B.)
I ***wychodzić* || *wyjść***	naprzeciw kogoś (+D.)	naprzeciw komuś (+C.)
II ***wychodzić* || *wyjść***	naprzeciw czegoś (+D.)	naprzeciw czemuś (+C.)
wycierać* || *wytrzeć	czymś (+N.)	w coś (+B.)
wygrywać* || *wygrać	coś (+B.)	w czymś (+B.)
I ***wyjeżdżać* || *wyjechać***	to samo co I ***wychodzić* || *wyjść***	to samo co I ***wychodzić* || *wyjść***
II ***wyjeżdżać* || *wyjechać***	to samo co II ***wychodzić* || *wyjść***	to samo co II ***wychodzić* || *wyjść***
wykonywać* || *wykonać *coś*	w czymś (+Msc.)	z czegoś (+D.)
wylatywać* || *wylecieć	czymś (+N.)	przez coś (+B.)
wyskakiwać* || *wyskoczyć	czymś (+N.)	przez coś (+B.)
I ***wzywać* || *wezwać***	czegoś (+N.)	na coś (+B.)
II ***wzywać* || *wezwać***	jako kogo (+B.)	na kogo (+B.)

ZADANIE UTRWALAJĄCE 13

Wpisz w miejsce kropek (kolumna B) właściwe połączenia składniowe dla czasowników podanych w kolumnie A. Wzór – jak w zadaniu numer 1.

A.	B.
1. ***wieszać* || *powiesić*** coś / *wspólna suszarnia*	Mieszkańcy bloku wieszali pranie .... / ....
2. I ***wjeżdżać* || *wjechać*** / *czołgi*	Rosjanie i zaprzyjaźnione wojska RWPG wjechały w 1968 roku .... / .... do Pragi.
3. II ***wjeżdżać* || *wjechać*** / *rzeka*	Kierowca wjechał samochodem .... / .... i nie mógł z niej wyjechać.
4. III ***wjeżdżać* || *wjechać*** / *drzewo*	Kierowca wyścigowy wjechał na pierwszym zakręcie .... / ....
5. ***wkładać* || *włożyć*** / *zamek*	Aby otworzyć drzwi, należy włożyć klucz .... / ....
6. ***wlewać* || *wlać*** / *karafka*	Tereso, wlej .... / .... więcej trunku, bo goście na pewno są spragnieni.
7. ***włączać* || *włączyć*** / *rozmowa*	Kiedy on się włącza .... / .... jego żona wychodzi z pokoju.
8. ***wołać* || –** / *sprawiedliwy podział*	Robotnicy wołali .... / .... dochodu narodowego.
9. ***wozić* || –** / *ciężarówka*	W pracy woził .... / .... tony piasku na różne budowy.
10. ***wpadać* || *wpaść*** / *rwąca woda*	Oglądając się za dziewczyną, spadłem z mostu i wpadłem .... / ....

ZADANIE UTRWALAJĄCE 14

Wpisz w miejsce kropek (kolumna B) właściwe połączenia składniowe dla czasowników podanych w kolumnie A. Wzór – jak w zadaniu numer 1.

A.	B.
1. ***wpływać* || *wpłynąć*** / *rozlewisko*	Dobrze, że ta brudna woda wpływa .... / ...., a nie do beczek z piwem.
2. I ***wpuszczać* || *wpuścić*** / *okno*	Gdzie te niegdysiejsze czasy, kiedy kobiety wpuszczały swych kochanków .... / ....
3. II ***wpuszczać* || *wpuścić*** / *spodnie*	Przed wyjściem na polowanie wpuszczała koszulę .... / ...., by podkreślić swoją znakomitą sylwetkę.
4. ***wracać*** || – / *myśli*	Próbowała się śmiać, ale już po upływie kilku minut wracała .... / .... do strasznej tragedii, która wydarzyła się rok temu.
5. ***wrzucać* || *wrzucić*** / *woda*	Wrzucał kamyki .... / .... i obserwował reakcję pływających w niej ryb.
6. ***wskakiwać* || *wskoczyć*** / *głęboki rów*	Wskoczył .... / .... i myślał, że nikt go tam nie znajdzie.
7. ***wybierać* || *wybrać*** kogoś / *sejm*	I znowu wybraliśmy .... / .... pieniaczy i kłótliwych pseudopolityków.
8. I ***wychodzić* || *wyjść*** / *goście*	Nie oczekiwał na nich w pokoju lecz wyszedł .... / .... aż do bram pałacu.
9. I ***wychodzić* || *wyjść*** / *orszak weselny*	Mimo ciężkiej choroby, niedołężny dziedzic wyszedł .... / .... aż na ganek swego dworu.
10. ***wycierać* || *wytrzeć*** / *ręcznik*	Po stracie swego majątku płakała jak bóbr, więc służąca wycierała jej łzy .... / ....

ZADANIE UTRWALAJĄCE 15

Wpisz w miejsce kropek (kolumna B) właściwe połączenia składniowe dla czasowników podanych w kolumnie A. Wzór – jak w zadaniu numer 1.

A.	B.
1. ***wygrywać* || *wygrać*** / *kolejna gonitwa*	A nie mówiłem, że koń, na którego postawiłem wygra .... / ....
2. I ***wyjeżdżać* || *wyjechać*** / *krewni*	Dziedzic nie oczekiwał na nich w swej posiadłości lecz wyjechał .... / .... aż do bram miasteczka.
3. II ***wyjeżdżać* || *wyjechać*** / *peleton*	Kibice nie czekali przy mecie lecz wyjechali .... / .... w kierunku ostatniej prostej.
4. ***wykonywać* || *wykonać*** coś / *glina*	Wykonywał swoje figurynki .... / .... i sprzedawał je na jarmarkach.
5. ***wylatywać* || *wylecieć*** / *komin*	Nie musisz być kominiarzem, by wiedzieć, że dym wylatuje .... / ....
6. ***wyskakiwać* || *wyskoczyć*** / *okno*	Nieobecność kota w domu oznacza, że wyskoczył on .... / ....
7. I ***wzywać* || *wezwać*** / *pomoc*	Rozbitkowie wzywali .... / ...., ale nikt nie usłyszał ich wołania.
8. I ***wzywać* || *wezwać*** / *świadek*	W tym procesie wezwano .... / .... również prezydenta kraju.

TABELA VII

litera z

zabezpieczać || *zabezpieczyć*	od czegoś (+D.)	przed czymś (+N.)
zaczynać || *zacząć (się); coś się zaczyna / coś się zacznie*	czymś (+N.)	od czegoś (+D.)
zakopywać || *zakopać*	w coś (+B.)	w czymś (+Msc.)
zapisywać || *zapisać coś*	do czegoś (+D.)	w czymś (+Msc.)
zapominać || *zapomnieć*	o czym (+Msc.)	czegoś (+D.) *a.* coś (+B.)
zastawać || *zastać kogoś*	na czymś (+Msc.)	przy czymś (+Msc.)
zastępować || *zastąpić kogoś*	przy czymś (+Msc.)	w czymś (+Msc.)
zatrzymywać || *zatrzymać kogoś*	na coś (+B.)	na czymś (+Msc.); *częściej niż zatrzymywać* || *zatrzymać kogoś na coś* (+B.)
zauważać || *zauważyć coś*	u kogoś (+D.)	w kimś (+Msc.)
zawozić || *zawieźć coś*	na czymś (+Msc.)	czymś (+N.)
zwalniać || *zwolnić kogoś; w zn. 'czynić kogoś wolnym od obowiązku, uwalniać od czegoś'*	od czegoś (+D.)	z czegoś (+D.)

ZADANIE UTRWALAJĄCE 16

Wpisz w miejsce kropek (kolumna B) właściwe połączenia składniowe dla czasowników podanych w kolumnie A. Wzór – jak w zadaniu numer 1.

A.	**B.**
1. ***zabezpieczać* || *zabezpieczyć*** / *zniszczenie*	Stare kamienice należy zabezpieczać .... / ....

2. ***zaczynać* || *zacząć (się)*** / *oberek*	Każda wiejska potańcówka w naszej wsi zaczynała się .... / ....
3. ***zakopywać* || *zakopać*** / *ziemia*	Niektóre zwierzęta zakopują swój pokarm .... / ....
4. ***zapisywać* || *zapisać*** / *notes*	Codzienne wydatki zapisuję .... / .... i dlatego jestem coraz bogatszy.
5. ***zapominać* || *zapomnieć*** / *twoje rady, twoje przestrogi*	Karolu, dałam ci dobre rady, udzieliłam ci przestróg, wytłumaczyłam ci wszystko. – Przepraszam, mamo. Zapomniałem ...., ... / ...., ... *a*. ...., ...
6. ***zastawać* || *zastać*** kogoś / *sprzątanie*	Zastaję cię kochanie ciągle .... / .... a w domu wieczny nieporządek?!
7. ***zastępować* || *zastąpić*** kogoś / *prace domowe*	Babcia zastępowała czasami mamę .... /........................... .
8. ***zatrzymywać* || *zatrzymać*** kogoś / *obiad*	Babcia lubiła też zatrzymywać nas .... / ....
9. ***zauważać* || *zauważyć*** coś / *każdy człowiek*	Z upływem czasu zauważamy .... / .... pewne zmiany fizyczne.
10. ***zawozić* || *zawieźć*** coś / *taczki*	Robotnicy zawożą na budowę piasek .... /.............................. .
11. ***zwalniać* || *zwolnić*** kogoś / *opłata*	Był tak biedny, że komisja zwolniła go .... /..................... za studia.

Ćwiczenia 1–16 opracowano na podstawie korpusu 1000 haseł czasownikowych, w: S. Mędak, *Praktyczny słownik łączliwości składniowej czasowników polskich*, Universitas 2011, wyd. II.

MIEĆ COŚ W JEDNYM PALCU
CIEKAWOSTKI FRAZEOLOGICZNE I CYTATY

UWAGA

W każdej jednostce lekcyjnej podajemy:
1. kilka związków frazeologicznych związanych z tematyką lekcji wraz z ich definicjami słownikowymi, albo:
2. kilka ciekawych cytatów.
Przeczytaj polecenie (poniżej) i wykonaj zadanie.

ZADANIE 17

Zinterpretuj w dwu – trzech zdaniach każdy z poniższych cytatów.

1.
CYTAT: ***Dawać samego siebie to więcej niż tylko dawać.***

2.
CYTAT: ***Dobieraj przyjaciół na jakość.***

3.
CYTAT: ***Nie warto nalewać nowego wina do starych butelek.***

4.
CYTAT: ***Wielu ludziom życie przepływa przez palce.***

5.
CYTAT: ***Czasami trzeba zaczynać od najskromniejszego szczęścia.***

CYTOWANE PUBLIKACJE

✦E. Awramiuk, *Systemowość polskiej homonimii międzyparadygmatycznej*, Wydawnictwo Uniwersyteckie, Białystok 1999.

✦ *Inny słownik języka polskiego*, red. Mirosław Bańko, PWN Warszawa 2000.

✦ E. Kołodziejek, *Walczymy z bykami*, Wydawnictwo Naukowe PWN, Warszawa 2010.

✦ L. Madelska, w: *Odkrywamy język polski*, Prolog Szkoła Języków Obcych, Kraków 2008, str. 26.

✦ S. Mędak, *Polski megatest*, Wydawnictwo LINGO, Warszawa 2012, II wyd. 2014.

✦ S. Mędak, *Język polski à la carte*, Wydawnictwo Uniwersytetu Jagiellońskiego, Kraków, 1995.

✦ S. Mędak, *Praktyczny słownik łączliwości składniowej czasowników polskich*, Universitas 2011, wyd. II.

✦ S. Mędak, *Co z czym?*, Universitas, Kraków 2002, str. 58–59; wyd. II, 2014.

✦ S. Mędak, *Słownik form koniugacyjnych czasowników polskich*, Wydawnictwo Univeristas, Kraków 2013, wyd. II.

✦ S. Mędak, *W świecie polszczyzny. Podręcznik do nauczania języka polskiego dla obcokrajowców. Poziom C2 – dla zaawansowanych*, Wydawnictwo Pedagogiczne ZNP, Kielce 2007.

✦ J. Miodek, *Słowo jest w człowieku. Poradnik językowy*, Wydawnictwo Dolnośląskie, Wrocław 2007.

✦ *Praktyczny słownik poprawnej polszczyzny PWN*, red. A. Markowski, PWN, Warszawa 1995.

✦ *Słownik poprawnej polszczyzny*, red. W. Doroszewski, PWN, Warszawa 1980, s. 163–164.

✦ M. Bańko, M. Krajewska, *Słownik wyrazów kłopotliwych PWN*, Wydawnictwo Naukowe PWN, Warszawa 1995.

✦ S. Szober, *Słownik poprawnej polszczyzny*, Wiedza, Warszawa 1948.

✦ *Wielki słownik poprawnej polszczyzny PWN*, red. A. Markowski, Wydawnictwo Naukowe PWN, Warszawa 2005.

SKRÓTY

cz.	– część
ćw.	– ćwiczenie / zadanie testowe
ekspr.	– ekspresywnie
książk.	– książkowe
l.m.	– liczba mnoga
l.p.	– liczba pojedyncza
łac.	– język łaciński, łacina
os.	– osoba
m.	– rodzaj męski
nij.	– rodzaj nijaki
mos.	– rodzaj męskoosobowy
nmos.	– rodzaj niemęskoosobowy
p.	– punkt
przestarz.	– przestarzałe
reg.	– regionalnie
r. ż.	– rodzaj żeński
s. / str.	– strona
str. / s.	– strona
syn.	– synonim
tab.	– tabela/(–ę)
teraź.	– teraźniejszy (czas)
w zn.	– znaczenie, w znaczeniu

SKRÓTY NAZW PRZYPADKÓW

M.	– mianownik
D.	– dopełniacz
C.	– celownik
B.	– biernik
N.	– narzędnik
Msc.	– miejscownik

LISTA PORADNI JĘZYKOWYCH W INTERNECIE

http://pogotowiejezykowe.home.pl/pj/page26.php

Poradnia językowa PWN
http://poradnia.pwn.pl/

Internetowa Poradnia Językowa Uniwersytetu Warszawskiego
http://ijp.uw.edu.pl/telefoniczna–i–internetowa–poradnia–jezykowa1

Telefoniczna i Internetowa Poradnia Językowa Instytutu Filologii Polskiej Uniwersytetu Wrocławskiego
http://www.uni.wroc.pl/uslugi/poradnie–szkoly–laboratoria/poradnia–jezykowa

Telefoniczna Poradnia Językowa Uniwersytetu Gdańskiego
http://www.univ.gda.pl/pl/ciekawe/?tpl=poradnia_jezykowa

Telefoniczna i Internetowa Poradnia Językowa Uniwersytetu Szczecińskiego
http://www.wf.usz.edu.pl/2013–01–11–09–58–37

Poradnia Językowa Uniwersytetu Śląskiego
http://www.poradniajezykowa.us.edu.pl/

Telefoniczna Poradnia Językowa Instytutu Filologii Polskiej Uniwersytetu im. Adama Mickiewicza w Poznaniu
http://www.polonistyka.amu.edu.pl/dla–absolwenta/dla–absolwenta/poradnie/poradnia językowa

Poradnia Językowa Katedry Języka Polskiego KUL
www.kul.pl/poradnia–jezykowa–katedry–jezyka–polskiego–kul,13137.html

KLUCZ DO ZADAŃ

LEKCJA 1

ZADANIE 1.A.1. nic, 1.A.2. nic, 1.A.3. niczym, 1.A.4. nic, 1.A.5. Nic, 1.A.6. niczym, 1.A.7. niczym, 1.A.8. niczemu, 1.A.9. niczego, 1.A.10. niczym *a.* nikim, 1.A.11. nic, 1.A.12. niczym *a.* nikim / 1.B.1. Nikogo, 1.B.2. nikim, 1.B.3. Nikogo, 1.B.4. nikomu, 1.B.5. Nikt, 1.B.6. nikim, 1.B.7. Nikt, 1.B.8. Nikogo, 1.B.9. nikim, 1.B.10. Nikt, 1.B.11. Nikt, 1.B.12. nikt. ZADANIE 2.1. Żaden, 2.2. Żadna, 2.3. Żadne, 2.4. Żadne, 2.5. żadne, 2.6. żadne, 2.7. żadnej, 2.8. żadnych, 2.9. żaden, 2.10. żadnych. ZADANIE 3 –. ZADANIE 4.1. Z nikim, 4.2. o niczym, 4.3. nikt, 4.4. w niczym, 4.5. Nikogo, 4.6. Od nikogo, 4.7. Niczego, 4.8. Niczego, 4.9. Za nikim, 4.10. Nic. ZADANIE 5.1. Do niczego, 5.2. o niczym, 5.3. dla nikogo, 5.4. z niczego, 5.5. o nikim, 5.6. na nikogo *a.* na nic, 5.7. o nikim, 5.8. z nikim, 5.9. na niczym. ZADANIE 6.1. niczym, 6.2. Niczym, 6.3. nic *a.* niczego, 6.4. nic *a.* niczego, 6.5. nic *a.* niczego, 6.6. niczym, 6.7. niczym, 6.8. nic, 6.9. Nic, 6.10. Nic *a.* Niczego. ZADANIE 7.1. Nikomu nie dałem twojego podręcznika..., 7.2. Nikogo nie spotkałam..., 7.3. Nikogo nie widziałam..., 7.4. Z nikim nie rozmawiałem..., 7.5. Niczego *a.* nic nie zrozumiałem..., 7.6. Moja siostra z nikim nie żyła...., 7.7. Niczego się nie boję..., 7.8. Nikogo nie poznałem...., 7.9. Niczego mi nie brakuje..., 7.10. Niczego (już) nie pragnę .... ZADANIE 8.1. Żaden *a.* Nikt, 8.2. żadnych, 8.3. żadnymi, 8.4. Żadna, 8.5. żadna, 8.6. Żadne, 8.7. Żadna, 8.8. żadnych, 8.9. żadni, 8.10. żadnymi.

LEKCJA 2

ZADANIE 1.2. zamykać klapę, zainwestować w plecak / w porządny stolik / unikać dużych wahań temperatury / zadbać o czystość, 1.3. trzymać go dwoma rękami / unikać miejsc zapylonych i wilgotnych / odczekać chwilę, aż się zaaklimatyzuje, 1.4. zrezygnować z jedzenia, 1.5. robić. ZADANIE 2.1. należy, 2.2. znać, 2.3. trzeba, 2.4. Nie przystoi, 2.5. Nie sposób, 2.6. szkoda, 2.7. Niepodobna, 2.8. nie wiadomo, 2.9. słychać, 2.10. warto, 2.11. nie można, 2.12. nie wolno, 2.13. widać. ZADANIE 3.1. Czuć go piwem *a.* Czuć od niego piwo *a.* piwem, 3.2. W tej restauracji można zjeść dobry obiad, 3.3. W autobusach należy ustępować miejsca osobom starszym, 3.4. Niepodobna było go przekonać do zmiany decyzji, 3.5. Nie przystoi eleganckim kobietom palić papierosy na ulicy, 3.6. W wielkich miastach nie sposób znaleźć wolne miejsce do garażowania, 3.7. W całej kamienicy słychać było codziennie kłótnie rodziców, 3.8. W telewizji słychać ciągle o politykach, 3.9. Szkoda nam będzie tego człowieka, 3.10. Trzeba jej spokoju i odpoczynku, 3.11. Warto poświęcić czas na naukę, 3.12. Nic mi nie wiadomo było o zmianie czasu, 3.13. Widać było po jej oczach, że cierpi *a.* cierpiała, 3.14. Jemu wszystko będzie wolno, 3.15. Znać po nim, że się boi. ZADANIE 4.1. Należało, 4.2. niepodobna było, 4.3. Niepodobna było, 4.4. Nie sposób było, 4.5. Szkoda ... było, 4.6. trzeba było, 4.7. Trzeba było, 4.8. Warto było, 4.9. Wiadomo było, 4.10. Wolno ... było, 4.11 znać było. ZADANIE 5.–. ZADANIE 6.1. nie sposób, 6.2. wolno, 6.3. nie można *a.* nie sposób, 6.4. trzeba, 6.5. trzeba, 6.6. wiadomo, 6.7. warto, 6.8. można, 6.9. należy,

6.10. widać / słychać, 6.11. słychać, 6.12. widać, 6.13. szkoda, 6.14. widać, 6.15. będzie widać *a.* będzie znać, 6.16. będzie widać *a.* będzie znać, 6.17. będzie czuć, 6.18. można było, 6.19. słychać było, 6.20. przystało, 6.21. czuć ... było, 6.22. czuć ... było, 6.23. słychać było, 6.24. Trzeba było, 6.25. widać było *a.* znać było. ZADANIE 7.1. trzeba, 7.2. warto, 7.3. można, 7.4. widać, 7.5. można, 7.6. wiadomo, 7.7. nie przystoi, 7.8. czuć, 7.9. wiadomo, 7.10. warto, 7.11. nie sposób *a.* nie można, 7.12. będzie słychać, 7.13. będzie wolno *a.* wolno będzie, 7.14. słychać było *a.* było słychać, 7.15. było słychać. ZADANIE 8.1. szkoda było, 8.2. warto było, 8.3. było widać, 8.4. czuć było, 8.5. wiadomo było, 8.6. wolno ... było, 8.7. słychać było, 8.8. trzeba było, 8.9. znać było, 8.10. można było *a.* wolno było. ZADANIE 9.1.Niepodobna będzie, 9.2. wolno będzie, 9.3. czuć będzie *a.* będzie czuć, 9.4. będzie ... szkoda *a.* szkoda ... będzie, 9.5. trzeba będzie, 9.6. będzie słychać *a.* słychać będzie, 9.7. wiadomo będzie *a.* będzie wiadomo, 9.8. nie sposób będzie, 9.9. będzie wiadomo *a.* wiadomo będzie, 9.10. będzie widać *a.* widać będzie, 9.11. stać ... będzie *a.* będzie ... stać.

LEKCJA 3

ZADANIE 1.1. doznajemy / doznawajcie, 1.2. oddają / oddawajcie, 1.3. poznaję / poznawajcie, 1.4. przyznają się / się przyznawajcie, 1.5. się rozstajemy / się rozstawajcie, 1.6. staje się / stawaj się, 1.7. uznajemy / uznawajcie, 1.8. wdają się / wdawaj się, 1.9. wyznaję / wyznawaj, 1. 10 zeznaje / zeznawaj. ZADANIE 2.1 h, 2.2. a, 2.3. g, 2.4. e, 2.5. d, 2.6. i, 2.7. b, 2.8. f, 2.9. c. ZADANIE 3.1. j, 3.2. g, 3.3. c, 3.4. b, 3.5. a, 3.6. h, 3.7. i, 3.8. e, 3.9. d, 3.10. f. ZADANIE 4.1. c, 4.2. h, 4.3. d, 4.4. f, 4.5. b, 4.6. a, 4.7. e, 4.8. g. ZADANIE 5. –. ZADANIE 6.1. płacze, 6.2. karzemy, 6.3. kąpie, 6.4. pisze się, 6.5. szepcze, 6.6. śpi, 6.7. stoi, 6.8. dajemy, 6.9. rwie, 6.10. ślę. ZADANIE 7.1. bierze, 7.2. chwieje się, 7.3. czeszą się, 7.4. doznajemy, 7.5. się ... dzieje, 7.6. dziobią, 7.7. gdacze *a. rzad.* gdaka, 7.8. grzeje, 7.9. guzdrze się *a.* guzdra się, 7.10. kapie. ZADANIE 8.1. kopią, 8.2. kraczą, 8.3. leje, 8.4. liże, 8.5. maże, 8.6. orze, 8.7. płączemy, 8.8. płuczę, 8.9. poznaje, 8.10. piorę. ZADANIE 9.1. skacze, 9.2. stają, 9.3. sypią, 9.4. śmiejemy się, 9.5. wieje, 9.6. wiążą, 9.7. wyznaję, 9.8. zeznaje, 9.9. zostaję, 9.10. żebrze. ZADANIE 10.1. każe, 10.2. poślemy, 10.3. prześpię się, 10.4. przestanie, 10.5. się rozbiorę, 10.6. się stanie, 10.7. się wyśpisz, 10.8. zastanę, 10.9. zbiorę, 10.10. zostaniesz.

LEKCJA 4

ZADANIE 1.1. bracia, 1.2. chrzty, 1.3. dzieci, 1.4. księża, 1.5. książęta, 1.6. ojcowie, 1.7. oczy, 1.8. przyjaciele, 1.9. tygodnie, 1.10. uszy. ZADANIE 2.1. bracia, 2.2. braćmi, 2.3. braci, 2.4. chrzcie, 2.5. chrztu, 2.6. chrzcie, 2.7. ludziom, 2.8. ludzi, 2.9. człowieka, 2.10. czci, 2.11. czcią, 2.12. czcią, 2.13. czci, 2.14. czci. ZADANIE 3.1. tchu, 3.2. tchu, 3.3. tchem, 3.4. tchu, 3.5. dzieci, 3.6. Dzieci, 3.7. dzieckiem, 3.8. dzieci, 3.9. dzieci, 3.10. dziećmi, 3.11. księdzu, 3.12. księdza, 3.13. księżmi, 3.14. księża, 3.15. księża. ZADANIE 4.1. książęta, 4.2. książąt, 4.3. Książę, 4.4. księciu, 4.5. nadludźmi, 4.6. nadczłowiekiem, 4.7. nasienie, 4.8. nasion, 4.9. ojcu, 4.10. ojcach, 4.11. ojcem, 4.12. ojcu, 4.13. ojcem. ZADANIE 5.1. oczu, 5.2. oczy, 5.3. oczach, 5.4. oka, 5.5. przyjaciele, 5.6. przyjaciół, 5.7. przyjaciółmi, 5.8. przyjaciół, 5.9. przyjaciółmi, 5.10. przyjaciołach. ZADANIE 6.1. rok, 6.2. latami, 6.3. lata, 6.4. lat, 6.5. tygodniami (w zn. *'bardzo długo'*) *a.* tydzień (w zn. *'jeden tydzień'*), 6.6. tygodnia, 6.7. tydzień, 6.8. tygodni, 6.9. uszu, 6.10. uszy, 6.11. ucho, 6.12. uszu, 6.13. uszy, 6.14. uszach, 6.15. Zioła, 6.16. ziele, 6.17. Ziołami. ZADANIE 7. – .

ZADANIE 1.1. mąż / mężu, 1.2. mężami, 1.3. mąż / mężem, 1.4. mężowie, 1.5. męża / mąż, 1.6. mężów. ZADANIE 2.1. kwiaty / kwiecie, 2.2. sąsiada / sąsiedzie, 2.3. lato / lecie, 2.4. obiadu / obiedzie, 2.5. światów / świecie, 2.6. wiatru / wietrze, 2.7. miasto / mieście, 2.8. ciasto / cieście. ZADANIE 3.1. pokoi, 3.2. szyi, 3.3. klubie, 3.4. blasze, 3.5. musze, 3.6. uszy, 3.7. sadzie, 3.8. Szwedzi. ZADANIE 4.1. strefie, 4.2. Bogu, 4.3. fladze, 4.4. wadze, 4.5. biologiem, 4.6. prologiem, 4.7. człowiekiem, 4.8. Polakiem, 4.9. ręce, 4.10. szkole, 4.11. szatanie, 4.12. chłopie, 4.13. sklepie, 4.14. reżyserzy. ZADANIE 5.1. Włoch / Włosi, 5.2. oszust / oszuści, 5.3. Hindus / Hindusi, 5.4. absolwent / absolwenci, 5.5. błazen / błaźni, 5.6. mężczyzna / mężczyźni, 5.7. bóg / bogowie, 5.8. biolog / biolodzy, 5.9. reżyser / reżyserzy, 5.10. mnich / mnisi. ZADANIE 6.1. olbrzymem / olbrzymie, 6.2. detektywem / detektywie, 6.3. Francuzem / Francuzie, 6.4. pomysł / pomyśle, 6.5. arbuz / arbuzie, 6.6. bliznę / bliźnie, 6.7. turkusa *a.* turkusu / turkusie, 6.8. hasło / haśle, 6.9. krzesło / krześle, 6.10. sośnie, 6.11. wiosny / wiośnie, 6.12. moment / momencie, 6.13. gniazdo / gnieździe, 6.14. gwieździe, 6.15. Drzazga / drzazdze, 6.16. Miazga / miazdze, 6.17. rózga / rózdze, 6.18. polszczyzna / polszczyźnie. ZADANIE 7.1. deski / desek, 7.2. diabeł / diabła, 7.3. dziadek / dziadka, 7.4. Józek / Józka, 7.5. kocioł / kotła, 7.6. kozioł / kozła, 7.7. krew / krwi, 7.8. marchew / marchwi, 7.9. minister / ministra, 7.10. nurek / nurka, 7.11. osioł / osła, 7.12. palec / palca, 7.13. piesek / pieska, 7.14. proszek / proszku, 7.15. sznurek / sznurka, 7.16. widelec / widelca, 7.17. Wiedeń / Wiednia. ZADANIE 8.1. brzoza / brzóz, 8.2. chłopiec / chłopca, 8.3. dąb / dębu, 8.4. dwór / dworu, 8.5. głupiec / głupca, 8.6. gołąb / gołębia, 8.7. Kraków / Krakowa, 8.8. lasek / lasku, 8.9. lód / lodu, 8.10. mąż / męża, 8.11. miesiąc / miesięcy, 8.12. Niemiec / Niemca, 8.13. ojciec / ojca, 8.14. Paweł / Pawła, 8.15. pies / psa, 8.16. robota / robót, 8.17. róg / rogu, 8.18. sen / snu, 8.19. sobota / sobót, 8.20. stół / stołu, 8.21. środa / śród, 8.22. uczeń / ucznia, 8.23. wujek / wujka, 8.24. ząb / zęba. ZADANIE 9.1. aniele, 9.2. cieście, 9.3. gałęzi, 9.4. gnieździe, 9.5. kościele, 9.6. lecie, 9.7. mieście, 9.8. obiedzie, 9.9. popiele, 9.10. sąsiedzie. ZADANIE 10.1. objeździe, 10.2. odjeździe, 10.3. podjeździe, 10.4. pojeździe, 10.5. przejeździe, 10.6. przyjeździe, 10.7. rozjeździe, 10.8. wjeździe, 10.9. wyjeździe, 10.10. zajeździe, 10.11. zjeździe. ZADANIE 11.1. absolwencie, 11.2. aniele, 11.3. Biolodzy / biologiem, 11.4. bliźnie, 11.5. błaźnie, 11.6. Boże / Boże / Bogu / Boga / Bogów, 11.7. chłopie, 11.8. człowiekiem, 11.9. Francuza / Francuzie, 11.10. gniazda / gnieździe. ZADANIE 12.1. Gniezna / Gnieźnie, 12.2. Hindusa / Hindusie, 12.3. Kaszuba / Kaszubie, 12.4. muchy / musze, 12.5. olbrzymem / olbrzymie, 12.6. oszuście, 12.7. pokoju / pokoi, 12.8. Polaka / Polacy, 12.9. pomysłu / pomyśle, 12.10. reżysera / reżyserze. ZADANIE 13.1. ręce / ręce, 13.2. sadu / sadzie, 13.3. szatanie, 13.4. szefa / szefie, 13.5. Szweda / Szwedzi, 13.6. szyi, 13.7. ucho / uszu, 13.8. wagę / wadze, 13.9. wiosny / wiośnie, 13.10. Włocha / Włosi. ZADANIE 14.1. chłopca / chłopcami, 14.2. głupca / głupcem, 14.3. krwi / krwi, 14.4. Lasek / Lasku, 14.5. lodu / lód / lodzie, 14.6. Niemca, 14.7. Ojca,14.8. Pawła, 14.9. psa, 14.10. rogu, 14.11. Snu, 14.12. stołu, 14.13. ucznia, 14.14. wujka. ZADANIE 15.1. gnieździe, 15.2. lecie, 15.3. mieście, 15.4. najeździe, 15.5. obiadu / obiedzie, 15.6. objeździe, 15.7. odjeździe, 15.8. podjeździe, 15.9. przejeździe, 15.10. przyjeździe, 15.11. robót, 15.12. rozjeździe, 15.13. sąsiedzie, 15.14. sobót, 15.15. wjeździe, 15.16. wyjeździe, 15.17. zajeździe, 15.18. zjeździe. ZADANIE 16.1. wierze, 16.2. gazecie, 16.3. rybie, 16.4. operze, 16.5. ranie, 16.6. szkole, 16.7. zimie, 16.8. kasie, 16.9. kozie, 16.10. wodzie. ZADANIE 17.1. pielusze, 17.2. rózdze, 17.3. gwieździe, 17.4. nodze, 17.5. Polsce, 17.6. bluzce, 17.7. monarsze, 17.8. kawie, 17.9. szafie, 17.10. rzece. ZADANIE 18.1. *Idiocie*, 18.2. maszyniście, 18.3. humaniście, 18.4. pianiście, 18.5. astronaucie, 18.6. artyście, 18.7. koledze,

18.8. komuniście, 18.9. rowerzyście, 18.10. iluzjoniście. ZADANIE 19.1. przekazie, 19.2. kocie, 19.3. serze, 19.4. nosie, 19.5. lodzie, 19.6. dymie, 19.7. ośle, 19.8. Janie, 19.9. dębie, 19.10. obrazie. ZADANIE 20.1. oknie, 20.2. piwie, 20.3. prawie, 20.4. drzewie, 20.5. cieście, 20.6. mieście, 20.7. filozofie, 20.8. zajeździe, 20.9. gnieździe, 20.10. objeździe. ZADANIE 21.1. garderobie, 21.2. rybie, 21.3. mięsie, 21.4. Piśmie, 21.5. górze, 21.6. stadzie, 21.7. dyktandzie, 21.8. maśle, 21.9. kotlecie, 21.10. żelazie. ZADANIE 22.–.

LEKCJA 6

ZADANIE 1.1. mysz kościelna, 1.2. głupi jak gęś, 1.3. odważny jak lew, 1.4. zdrów (zdrowy) jak koń, 1.5. potulny jak baranek, 1.6. dumny jak paw, 1.7. głupi jak but, 1.8. płaski jak stół, 1.9. lekki jak piórko, 1.10. powolny jak ślimak. ZADANIE 2.1. Śnieg jest bielszy od lilii białej, 2.2. Chory jest bledszy od człowieka zdrowego, 2.3. Włosy są cieńsze od makaronu, 2.4. Sierpień jest cieplejszy od września, 2.5. Szkarłat jest czerwieńszy od karminu, 2.6. Morze Białe jest czystsze *a.* czyściejsze od Morza Czarnego, 2.7. Wisła jest dłuższa od Odry, 2.8. Diament jest droższy od rubinu, 2.9. Planeta HD 2039 b jest gorętsza od Słońca, 2.10. Gołębie są mądrzejsze od papug. ZADANIE 3.1. Odpoczynek jest milszy od pracy, 3.2. Krzewy są niższe od drzew, 3.3. Nokturny są smutniejsze od requiem, 3.4. Sądy są sroższe od policji, 3.5. On jest śmielszy od niej, 3.6. Ona jest tęższa od niego, 3.7. Polska jest uboższa od Niemiec, 3.8. Kanał Panamski jest węższy od Kanału Sueskiego, 3.9. Moje oczy są zieleńsze od twoich, 3.10. Luty jest zimniejszy od marca. ZADANIE 4.1. bogaci Amerykanie, 4.2. cisi uczniowie, 4.3. Czyści pacjenci, 4.4. dalecy krewni, 4.5. Dobrzy dyrektorzy, 4.6. Dorośli mężczyźni, 4.7. drodzy wujkowie, 4.8. duzi klauni, 4.9. lepsi kandydaci, 4.10. Mali kuzyni, 5.11. Młodzi piekarze, 5.12. Polscy panowie, 5.13. Przyjaźni hotelarze, 5.14. Weseli muzykanci, 5.15. Wyzwoleni chłopi, 5.16. Zadowoleni bracia. ZADANIE 5.1. cudzy osobnicy, 5.2. głupi ludzie, 5.3. olbrzymi władcy, 5.4. świeży doktorzy *a. rzad.* doktorowie, 5.5. władczy rycerze. ZADANIE 6.1. zły, 6.2. Źli, 6.3. Złego, 6.4. złych, 6.5. Złemu, 6.6. Złym, 6.7. Złego, 6.8. złych, 6.9. złym, 6.10. Złymi, 6.11. złym, 6.12. złych. ZADANIE 7.1. dobrzy, 7.2. dobrych, 7.3. Dobrym, 7.4. dobrych, 7.5. dobrymi, 7.6. dobrych, 7.7. dobrzy. ZADANIE 8.1. gorszy / najgorszy, 8.2. gorsza / najgorsza, 8.3. gorsze / najgorsze, 8.4. gorsi / najgorsi, 8.5. gorsze / najgorsze. ZADANIE 9. –. ZADANIE 10.1. brzydszego, 10.2. bardziej oniemiałego, 10.3. bardziej gorzkiego, 10.4. mocniejszego, 10.5. bardziej zajętego, 10.6. przyjemniejszego, 10.7. ognistszego, 10.8. świeższego, 10.9. twardszego, 10.10. bardziej łysego. ZADANIE 11.1. bledsza *a.* bladsza, 11.2. bardziej chora, 11.3. dzikszy, 11.4. elegantsze, 11.5. bardziej kolorowe, 11.6. bardziej łysych, 11.7. bardziej malowniczym, 11.8. bardziej męski, 11.9. bardziej mokry, 11.10. bardziej płaskim. ZADANIE 12.1. bardziej przezroczysta, 12.2. najbardziej schorowanych, 12.3. bardziej słony, 12.4. bardziej stanowcza, 12.5. śmielszy, 12.6. bardziej typowe, 12.7. weselszy, 12.8. bardziej wypoczęty, 12.9. bardziej zadowolona, 12.10. bardziej zmęczona. ZADANIE 13.1. brzydszy, 13.2. cięższe, 13.3. dalszych, 13.4. giętszą, 13.5. gładszą, 13.6. głębszych, 13.7. krótsze, 13.8. płytsza, 13.9. prędszego, 13.10. rzadsze, 13.11. słodsze, 13.12. szerszy. ZADANIE 14.1. dobrze, 14.2. dobra, 14.3. dobrze, 14.4. dobrze, 14.5. dobrze, 14.6. dobrze / źle, 14.7. dobry / dobrze, 14.8. Najlepsza, 14.9. lepszego, 14.10. złe, 14.11. dobrze, 14.12. dobrych / złych, 14.13. źle / dobrze, 14.14. najlepszych, 14.15. dobrze. ZADANIE 15.1. złe, 15.2. złe, 15.3. złe, 15.4. źle, 15.5. źle, 15.6. złe, 15.7. lepszą (gorszą), 15.8. lepiej (gorzej), 15.9. zły, 15.10. zły. ZADANIE 16.1. Czesi / przyjaźni, 16.2. Polacy / bogaci, 16.3. uczniowie / cisi,

16.4. młodzi amanci, 16.5. anielscy lotnicy, 16.6. dalecy krewni, 16.7. dorośli synowie, 16.8. źli ludzie, 16.9. drodzy wujkowie, 16.10. lepsi.

LEKCJA 7

ZADANIE 1.3. –, 1.4. na trawie, 1.5. na jakimś drzewie, 1.6. na Mazurach, 1.7. –, 1.8. na polu, 1.9. –, 1.10. na deszczu, 1.11. w małym, niebieskim domu, 1.12. –, 1.13. na rozglądaniu się, 1.14. –, 1.15. –, 1.16. po schodach, 1.17. –, 1.18. –, 1.19. –, 1.20. –, 1.21. –, 1.22. –, 1.23. –, 1.24. na omszałych kamiennych schodkach, 1.25. –, 1.26. –, 1.27. na kółkach, 1.28. na głowie, od 1.29. do 1.35. –. ZADANIE 2.1. być w kawiarni i pić kawę, 2.2. zawrzeć znajomość z kimś podczas urlopu, 2.3. zachowywać się cicho, 2.4. podpora stojącego kieliszka, 2.5. używać masła do smażenia czegoś, 2.6. grać, 2.7. moknąć, 2.8. plotkować, 2.9. pracować i mieć stałą kwotę zapłaty, 2.10.być poza pomieszczeniem zamkniętym. ZADANIE 3.1. informować kogoś na temat wypadku, 3.2. mieć dużo informacji na temat sąsiada, 3.3. wstawać zawsze o tej samej porze, 3.4. dziewczynka, która ma rude włosy, 3.5. narkotyk skuteczny, 3.6. iść spać bez spożywania posiłku, 3.7. wspaniały prezydent, 3.8. mieć chorobę nóg, 3.9. być bardzo biednym, 3.10. mocne perfumy. ZADANIE 4.1. wyruszyć do różnych punktów świata, 4.2. korzystać z ubrań siostry, 4.3. odwiedzać często sąsiadów, 4.4. zaproponować każdemu z gości jeden kieliszek wina, 4.5. wypić jedno piwo, 4.6. desperować po starcie męża, 4.7. poprawiać błędy kogoś innego, 4.8. życie już mnie nie interesuje, 4.9. godzina szósta pięć, 4.10. nie wstawać, 4.11 coś zostało zakończone, 4.12 mieć charakter jak ojciec, 4.13 spotkać się, kiedy minie rok, 4.14 puszka, w której było piwo. ZADANIE 5.1. obok hotelu, 5.2. chwalić się w obecności wszystkich, 5.3. opiekować się chorymi i lubić to, 5.4. myśleć tylko o osobie, z którą się jest, 5.5. naprawiać, sprzątać itd. samochód, 5.6. zrobić coś, mając wsparcie najbliższych, 5.7. pełnić jakieś wysokie stanowisko, 5.8. być szatynem o jasnej twarzy. ZADANIE 6.1. pracować dla wojska, 6.2. nosić kapelusz, 6.3. być zranionym, 6.4. być niezadowolonym, 6.5. usilnie marzyć, 6.6. gniewać się na kogoś / na coś, 6.7. jeść, nic nie mówiąc, 6.8. witać kogoś, szybko się mijając, 6.9. oszczędzać, 6.10. być poza domem, jechać. ZADANIE 7. – . ZADANIE 8.1. jeden but na lewej nodze, 8.2. drugi but na prawej nodze, 8.3. kapelusz na głowie, 8.4. okulary na nosie, 8.5. sygnet na palcu wskazującym, 8.6. plecak na plecach, 8.7. kolczyk w prawym uchu, 8.8. naszyjnik na szyi, 8.9. zegarek na ręce, 8.10. opaskę na czole. ZADANIE 9.1. jabłko w cieście, 9.2. karp w galarecie, 9.3. kluski na parze wodnej, 9.4. kotlet schabowy w panierce, 9.5. królik w sosie własnym, 9.6. raki gotowane w śmietanie, 9.7. śledzie w zalewie octowej *a.* śledzie marynowane w zalewie octowej, 9.8. śledzie w oleju, 9.9. wołowina w sosie chrzanowym, 9.10. żeberka w piwie *a.* na piwie. ZADANIE 10.1. można patrzeć w osłupieniu, 10.2. można pisać w skupieniu, 10.3. można ukłonić się komuś w biegu, 10.4. można robić coś w zamyśleniu, 10.5. można żyć w nędzy, 10.6. można żyć w samotności, 10.7. można żyć w nienawiści, 10.8. można żyć w uwielbieniu czegoś / kogoś, 10.9. można zapomnieć coś w roztargnieniu, 10.10. można tankować paliwo w locie. ZADANIE 11.1. o stalowych nerwach 11.2. o złocistym futerku, 11.3. o ładnym zapachu, 11.4. o artystycznej duszy, 11.5. o wielkim sercu, 11.6. o wielkiej wiedzy, 11.7. o dziwnym wyglądzie, 11.8. o żywej akcji, 11.9. o długości dziesięciu kilometrów, 11.10. o silnym działaniu. ZADANIE 12.1. po (swojej) mamie, 12.2. po babci, 12.3. po Omoruskim, 12.4. po przodkach, 12.5. po mamie, 12.6. o starszym bracie, 12.7. po (zmarłych) rodzicach, 12.8. Po jednym dyktatorze, 12.9. po bogatej cioci, 12.10. po właścicielu. ZADANIE 13.1. o kulach, 13.2. o głodzie, 13.3. o własnych siłach, 13.4. o konserwach ... o sucharach, 13.5. w deszczu, 13.6. przy świetle lampy. ZADANIE 14.1. przy ciężko chorym dziecku,

14.2. przy młodych ludziach, 14.3. przy świadkach, 14.4. Przy wyjątkowej pozycji w rządzie, 14.5. Przy żonie, 14.6. przy swoich pupilach, 14.7. przy budowie, 14.8. Przy urodziwej siostrze, 14.9. przy mojej dziewczynie, 14.10. przy Agacie. ZADANIE 15.1. w gniewie, 15.2. w złości, 15.3. w bólu, 15.4. w rozpaczy, 15.5. w myślach, 15.6. w marzeniach, 15.7. w strachu, 15.8. w przyjaźni, 15.9. w obawie, 15.10. W napadzie / w ataku. ZADANIE 16.1. na, 16.2. po, 16.3. na, 16.4. w, 16.5. po, 16.6. w, 16.7. w, 16.8. przy, 16.9. we, 16.10. na, 16.11. po, 16.12. po, 16.13. po, 16.14. na, 16.15. po, 16.16. w, 16.17. po, 16.18. w, 16.19. po, 16.20. po.

LEKCJA 8

ZADANIE 1.1. a, 1.2. j, 1.3. b, 1.4. k, 1.5. i, 1.6. e, 1.7. c, 1.8. h, 1.9. f, 1.10. d, 1.11. g. ZADANIE 2.1. a, 2.2. d, 2.3. i, 2.4. g, 2.5. e, 2.6. f, 2.7. j, 2.8. c, 2.9. k, 2.10. h, 2.11. b. ZADANIE 3.1. f, 3.2. a, 3.3. b, 3.4. i, 3.5. j, 3.6. e, 3.7. g, 3.8. d, 3.9. c, 3.10. h. ZADANIE 4.1. h, 4.2. g, 4.3. i, 4.4. j, 4.5. a, 4.6. b, 4.7. c, 4.8. d, 4.9. e, 4.10. f, 4.11. k. ZADANIE 5.1. być [znajdować się] w powijakach, 5.2. być w błędzie, 5.3. być w proszku, 5.4. być w siódmym niebie, 5.5. chodzić z głową w chmurach, 5.6. dawać znać po sobie, 5.7. grać komuś na nerwach, 5.8. konać w mękach, 5.9. mieć coś na oku, 5.10. mieć (coś) w małym palcu. ZADANIE 6.1. mieć źle w głowie, 6.2. oszukiwać przy każdej sposobności, 6.3. poznawać kogoś po chodzie, 6.4. siedzieć komuś na karku, 6.5. siedzieć na dwóch (dwu) stołkach, 6.6. siedzieć na walizkach, 6.7. siedzieć w kieszeni u kogoś, 6.8. zapomnieć o bożym świecie, 6.9. zostać na lodzie, 6.10. żyć na wysokiej stopie. ZADANIE 7.1. i, 7.2. b, 7.3. k, 7.4. l, 7.5. ł, 7.6. a, 7.7. c, 7.8. d, 7.9. e, 7.10. j, 7.11. f, 7.12. g, 7.13. h. ZADANIE 8.1. j, 8.2. g, 8.3. d, 8.4. a, 8.5. b, 8.6. e, 8.7. c, 8.8. h, 8.9. i, 8.10. f. ZADANIE 9.1. g, 9.2. h, 9.3. b, 9.4. a, 9.5. c, 9.6. f, 9.7. j, 9.8. i, 9.9. d, 9.10. e. ZADANIE 10. –.

LEKCJA 9

ZADANIE 1.1. Antonim, 1.2. Marcelego / Antoniego, 1.3. Jerzemu, 1.4. Antonim / Marcelim, 1.5. Jerzy / Marcelego, 1.6. Antoniemu / Marcelemu, 1.7.Jerzym / Antonim. ZADANIE 2.1. biernika, 2.2. narzędnika, 2.3. miejscownika, 2.4. dopełniacza, 2.5. mianownika / dopełniacza, 2.6. mianownika / miejscownika, 2.7. biernika / dopełniacza, 2.8. celownika / dopełniacza, 2.9. celownika, 2.10. wołacza. ZADANIE 3.1. cichy, 3.2. kaczka, 3.3. kwiat, 3.4. Lublin, 3.5. malina, 3.6. Michał, 3.7. niedziela, 3.8. Paweł, 3.9. ryba, 3.10. Tomasz, 3.11. wesoły, 3.12. wiśnia, 3.13. wróbel, 3.14. wrzesień. ZADANIE 4.1. Kubiccy / Andrzejewskimi, 4.2. Andrzejewscy / Kubickim, 4.3. Wyspiańskiego / Wyspiańską, 4.4. Zawadzkich / Rudzkich, 4.5. Andrzejewskimi / Wiśniowiecką, 4.6. Wiśniowiecka / Potockich, 4.7. Kowalskiego, 4.8. Kowalskich / Wiśniowieckich. ZADANIE 5.1. nasi bliscy, 5.2. swoimi bliskimi, 5.3. moimi bliskimi, 5.4. jego bliskich, 5.5. jej bliskich, 5.6. twoi bliscy, 5.7. wasi bliscy, 5.8. Ich bliscy, 5.9. żadnych bliskich, 5.10. wszyscy bliscy. ZADANIE 6.1. wierni, 6.2. uczeni, 6.3. przełożeni, 6.4. piesi, 6.5. myśliwi, 6.6. głusi, 6.7. duchowni, 6.8. bliscy, 6.9. prawosławni, 6.10. motorniczowie. ZADANIE 7.1. śledczych, 7.2. rannych, 7.3. skazanych, 7.4. służących, 7.5. niewidomych, 7.6. poddanych, 7.7. niemych, 7.8. leśniczych, 7.9. budowniczych, 7.10. poszkodowanych. ZADANIE 8.1. śledczy / śledczych, 8.2. ślepi / ślepych, 8.3. uczeni / uczonych, 8.4. wierni / wiernych, 8.5. wikarzy *a.* wikarowie / wikarych, 8.6. wierzący / wierzących, 8.7.winni / winnych, 8.8. woźni / woźnych, 8.9. znajomi / znajomych. ZADANIE 9.1. bliźni postanowi, 9.2. Jeden chory patrzył, 9.3. Duchowny katolicki odbywa, 9.4. Garbaty nie lubi ... widzi, 9.5. Motorniczy dyskutował, 9.6. Niemy rozmawia,

9.7. Niewidomy pomagał innemu niewidomemu, 9.8. Przystojny oskarżony wyszedł ... z podniesioną głową, 9.9. pieszy sam wpadł, 9.10. Mój przełożony ... był człowiekiem, 9.11. jednego służącego, 9.12. jednym uczonym, który osiągnął, 9.13. Oburzony wierny ... demonstrował, 9.14. winny czuje się niewinnym, 9.15. stary znajomy staje się nowym obcym. ZADANIE 10. – . ZADANIE 11.1. Hilarego Majewskiego, 11.2. Makarego Kowalskiego, 11.3. Ambrożym *a.* Ambrożego / Konstantym ... Gałczyńskim, 11.4. Ignacemu Paderewskiemu, 11.5. Antoniego Kępińskiego, 11.6. Makarego Antiocheńskiego, 11.7. Cezarego ... Żeromskiego, 11.8. Jerzego Andrzejewskiego, 11.9. Onufrego ... Wołodyjowskiego. ZADANIE 12.1. Cichockimi, 12.2. Kwiatkowscy, 12.3. Lubelscy, 12.4. Malinowskich, 12.5. Michalscy, 12.6. Niedzielscy, 12.7. Pawłowskich, 12.8. Rybickich, 12.9. Tomaszewscy, 12.10. Wesołowskich. ZADANIE 13.1. Aleksy, 13.2. Antoni, 13.3. Arkady, 13.4. Gerwazy, 13.5. Horacy, 13.6. Idzi, 13.7. Ignacy, 13.8. Jerzy, 13.9. Ksawery, 13.10. Maurycy, 13.11. Walery. ZADANIE 14.1. bliscy, 14.2. Bliźni, 14.3. chorążowie, 14.4. chorzy, 14.5. duchowni, 14.6. Dyżurni, 14.7. gajowi, 14.8. głusi, 14.9. leśniczowie, 14.10. motorniczowie, 14.11. myśliwi. ZADANIE 15.1. niemych, 15.2. niewidomych, 15.3. niewiernych, 15.4. niewierzących, 15.5. Ociemniałymi, 15.6. oskarżeni, 15.7. piesi, 15.8. podchorążowie, 15.9. poddanymi, 15.10. podróżnych. ZADANIE 16.1. podwładnych, 16.2. poszkodowani, 16.3. prawosławnych, 16.4. przełożeni, 16.5. przewodniczący, 16.6. rabbich, 16.7. ranni, 16.8. salowi, 16.9. skazanych, 16.10. służących.

LEKCJA 10

ZADANIE 1.1. wypisują, 1.2. podpisują, 1.3. wypisują, 1.4. podpisują, 1.5. przepisują, 1.6. zapisują, 1.7. rozpisują. ZADANIE 2.1.A. będę opisywać / opisywał *a.* opisywała, 2.1.B. opisze, 2.2.A. opisywała, 2.2.B. opisał, 2.3.A. opisuj, 2.3.B. opisz, 2.4.A. opisujący, 2.5.A. opisywane, 2.5.B. opisane, 2.6.A. opisując, 2.7.B. Opisawszy, 2.8.A. opisywano, 2.8.B. opisano, 2.9.A. Opisywanie, 2.9.B.1. opisanie, 2.9.B.2. opis. ZADANIE 3.1. wynajdywać, 3.2. dodrukowywać, 3.3. zakazywać, 3.4. okazywać, 3.5. odnotowywać, 3.6. wypytywać, 3.7. zawiązywać, 3.8. dorównywać, 3.9. opracowywać, 3.10. opatrywać. ZADANIE 4.1. zasypywać, 4.2. dobudowywać, 4.3. nakazywać, 4.4. dofinansowywać, 4.5. rozpatrywać, 4.6. zwoływać, 4.7. odpytywać, 4.8. obdarowywać *a.* zasypywać, 4.9. rozczytywać się, 4.10. dochowywać. ZADANIE 5.1. wyczytywać, 5.2. dogadywać się, 5.3. zatrzymywać, 5.4. podpatrywać, 5.5. odwoływać, 5.6. widywać, 5.7. rozpatrywać, 5.8. dokazywać, 5.9. porównywać, 5.10. dosypywać, 5.11. zasypywać. ZADANIE 6.1. dodrukować coś, 6.2. dofinansować coś / kogoś – z czegoś, 6.3. dogadać się z kimś, 6.4. dopytać się o coś, 6.5. dorównać komuś czymś, 6.6. odpytać kogoś, 6.7. odwołać coś, 6.8. okazać komuś coś, 6.9. okłamać kogoś, 6.10. opatrzyć coś komuś. ZADANIE 7.1. opracować coś – pod jakimś względem, 7.2. podpatrzyć coś / kogoś, 7.3. porównać się z kimś / z czymś, 7.4. przekupić kogoś, 7.5. rozczytać się *rzad.* w czymś, 7.6. rozpatrzyć coś, 7.7. wychwycić coś – w czymś, 7.8. wyczytać coś – z czegoś, 7.9. wypytać kogoś o coś, 7.10, zakazać komuś czegoś, 7.11 zasypać kogoś czymś, 7.12 zawiązać komuś coś – czymś, 7.13 zwołać kogoś – na coś. ZADANIE 8.1. się rozpisałeś, 8.2. spisywało się, 8.3. zapisał się, 8.4. zapisać się, 8.5. spisała się, 8.6. zapisało się, 8.7. zapisało się, 8.8. spisali się. ZADANIE 9. – . ZADANIE 10.1. podpisuje się, 10.2. dopisaliśmy, 10.3. odpisaliśmy, 10.4. dopisuje, 10.5. przepisał, 10.6. opisaliśmy, 10.7. dopisaliśmy się, 10.8. odpisują, 10.9. opisaliśmy, 10.10. opisaliśmy. ZADANIE 11.1. się popisują, 11.2. się popisałeś *a.* się popisał, 11.3. przepisywać *a.* przepisać, 11.4. przepisują, 11.5. podpisują, 11.6. się ... popisał, 11.7. przepisać, 11.8. się podpisuje, 11.9. popisuje się, 11.10. podpisać. ZADANIE 12.1. przypisują, 12.2.

spisał się, 12.3. spisać, 12.4. przypisywali, 12.5. rozpisywać, 12.6. rozpisać, 12.7. rozpisać, 12.8. rozpisał, 12.9. się ... rozpisała, 12.10. spisać. ZADANIE 13.1. zapisać, 13.2. wpisują się *a.* wpisali się, 13.3. wpisywać, 13.4. wpisać, 13.5. się ... wpisać, 13.6. wypisałem się, 13.7. się wypisał, 13.8. się ... wypisałam, 13.9. zapisać, 13.10. wpisywała, 13.11. zapisałem *a.* zapisałam, 13.12. zapisać, 13.13. zapisała, 13.14. zapisała się. ZADANIE 14.1. c, 14.2. d, 14.3. e, 14.4. b, 14.5. a, 14.6. h, 14.7. g, 14.8. f. ZADANIE 15.1. c, 15.2. d, 15.3. j, 15.4. e, 15.5. b, 15.6. f, 15.7. a, 15.8. g, 15.9. h, 15.10. i. ZADANIE 16.1. b, 16.2. d, 16.3. c, 16.4. a, 16.5. e.

LEKCJA 11

ZADANIE 1.1. aniołowie / anioły / anieli, 1.2. berbeci / berbeciów, 1.3. błazny, 1.4. błaźni, 1.5. cerberzy, 1.6. cerbery, 1.7. czarodziei / czarodziejów, 1.8. człowieku / człowiecze, 1.9. człowieku / człowiecze, 1.10. faryzeusze / faryzeuszowie. ZADANIE 2.1. katu / katowi, 2.2. katy / kaci, 2.3. katu / katowi, 2.4. królów, 2.5. Króli, 2.6. majstrowie / majstrzy, 2.7. oszuści / oszusty, 2.8. tacie / tatowi, 2.9. zakrystianie / zakrystiani, 2.10. śmiecie / śmieci. ZADANIE 3.1. gronostai / gronostajów, 3.2. końmi / koniami, 3.3. końmi, 3.4. kundli / kundlów, 3.5. moli / molów, 3.6. orłu, 3.7. orłowi, 3.8. trutni / trutniów, 3.9. węży / wężów, 3.10. zajęcy / zająców. ZADANIE 4.1. awanse / awansy, 4.2. bobslei / bobslejów, 4.3. Organy / Organa, 4.4. Organy, 4.5. razu, 4.6. razu, 4.7. raza, 4.8. razy, 4.9. razów, 4.10. romanse / romansy; romanse / romansy. ZADANIE 5.1. studni / studzien, 5.2. sukni / sukien, 5.3. toreb / torb, 5.4. watasze / watażе, 5.5. Wielkanocy / Wielkiejnocy, 5.6. wsie / wsi, 5.7. willi / will, 5.8. wiśni / wisien, 5.9. zbroi / zbrój. ZADANIE 6.1. dłońmi / dłoniami, 6.2. gęb / gąb, 6.3. gęśmi / gęsiami, 6.4. kiśćmi / kiściami, 6.5. komeż / komż / komży, 6.6. kośćmi / kościami, 6.7. kośćmi, 6.8. kucheń / kuchni, 6.9. ościami / ośćmi, 6.10. pięści / pięście, 6.11. płcie / płci, 6.12 płcie / płci, 6.13. postaci / postacie, 6.14 postaci / postacie, 6.15. przepaści / przepaście. ZADANIE 7.1. dobru / dobrze, 7.2. państwu, 7.3. państwie, 7.4. pasmie / paśmie, 7.5. pasm / pasem, 7.6. ślepiów / ślepi, 7.7. uszu / uszów, 7.8. uch. ZADANIE 8.1. Bieszczad / Bieszczadów, 8.2. niebiosach / niebiesiech, 8.3. otrąb / otrębów, 8.4. sań / sani, 8.5. saniami / sańmi. ZADANIE 9. –.

LEKCJA 12

ZADANIE 1.1. stać na baczność, 1.2. stał przy sterze, 1.3. stoi na fundamentach, 1.4. stoi między piętrami, 1.5. Stoimy w korku, 1.6. stoi ... przy prezydencie, 1.7. stoją przed groźbą, 1.8. stać za robotnikami, 1.9. stoi na gazie ... na ropie, 1.10. stała nad ... złodziejem. ZADANIE 2.1. Każdy powinien dążyć do..., 2.2. Nie lubię się wtrącać do..., 2.3. Surowce wtórne przydają się do..., 2.4. Najszybciej decyduję się na..., 2.5. Każdy turysta w górach powinien uważać na..., 2.6. Reaguję agresywnie na..., 2.7. Bezrobotni mogą się ubiegać o..., 2.8. Pijany może się oprzeć o..., 2.9. Dorosłe dzieci powinny dbać o..., 2.10. Nie wolno wykraczać przeciw..., 2.11. Powinniśmy walczyć przeciw..., 2.12. Więźniowie się buntują przeciw..., 2.13. Nie wolno źle postępować przeciw..., 2.14. Nie warto uciekać przed..., 2.15. Starcy powinni się chronić przed..., 2.16. Trzeba się bronić przed..., 2.17. Przechodnie zatrzymują się przed..., 2.18. Lubię się wpatrywać w..., 2.19. Melodramat powinien obfitować w..., 2.20. Młodzi powinni się angażować w..., 2.21. Księża katoliccy ubierają się w..., 2.22. Nie lubię się naigrywać z..., 2.23. Lubię się śmiać z.... . ZADANIE 3.1. z ... staropanieńskich upodobań, 3.2. z pańskiej nieśmiałości, 3.3. z naiwnych czytelników, 3.4. z własnych wad, 3.5. z dziecięcej nieporadności, 3.6. z męskiej nieudolności, 3.7. z miernych wyników, 3.8. z dwóch kulawych, 3.9.

z moich błędów, 3.10. z własnych dzieci. ZADANIE 4.1. do prawdy, 4.2. do nastroju, 4.3. do tego, 4.4. do choroby (do chorób), 4.5. do mojej cery, 4.6. do żądań, 4.7. do mnie, 4.8. do osłabienia, 4.9. do powstawania, 4.10. do prac. ZADANIE 5.1. do podziału, 5.2. do ciemności, 5.3. do samotności, 5.4. do wszystkiego, 5.5. do innych celów, 5.6. do nich, 5.7. do wszystkich, 5.8. do czasów, 5.9. do dyskusji, 5.10. do decyzji, 5.11 do poziomu europejskiego, 5.12. do milczenia. ZADANIE 6.1. przeciw aborcji, 6.2. przeciw agresorowi, 6.3. przeciw hipokryzji, 6.4. przeciw ... kandydaturze, 6.5. przeciw niesprawiedliwości, 6.6. przeciw podwyższeniu, 6.7. przeciw prawu, 6.8. przeciw prezesowi, 6.9. przeciw regulaminowi, 6.10. przeciw temu, 6.11. przeciw trudnościom, 6. 12. przeciw wiatrakom. ZADANIE 7.1. w grzyby, 7.2. w suknię, 7.3. w futro, 7.4. w czoło, 7.5. w koniec, 7.6. w ten dół, 7.7. w tę dal, 7.8. w pokera, 7.9. w dżunglę, 7.10. w lustro. ZADANIE 8.1. na dobre rady, 8.2. na każdy dźwięk, 8.3. na ciągłą krytykę, 8.4. na miasto, 8.5. na moją sympatię, 8.6. na obiecaną pożyczkę, 8.7. na niego, 8.8. na ostateczną rozmowę, 8.9. na ostatni autobus, 8.10. na podchwytliwe pytania, 8.11. na świeże powietrze, 8.12. na ... zdanie. ZADANIE 9.1. o mnie, 9.2. o każdy szczegół, 9.3. o mur, 9.4. o nie, 9.5. o pozycję, 9.6. o stypendium, 9.7. o szacunek, 9.8. o tę posadę, 9.9. o tytuł, 9.10. o zdrowie. ZADANIE 10.1. przed silnym wiatrem, 10.2. przed każdą figurką, 10.3. przed matką, 10.4. przed wybojami, 10.5. przed każdym, 10.6. przed wspomnieniami, 10.7. przed gośćmi, 10.8. przed oficerem, 10.9. przed wszystkimi, 10.10. przed premierem. ZADANIE 11.1. przed nikim, 11.2. przed wierzycielami, 11.3. przed pościgiem, 11.4. przed uzbrojonymi policjantami, 11.5. przed błędami, 11.6. przed paleniem, 11.7. przed największymi mrozami, 11.8. przed każdą witryną, 11.9. przed każdym kolejnym dyrektorem. ZADANIE 12.1. scementowało, 12.2. cementujemy, 12.3. zacementował, 12.4. ciskać, 12.5. cisnął, 12.6. cisną, 12.7. ciśnie, 12.8. będą cisnąć. ZADANIE 13. –.

LEKCJA 13

ZADANIE 1.1.A. krzykniesz, 1.2.A. krzyknie 1.3.A. krzyknie, 1.4.A. krzyknie, 1.5.A. krzykniemy, 1.6.A. krzykniecie, 1.7.A. krzykną, 1.8.A. krzykną. ZADANIE 2.A.1. krzyknąłeś, krzyknął, 2.A.2. krzyknęłam, krzyknęłaś, krzyknęła, 2.A.3. krzyknęło, 2.B.4. krzyknęliśmy, krzyknęliście, krzyknęli, 2.B.5 krzyknęłyśmy, krzyknęłyście, krzyknęły. ZADANIE 3.1. ... kopnął mężczyznę butem w głowę, 3.2. ... kopnie cię prąd, 3.3. ... kopnąłeś siostrę w nogę, 3.4. cię .... kopnąć w ramię, 3.5. kopnął w drzwi. ZADANIE 4.1. dźwignął, 4.2. frunął (odfrunął), 4.3. Zerknęła..., 4.4. Sztorm minął..., 4.5. Klasnął i ..., 4.6. Kopnął nogą..., 4.7. ...się zdrzemnął, 4.8. Sięgnęła ręką..., 4.9. Krzyknęła i..., 4.10. zdmuchnął płomień. ZADANIE 5.1. j, 5.2. k, 5.3. l, 5.4. h, 5.5. d, 5.6. i, 5.7. c, 5.8. b, 5.9. f, 5.10. e, 5.11. g, 5.12. a. ZADANIE 6.1. Pchnij, 6.2. Pęknij, 6.3. Przemoknij, 6.4. Puknij się, 6.5. Szczypnij się, 6.6. Szepnij, 6.7. Wdepnij, 6.8. Wniknij, 6.9. Zdrzemnij się, 6.10. Zerknij. ZADANIE 7. – . ZADANIE 8.1. się wymknął, 8.2. zerknął, 8.3. ziewnął, 8.4. nacisnąłem, 8.5. westchnęła, 8.6. sięgnęła, 8.7. mrugnęłaś, 8.8. minęło, 8.9., 8.10. kopnął. ZADANIE 9.1. gwizdnął, 9.2. drgnął, 9.3. dotknąłem, 9.4. klasnął, 9.5. kliknąłeś *a.* kliknęłaś, 9.6. kichnął, 9.7. huknęło, 9.8. frunął, 9.9. dźwignął, 9.10. błysnął. ZADANIE 10.1. fruwać, 10.2. gwizdać, 10.3. hukać, 10.4. kichać, 10.5. klikać, 10.6. kopać, 10.7. mrugać, 10.8. sięgać, 10.9. zerkać, 10.10. ziewać. ZADANIE 11.1. drgać, 11.2. dźwigać, 11.3. klaskać, 11.4. krzyczeć, 11.5. miauczeć, 11.6. mijać, 11.7. naciskać, 11.8. wzdychać, 11.9. wymykać się, 11.10. zdmuchiwać.

LEKCJA 14

ZADANIE 1.1.A. zazdrościsz, 1.2.A. zazdrości, 1.3.A. zazdrości, 1.4.A. zazdrości, 1.5.A. zazdrościmy, 1.6.A zazdrościcie, 1.7.A zazdroszczą, 1.8.A zazdroszczą. ZADANIE 2.1. rościłeś, rościł, 2.2. rościłam / rościłaś / rościła, 2.3. rościło, 2.4. rościliśmy, rościliście, rościli, 2.5. rościłyśmy, rościłyście, rościły. ZADANIE 3.1. goszczę, 3.2. zazdroszczę, 3.3. pieszczę, 3.4. mszczę, 3.5. mieści się, 3.6. się ... szczęści, 3.7. bezczeszczą, 3.8. szeleszczą, 3.9. złoszczę się. ZADANIE 4.1. dom opuszczony przez właściciela, 4.2. grzechy odpuszczone przez kapłana, 4.3. miejsce opuszczone po wielkiej powodzi, 4.4. niebo oczyszczone z chmur, 4.5. płyn napuszczony do kanistra, 4.6. woda oczyszczona z bakterii, 4.7. zwycięstwo obwieszczone nad nieprzyjacielem, 4.8. żyrandol odczyszczony z kurzu. ZADANIE 5.1. ...rozpuścisz, 5.2. streszczę..., 5.3. się streszczę, 5.4. się rozzłoszczę, 5.5. rozpuszczę..., 5.6. rozmieścimy, 5.7. przemieścili się... . ZADANIE 6.1. upuściła, 6.2. wypuścił, 6.3. umieściliśmy, 6.4. uiściłem *a.* uiściłam, 6.5. uprościł, 6.6. wypieściłeś. ZADANIE 7.1. zamieściliśmy, 7.2. zapuścił, 7.3. się ziściły, 7.4. zmieściłem, 7.5. zanieczyściliśmy. ZADANIE 8. –. ZADANIE 9.1. obwieści / obwieszczę, 9.2. odczyścisz / odczyszczę, 9.3. odpuścisz / odpuszczę, 9.4. opuścisz / opuszczę, 9.5. rozpieścisz / rozpieszczę, 9.6. streścisz / streszczę, 9.7. ugościsz / ugoszczę, 9.8. umieścisz / umieszczę, 9.9. wyczyścisz / wyczyszczę, 9.10. wypuścisz / wypuszczę. ZADANIE 10.1. zamieść, 10.2. napuść, 10.3. oczyść, 10.4. przemieść, 10.5. zapuść. ZADANIE 11.1. dopuszczony, 11.2. goszczącymi, 11.3. pieszczone, 11.4. rozmieszczone, 11.5. rozpuszczony, 11.6. spuszczoną, 11.7. Uproszczone, 11.8. zanieczyszczona, 11.9. zaprzepaszczone, 11.10. ziszczone. ZADANIE 12.1. f, 12.2. j, 12.3. g, 12.4. i, 12.5. h, 12.6. d, 12.7. c, 12.8. b, 12.9. e, 12.10. a.

LEKCJA 15

ZADANIE 1.1. w plecy / po plecach, 1.2. nożami / na noże, 1.3. o wsparcie / wsparcia, 1.4. mamę / mamy, 1.5. za pracę / do pracy, 1.6. córkę, 1.7. córki, 1.8. dla mieszkańców / mieszkańcom, 1.9. chleb / chleba. ZADANIE 2.1. od picia / z picia, 2.2. za szafę / za szafą, 2.3. przed zapomnieniem / od zapomnienia, 2.4. po grzbiecie / w grzbiet *a.* przez grzbiet; po twarzy / w twarz 2.5. wódkę / wódką, 2.6. nad rannym premierem / przy rannym premierze, 2.7. przed bramą / przy bramie, 2.8. wyjechać / na wyjazd, 2.9. cukier / cukru, 2.10. farbę / sosu. ZADANIE 3.1. jaja / pieprz / odwagi, 3.2. kanapkę / ryżu, 3.3. dania / wina, 3.4. o swoje prawa / swoich praw, 3.5. u kierownika / od kierownika, 3.6. towar / tematów, 3.7. propozycję / propozycję / o propozycji / nad propozycją, 3.8. piki / w piki. ZADANIE 4.1. mężowi / męża *(pot.)*, 4.2. na noszach / na nosze, 4.3. na łóżku / na łóżko, 4.4. awanturami / na awanturach, 4.5. wina / *rzadziej* wino, 4.6. cukierki / cukierków, 4.7. do szklanek / w szklanki, 4.8. w sieć / siecią, 4.9. w swoje brudne sprawy / do swoich brudnych spraw, 4.10. na łopatę / łopatą. ZADANIE 5.1. wino / wina, 5.2. do kieliszków / w kieliszki, 5.3. do spaceru / na spacer, 5.4. ciastek / ciastkami, 5.5. decyzji / na decyzję, 5.6. wróżki / na wróżkę, 5.7. nosem / przez nos, 5.8. ze ściany / od ściany, 5.9. mąką / w mące. ZADANIE 6.1. przy budowie / w budowie, 6.2. robić / w robieniu, 6.3. do kogoś innego *a.* do innych / z kimś innym *a.* z innymi, 6.4. pieniądze / pieniędzy, 6.5. kawę / Kawy / kawy, 6.6. panią / pani, 6.7. wytrzymałość psychiczną / wytrzymałości psychicznej, 6.8. drogę / przez drogę, 6.9. kładkę / przez kładkę, 6.10. most / przez most. ZADANIE 7.1. prezydentowi / dla prezydenta, 7.2. instytucjom charytatywnym / dla instytucji charytatywnych, 7.3. jezdnię / przez jezdnię, 7.4. gazociągiem / przez gazociąg, 7.5. Ocean Lodowaty / przez Ocean Lodowaty, 7.6. kajakiem / na kajaku, 7.7. do autobusu / na autobus, 7.8. przed zbliżającą się epidemią / o zbliżającej się epidemii, 7.9. pocztą / przez pocztę, 7.10. kurierem / przez kuriera. ZADANIE 8.1. do bigosu / na bigos, 8.2. komuś / *rzadziej* dla kogoś, 8.3. do czegoś / w czymś, 8.4. mi / dla mnie, 8.5. zastępcy dyrektora / na zastępcę dyrektora, 8.6. twoje pochodzenie / o twoim pochodzeniu, 8.7. wnuczkę / *rzad.* wnuczki. ZADANIE 9.1. podopiecznym / między podopiecznych, 9.2. polonezem / od poloneza, 9.3. mazurem / od mazura, 9.4. do przyjaciół / przyjaciołom *a.* po przyjaciołach, 9.5. nad wyższością / o wyższości, 9.6. od płomieni / ze wstydu, 9.7. kamienie / kamieniami, 9.8. pasażerami / pasażerów, 9.9. na ławkach / w ławkach, 9.10. przy biurku / za biurkiem. ZADANIE 10.1. do furgonetki / *pot.* w furgonetkę, 10.2. pasa / do pasa *a.* po pas, 10.3. po wybrzuszeniach / na wybrzuszeniach, 10.4. do nauczycieli / nauczycielom *a.* *przestarz.* przed nauczycielami, 10.5. do pończochy / w pończochę; do skarbonki / w skarbonkę, 10.6. na mój grób / na moim grobie, 10.7. jako parobek / za parobka, 10.8. jako biuro / za biuro, 10.9. w tym nowym łóżku / na tym nowym łóżku, 10.10. godzinę / o godzinę. ZADANIE 11.1. łazienkę / w łazience, 11.2. mamę / mamy, 11.3. na stole / na stół, 11.4. do wroga / we wroga, 11.5. po szufladach / w szufladach, 11.6. matce / przed matką, 11.7. katastrofy / katastrofie, 11.8. górami / przez góry, 11.9. po poradę / o poradę, 11.10. zeznaniami / przez zeznania. ZADANIE 12.1. w piękne słowa / w pięknych słowach, 12.2. za ojczyznę / dla ojczyzny, 12.3. wskutek głodu / z głodu, 12.4. dla swoich / za swoich, 12.5. o ukochanego syna / za ukochanym synem, 12.6. dla rodziców / rodzicom, 12.7. z upałów / od upałów, 12.8. na półki / na półkach, 12.9. miejsce / miejsca, 12.10. kolejnymi przypisami / o kolejne przypisy. ZADANIE 13.1. do wspólnej suszarni / we wspólnej suszarni, 13.2. czołgami / na czołgach, 13.3. do rzeki / w rzekę, 13.4. w drzewo / na drzewo, 13.5. do zamka / w zamek, 13.6. do karafki / w karafkę,13.7. do rozmowy / w rozmowę, 13.8. o sprawiedliwy podział / *rzad.* sprawiedliwego podziału,13.9. ciężarówką / na ciężarówce, 13.10. do rwącej wody / w rwącą wodę. ZADANIE 14.1. do rozlewiska / w rozlewisko, 14.2. oknem / przez okno, 14.3. do spodni / w spodnie, 14.4. myślami / w myślach, 14.5. do wody / w wodę, 14.6. do głębokiego rowu / w głęboki rów, 14.7. do sejmu / na sejm, 14.8. naprzeciwko gości / naprzeciwko gościom, 14.9. naprzeciwko orszaku weselnego / naprzeciwko orszakowi weselnemu, 14.10. ręcznikiem / w ręcznik. ZADANIE 15.1. kolejną gonitwę / w kolejnej gonitwie, 15.2. naprzeciwko krewnych / naprzeciwko krewnym, 15.3. naprzeciwko peletonu / naprzeciwko peletonowi, 15.4. w glinie / z gliny, 15.5. kominem / przez komin, 15.6. oknem / przez okno, 15.7. pomocy / pomoc, 15.8. jako świadka / na świadka. ZADANIE 16.1. od zniszczenia / przed zniszczeniem, 16.2. oberkiem / od oberka, 16.3. w ziemię / w ziemi, 16.4. do notesu / w notesie, 16.5. o twoich radach, o twoich przestrogach / twoich rad, twoich przestróg *a.* twoje rady, twoje przestrogi, 16.6. na sprzątaniu / przy sprzątaniu, 16.7. przy pracach domowych / w pracach domowych, 16.8. na obiedzie / na obiad, 16.9. u każdego człowieka / w każdym człowieku, 16.10. na taczkach / taczkami, 16.11. od opłaty / z opłaty. ZADANIE 17. –.